舟山话语文化

寻找话语中文化的渊源　探索话语中掩埋的真知

剖析话语中蕴含的奥秘　叩问话语中失落的文明

感知话语中奇妙的风俗　释放话语中承载的能量

杨惠　王泯竣　编著

燕山大学出版社

图书在版编目（CIP）数据

舟山话语文化 / 杨惠，王泯竣编著. — 秦皇岛：燕山大学出版社，2019.12（2026.1重印）

ISBN 978-7-81142-969-5

I. ①舟… II. ①杨… ②王… III. ①吴语－方言研究－舟山 IV. ①H173

中国版本图书馆CIP数据核字（2019）第275804号

舟山话语文化

杨惠　王泯竣　著

出 版 人：陈　玉

责任编辑：柯亚莉

封面设计：杨　帆

出版发行：燕山大学出版社 YANSHAN UNIVERSITY PRESS

地　　址：河北省秦皇岛市河北大街西段 438 号

邮政编码：066004

电　　话：0335-8387555

印　　刷：廊坊市印艺阁数字科技有限公司

经　　销：全国新华书店

开　　本：710mm×1000mm　1/16　　印　　张：16.5　　字　　数：250 千字

版　　次：2019 年 12 月第 1 版　　印　　次：2026 年 1 月第 3 次印刷

书　　号：ISBN 978-7-81142-969-5

定　　价：68.00 元

序 言

◎王世和

前不久，杨惠和王沠竑两位先生诚邀我为此书撰写序言。是夜，我阅读书稿，便被其内容所吸引，直到凌晨方才就寝。书中的许多话语，耐人寻味，启人心智。综览全书，有以下几点颇为深切的感受。

一是取材独特，含义深远。“话语”即人们所说或所写的语言，平时很少引人关注与探究。它是特定社会语境中人与人之间从事沟通的具体言语行为，是社会、政治、经济、文化和历史环境的真实写照，是舟山先民长期生活的积累以及创造力和智慧的结晶，更是舟山海洋文化存在的重要标志和宝贵的非物质文化遗产。话语是一种符号。话语符号是由语音和语义构成的，“音”是语言符号的表现形式，“义”是语言符号的内容。这种符号是社会民众约定俗成的，个人不能任意改变，且比任何符号系统都要复杂得多。话语又是一扇窗口。不同国家、民族和地区的人，通过相互学习了解，能够走进彼此的心灵，掌握更多的知识，赏识更多的文化与风俗，了解更为广阔的世界。话语还是一种纽带。除了表情达意的功能外，还有消除误会、解决问题、拉近距离、加深感情、增进友谊、促进和谐等作用。话语与我们生活息息相关，无处不在，从我们出生的那一刻起它就伴随我们，影响或改变着我们的生活。它是一种社会现象，是我们最重要的交际工具和思维工具，更是我们认识世界、创造世界、拓宽视野、促进社会向前发展的有生力量。了解掌握话语能极大地促进、提高人们的社会文化能力。善于运用话语，加强话语文化大众化教育研究，是文化自觉、自信、自尊的一种具体表现，更是传承海洋文化精髓、助推“四个舟山”建设、构建和谐社会的重要举措。

二是彰显文化，注重学术。“话语”是现代语言学研究的一个新兴分支，是一门旨在研究和解释社会问题的跨学科语言研究。话语是文化不可分割的一部分。文化是人们通过社会习得的知识，而话语是人们特殊的语言能力通过后天社会环境的触发而习得的一套知识系统。一般来说，文化包括知识文化和交际文化。知识文化是一个民族的科学、艺术、道德、哲学、历史、地理、法律、语言学、宗教的总和，交际文化则是隐藏在话语中，反映民族的价值观念、生活方式、行为准则、伦理道德、社会关系、风俗习惯等文化因素。知识文化是基础，交际文化是目的，两者相融构成社会文化能力。同时，话语又有理性意义和联想意义。对于话语掌握来说，只理解其理性意义是远远不够的，更重要的是掌握其丰富的联想意义。一般情况下，话语的理性意义比较好理解，但很难认识它的联想意义。此书贵在不仅对话语的理性意义有精辟的解释，更重要的是对话语的文化因素和联想意义具有深刻的剖析，让我们了解其背后的渊源、真相、奥秘、文明和风俗，反映出特定的社会历史文化背景与信息，富有文化性和学术性，并形成自己独特的风格与样式。

三是引人鉴赏，趣味横生。此书以话语中的文化信息等非理性意义作为重点，显示了话语使用的特定环境和社会文化特征。以日常惯用的话语为研究对象，通过对实际使用中的话语的观察，探索其内在的组织特征和使用特征，并从话语的交际功能和使用认知特征来解释话语中的各种因素。在话语交流中，由理性概念所产生的字面信息并不难接受和理解，因为字典中对词汇的理性意义都有明确的定义和解读，许多方言亦有约定俗成的释义。而附加于理性意义上的联想意义，也就是话语中的文化信息，如历史意义、内涵意义、社会意义、情感意义、反映意义、搭配意义、主题意义等，就不太容易了解与掌握，许多人只会说，或只知其意，可谓只知其然而不知其所以然。此书贵在对每一话语都有详细的解析，并用独特的话语提示方式将语境语意、典故由来、文化内涵、实践应用等活泼有趣地呈现出来，探其源由，述其流变，开掘掩藏于话语表象背后的真实与用意，兼具知识性、鉴赏性和趣味性，堪称一本颇为实用的工具书。

总之，此书可谓舟山话语文化大众化教育研究的一大贡献与突破，同时也能为语言工作者和社会各界、民众提供信息，拓宽思维，丰富知识，实现多元启迪，引发新的思考和探索，推动跨学科研究，揭示、反思、改造由话语所构成的社会文化现实，提供佐料，具有较高的学术价值和研究参考价值。

令人感动的是，我深切觉得，本书确实倾注了作者多年的精力和心血。书中内容广泛，涉及面广，非一般人所能为之。曾听杨惠先生说，为了编撰此书，他整整花了七年时间。有时为了查找某一话语的出处与由来，要查阅大量的资料，花费几天工夫。尤其是方言，无资料可查，只能到民间采访求证，且一般人都无从解释，只知其表，不知其然，只有少许有学识、有阅历和经历的老人才知晓。例如为了寻找“坞墒”“豆栽”“背木梢”“荐辟举”“买柴病”“搅七念三”“皇命官栽”“刻毒猛亨”“妻来姑对”“半发冷打”等方言的出处与由来，他曾走访了无数老人与学者。又如涉及人生礼仪、渔业生产方面的内容，大多数老人和渔民都不甚了解其内在的本真与用意。另外，许多方言的文字书写也是个难点，有各种写法，许多仅为音谐，意思虽理解，但字不达义，往往需经多方考证，反复斟酌方可定夺。真可谓功夫不负有心人，从中展现出作者的一股热情，一种文化自觉，一种责任与担当。

最后值得一提的是，本书是文企联手的产物，尤为值得赞赏和推崇。杨惠先生一生从事文化工作，是我市资深文化工作者和大型节庆文化活动策划者，也是我市非遗专家。平时酷爱文艺创作与民俗研究，著有《舟山婚俗文化》《舟山节俗节气文化》《制造感动》《动感岁月》《艺海拾贝》等专著。现已退休，任聘于舟山市文化艺术研究中心。王泯竣先生则是我市民建会委员，也是一位较有名气的企业家，其所创办的“万宝摩托车”可谓纵横千岛，家喻户晓，后又成功开办舟山市洛迦山酒业有限公司，所提供的酒，皆为健康佳酿，口碑甚好。此书由他与杨惠合编，并主动承担出版费用，足见他的眼光与志向，从中折射出其企业成功之奥秘，同时也体现了一种高度的文化自觉与担当。在此谨向两位作者表示由衷的敬意，感谢他们积极参与本土文化的挖掘与研究，为舟山留下宝贵的富有人文价值的文化遗产。并祝贺他们文企联手，为我们出了本好书，也为舟山做了件好事，作出了表率，可谓功德无量！

（作者为原舟山市副市长）

前 言

话语是一种规则明确、意涵清晰而确定的言说。话语的范围很广，小到一个词或单独一句话，每一种话语构成一个相对独立的“单位”，它具有特定的实践功能，以及“建构”知识和现实的能力。话语还被认为是对主题或目标的谈论方式，更是人与人之间从事沟通、传达信息、反映社会情景或某一事件的有效载体。通过话语可以探讨其产生后的深层次意义，以及在这些言说中所体现的复杂的社会关系、历史变迁、文化现象、风俗习惯、生活方式、行为准则、思想观念、伦理道德等。

话语是社会、政治、经济、文化和历史环境的真实写照。它是舟山先民长期生活的结果以及创造力和智慧的结晶，也是舟山海洋文化存在的重要标志；它以坚韧的存在，证明着特有的价值，影响或改变着我们的生活；它如浩浩东海，承载着历史和真知，传承着智慧和责任，渗进我们的血脉里，根植在自古至今的万物中；它如一座取之不尽用之不竭的宝库，每当我们置身其中，耳畔总有金玉珠玑的历史回音，让我们回味也让我们深思；它是我们赖以生存和发展的精神基础，更是我们引以为傲的精魂所在，它不仅为我们留下了浩瀚的历史和文明，更为我们留下了叹为观止的文化奇珍，它是我们极为宝贵的非物质文化遗产。

然而，随着历史的变迁、社会的发展，许多话语已不知不觉地渐行渐远，甚至消失了，而有的则直到现在仍活在我们的行动上和心灵中，有的即使已成为“文明史上的化石”，但还能在现实中看到某些影子，影响着我们每一个人，烙上深深的印记。在日常生活中，那些博大精深的话语，多少人因只知其表，不知其然，而有过尴尬的经历与惶恐。灿烂、浩瀚的文化话语，蕴含着无穷的知识、经验和智慧，等待着我们去探究和学习。

不可否认的是，许多人不理会话语的价值，尤其是方言，认为它既土又俗，难登大雅之堂。古语云："入境问禁，入国问俗，入门问讳。"方言是一个重要环节。所谓"以古为鉴""数典忘祖"，连"古"都不问了，何道"鉴"？连"典"都不数了，何来"祖"？话语不仅是一种交际工具、一条纽带、一个地方的符号和窗口，更是一脉传统，是与舟山地理环境、生活方式、行为准则、风俗习惯血脉相连的共生体。

编著此书，旨在通过话语让更多人了解舟山的昌盛，感知话语中的文化因子，为探索舟山特定的社会文化问题，助推跨学科研究，揭示、反思、改造由语言所构成的社会文化现实，实现多元启迪，引发新的思考和探索尽一份责，出一份力，为子孙后代留下宝贵的精神财富。

没有语言文化根基的民族是没有希望的民族，创造、发展源自传统文化的支撑。了解、掌握话语文化，加强话语文化的大众化的教育，是传承海洋文化精髓的重要举措，更是提高人们社会文化能力、构建和谐社会的需要。本书所记载的都是日常生活中惯用的具有文化内涵的话语，许多是富有舟山特色的方言。摒弃简单的方言发音和语意解释，用独特的话语提示方式将语境语意、文化内涵、典故由来等活泼有趣地呈现出来，探其源由，述其流变，开掘掩藏于话语表象背后的真实与用意，是本书的最大特点。

任何语言都是由一定的理性意义和联想意义等文化因素构成的，不对话语的内在本真与用意作了解，就无法很好地理解话语在实际应用中的作用。为使每个话语更具完整性、效用性、鉴赏性、知识性和趣味性，在编撰中，编者查阅了大量的资料，并向社会宿儒长者、渔民老大、专家学者进行了长期深入的采访求证。由于笔者才疏学浅，研究不够，难免存在疏漏、片面和不当之处，敬请方家批评指正。开卷有益乃编者的初衷。

编　者

2019 年 3 月 20 日

目 录

（按话语首字音序排列）

一、形容比喻类

A

B

C

G

H

J

W

X

Y

Z

二、做人做事类

B

C

D

E

F

M

N

S

T

W

X

Y

三、称谓习俗类

W

X

Y

Z

一、形容比喻类

按板子

舟山方言常将工作言语有条理，有步调，有办法，有主见，从容不迫，一丝不苟的人，称为“按板子”，也作“按班子”。常曰：“该小囝做事情较惯按板子。”“做生活要按板子，勿好乱弄三千。”“介多人，做生活数其顶按板子。”

“按”有四义：一指用手或手指按压，如按铃、按键、按钮、按脉、按摩；二指止住，如按捺、按压；三指依照、次序，如按照、按理、按例、按说、按质论价、按部就班；四指考查、研求，如按验（审查验证）、按察（稽查审察）。舟山方言“按板子”，并非指用板子打人，而是指戏曲中的板眼。“板”即“板眼”，专指戏曲音乐的节拍，也指表演的强调合乎节拍。戏曲音乐中每小节最强的拍子叫“板”，其余的拍子叫“眼”。如“ 板二眼”（四拍子）、“一板一眼”（二拍子）。曹禺《日出》第三幕：“在窗外有一个人敲着破碗片按板，很有韵味地唱《秦琼发配》。”

生活中，人们以此作比拟，形容那些工作有条理，做事很有办法、很有主见、很有能力的人为“按板子”，意谓做事说话像戏曲音乐中的“板眼”一样，很规范，很有韵味，有板有眼。

按腔介

舟山民间常将生活安逸，吃用勿愁，无忧无虑，日子过得很快活、舒坦，或工作很有条理，有板有眼，不骄不躁等现象，喻称为“按腔介”。常曰：“该份人家按腔介！”“侬子女都有工作，自己又有劳保，吃吃小老酒，搓搓小麻将，生活过得按腔介！”“侬人定足嘞，按腔介！”

“腔”有三义：一指人体部位，如口腔、胸腔、盆腔、腹腔、颅腔、鼻腔；二指音乐曲调，如唱腔、声腔、帮腔、拖腔、腔调；三指说话语气与办事作风，如装腔作势、油腔滑调、打官腔、使洋腔、耍花腔。“按腔”专指音乐的曲调，即根据乐曲的意境，按照“四、上、工、尺”曲谱的要求，“宫、商、角、徵、羽”音调的高低，音节的长短，声调的变化，有板有眼，有腔有调地进行演奏演唱。人们以此作比拟，形容那些生活安逸，日子过得很舒坦，或工作很有条理，有板有眼，不骄不躁的人为“按腔介”。

扷嫩笋

这是一句较为刻薄的詈人话。在渔农村，如遇孩子顽皮不听话，或发生小孩争吵事件，特别是小孩子被大孩子欺侮时，大人们常会用“扷嫩笋”这句话来詈骂对方：“侬该扷嫩笋东西，咋介勿听闲话!”“侬该扷嫩笋，介大人欺负小人!”

“扷”即攀断、折断的意思，舟山方言称折断叫“扷断”；“嫩笋”即刚露出尖头还不能食用的竹笋。“扷嫩笋”意谓把刚露头还很稚嫩的笋给折断了，很可惜，不值当。生活中，人们以此作比拟，语境逐渐扩大，泛指未经世事，没有处世经验的人，形容该小孩犹如嫩笋一般被扷断夭折了。

背木梢

人们常将被人玩弄，上当受骗，或不守信用，做事有头无尾，讲话不算数，承诺后不兑现的人和事，喻称为“背木梢”。常曰：“该回被其背木梢嘞!”“该人做事情老是背木梢!”“该人木梢老是背勿怕。”

舟山人称“上当受骗”叫“背木梢”。此话乍看，有点不可理解，但稍加分析、探究，确有道理，且很含蓄。“木梢”，即树的梢头，一根木材分上、中、下三档，木梢为上档。上山伐木下山时，通常都是背着树木的根部，顺枝顺势拖着树梢下山，反之，若背着梢头，虽轻便易抓，但逆枝逆势，容易被旁边的树丛卡住。木梢即树的上档，“背木梢”即“背上档”，“档”与“当”谐音，“上档”意谓“上当”。由此，“背木梢”就成为上当受骗的代名词，并告诫人们千万不可“背木梢”。

然而，在日常生活中，许多事情并非故意为之，且非构成或达到“上当受骗”的程度和性质。“背木梢”虽含有骂人、谴责、鄙视之意，但又不像“上当受骗”那么严厉，那么难以让人接受，说者既不失身份与大度，又体现出某种含蓄、爱惜和宽容，听者也乐于接受，不会记仇与尴尬，可谓妙也！

趵　春

舟山方言常将精神特别兴奋，举止超乎寻常，或过度嬉闹、得意忘形的人和行为，喻称为“趵春”，也作“抛春”（意为抛上去跌下来，动作反差过大）。常曰：“该小娘介趵春！”“该小囝趵春煞了！”“介大人还介趵春！”

“趵”即跳跃、兴奋的意思，“趵春”则是动物发情时一种兴奋状的生理表象。狗在春天时节会发情，俗谓“狗叫春，猫叫冬”。各种植物和百虫在春天时节也有“蠢蠢欲动”“跃跃欲试”“惊喜欲狂”“急切行动”的迹象，可谓“趵春”也！

在日常生活中，人们以此作比拟，形容那些精神特别兴奋，举止超乎寻常，过度嬉闹的大人或孩子。这固然是一种戏谑和嘲讽，同时也是一种警告：没有节制，过度的兴奋、放荡和嬉闹，常会带来诸多不幸与后果。民谚云：“小囝趵春头磕开，中年趵春坐牢监，老人趵春进棺材，姑娘趵春要刮胎”。此话可谓“趵春”的最好注脚。

甮　派

舟山方言习将某人某事某物很好、极好、相当好，喻称为“甮派”。常曰：“下饭甮派齐嘞！”“味道甮派崭嘞！”“势口甮派好嘞！”“貌相甮派好嘞！”“排场甮派大嘞！”“面子甮派足嘞！”“川头甮派齐嘞！”“水色甮派好嘞！”“身体甮派好嘞！”“人品甮派好嘞！”“收成甮派好嘞！”“生意甮派好嘞！”“该东西甮派嘞！”“该生活做得甮派嘞！”等。

“甮”与“甭”相同，都是“不用”的合音，相当于“不用”“不要”。如：甮讲嘞，甮看嘞，甮管嘞，甮客气嘞。“派”，一指水的支流，如九派（指长江支流之多）；二指系统的分支、种类，如派系、派别、派性；三指作风、风度，如正派、气派、派势、派头；四指分配、指定，如派赴、派驻、派遣、派发、派拨、派选、派购、派征、派取；五可作指责或量词，如“派勿来”“派用场”“派生活”“一派胡言”“好一派风光”“一派新气象”等。“派”在生活中用途极广，如举办一场婚礼，就要用到许多“派”，首先要派一派有多少客人出席，派一派需要多少张桌席，派一派准备多少饭菜，派一派需要多少帮衬，然后要派人搬嫁妆，派人做总管，派人抬轿子，派人贳碗盏，派人购物料等。“派”实为一种计算、调度、权衡和支使。“覅派”，意为一切都安排定当，没有纰漏，无可挑剔，勿用再派了。在日常生活中，此话的语境语意均有进一步拓展与延伸，泛指某人某事某物很好，极好，很崭。

瘪　三

人们常将没有正当行业，专门以欺、蒙、拐、骗、偷为生，或将那些长得很瘦，言行举止不正经、流里流气的人，喻称为“瘪三”，或谓“小瘪三”“垃圾瘪三”。常曰：“油腔滑调，像个小瘪三。”“再这样下去，大了去做垃圾瘪三！”

“瘪三”这个称谓源起上海，后流传于全国。《现代汉语词典》注明：“上海人称城市里无正常职业而以乞讨或偷窃为生的游民为瘪三，他们通常是极瘦的。”

“瘪三”是句讥讽、詈人的话。“瘪”是极瘦的意思，形容干瘪流浪汉和鸦片鬼，或辱骂猥亵偷摸之人，说声“瘪三”等于描绘了他的形象相貌和人品职业，讥讽趣意顿可意会，呼之欲出，妙不可言！

民国初年，语言学家黎锦熙编纂的《国语辞典》便将“瘪三”收入了词条。在旧上海，瘪三们是社会最底层的一个群体，但范围较模糊；有单体的，也有三五人合伙的，还有结帮的，一些流氓帮派，都将瘪三们吸纳进来，成为主力军。在旧上海，瘪三们可说无处不在，无时不有，是当时上海滩的一道风景线。他们欺、蒙、拐、骗、抢、诈、偷样样来，为上海的普通市民深恶痛绝。

此话引用于日常生活中，语境逐渐扩大，泛指小孩不听话，不学好，或言行举止不正经，油腔滑调，不学无术的人。

八字还没一撇

人们常将某事还没门儿，没办法，没眉目，没头绪，不靠谱，不沾边，喻称为“八字还没一撇”，或谓“八字呒没一撇”。常曰：“该事体早嘞，八字还没一撇！”“侬听啥人讲？八字还没一撇呐。”

此话的由来有几种说法。一说源自旧时男女婚姻的“生辰八字”。旧时，男女正式定亲前要“合八字”，双方家长要请算命先生为当事人合生辰八字，八字合，这门婚事就算定，若不合，则不能通婚。于是在未合八字前，便有了“八字还没一撇”之说，意为还没合八字，这门婚还不一定。

二说源自南宋理学家朱熹《与刘子澄书》中的一段话：“圣贤已是八字打开了，人自不领会，却向外狂走耳。”意谓通向圣贤的大门早已敞开，可是人们并不理会，不但不进门，反而朝外走。这段话的主旨虽说是让人们学习圣贤之道，却流露出对这些不认门的惋惜、遗憾而又无可奈何的心情。于是就引申出“八字还没一撇”这句俗语。

三说源自“八”字的构造。“八”字由一撇一捺构成，人们把“八”视为一种完美的事和结果，有“撇”无“捺”则为不完整，于是便引申出“八字呒没一撇”这句俗语，成为“还没门儿”“还没眉目”“还没有头绪”“还不沾边”等现象的代名词。但若已有眉目，有头绪，有进展，有希望，则称之为“八字还只一撇”。

半天松花

舟山方言常将说话夸夸其谈，不切实际，漫无边际，不中听，不中用，喻称为“半天松花”。常曰：“该人半天松花啦，澎澎扬！”“该人半天松花介，一句闲话也听勿来！”“该人半天松花澎澎扬，莫去听其！”

“松花”，也称“松黄”，即松树的花，花期在4~5月。李白《酬殷明佐见赠五云裘歌》：“轻如松花落衣巾，浓似锦苔含碧滋。”李时珍《本草纲目·木一·松》：“松花，别名松黄……润心肺，益气，除风止血，亦可酿酒。”松花，轻如粉尘，易飘散，一经风吹或人触碰树枝，其花粉便会漫天飞扬。

“半天松花”，意为说话像漫天吹散的松花一样，漫无边际，净是废话，毫无用处。此话可谓富有生活情趣，既形象典雅，又有诗情画意。

生活中，说话夸夸其谈，说一套做一套，“松花澎澎扬”的大有人在。假如是个平民百姓倒还好，吹吹牛皮，发发大兴也情有可原。倘若是个领导干部，则万万要不得，不但会误事、误导，办不了大事，而且还会被人看不起。

不看僧面看佛面

比喻看在第三者的情面帮助或宽恕某一个人。常曰：“不看僧面看佛面，万望你帮忙帮到底。”“这小囝不懂事，请你不看僧面看佛面，饶了他这一回。”“不看僧面看佛面，看在我的面上再给他一次机会。”

此话的由来有两种说法。一说与韦陀除恶扬善护法有关。韦陀是佛的护法神，佛教把他作为驱除邪魔、保护佛法的天神。从宋代开始，中国寺庙中就供奉韦陀，称为韦陀菩萨，韦陀常站在弥勒佛像背后，面向大雄宝殿，护持佛法，护助出家人。传说韦陀护持佛法、除恶扬善时比较严厉，看见人行恶就要惩罚，这样有悔过的人往往也被惩处，与佛家教义相违。于是佛祖就将韦陀放在他的面前，即面向大雄宝殿，让他在施法时要看一下如来，切莫一概而论。“不看僧面看佛面”就是由此而来，意谓放人一马，给他留有改过自新的机会。

二说与韦陀手上金刚棒的摆放姿势有关。韦陀手上的金刚棒有四种摆放姿势，从这四种姿势中可得知这个寺庙的等级。一种是扛在肩上的，如五台山的“菩萨顶”，以示这座寺庙是皇家寺庙，至高无上；一种是放在地上的，以示这座寺庙是子孙庙，人们可以在这里烧香拜佛，但不供香客吃住；第三种是斜搭在胳膊上的，以示这座寺庙可供吃，但不管住；最后一种是横放在胳膊肘上的，如洛阳的灵山寺，以示这个寺庙是个十方寺，可供香客吃住。所以，当人们进了寺庙，不需要询问僧人，只要看看韦陀菩萨手中金刚棒的摆放姿势，就对这个寺庙有所了解了。这是“不看僧面看佛面”的另一层意思。

簇蛆介

舟山方言常用“簇蛆介”来形容某人某物认定在某一地方，不会去其他地方或放到其他地方。如有人问某人到啥地方去了，或某物放在啥地方，熟知的人就会说：“该人到某某地方去寻好嘞，其簇蛆介来该咯。”“该东西在某某地方，侬簇蛆介去挓好嘞。”“簇蛆介”，也称“簇壳蛆介”，即肯定在哪里的意思。

此话富有舟山海岛特色。“簇”即生长在海边礁石上的一种贝类生物，学名“藤壳”，“蛆”即幼虫，如蛆虫、蛆蝇、树蛆、棉蛆等，也是卵变成蛹的必经阶段。“簇蛆”即幼小的“簇”，不会爬来爬去，较固定生长在礁石上。人们以此作比拟，意喻某人某物肯定在那里，像簇蛆一样，不会去其他地方。

吃　醋

人们常将男女相恋有第三者介入，或一方做事让另一方产生嫉妒之心，称之为“吃醋”，或谓“醋瓶敲开”，意谓醋气大发。嫉妒为何称“吃醋”？

此话源自唐太宗李世民劝房玄龄纳妾一事。唐太宗李世民执政时期，国泰民安，太平盛世。为了笼络人心，唐太宗把几名美女分赐给几位大臣做妾，受赐的几位大臣都非常高兴，唯独房玄龄婉言谢绝了。

唐太宗想，这一定是房夫人在从中作梗。于是派皇后亲自出马做房夫人的思想工作，但没有效果。无奈之下，唐太宗便派太监带着一壶“毒酒”去向房夫人传达圣旨：“朕意已决，要给房大人纳妾。夫人若抗命不遵，朕将赐你一死，你必须喝了这杯毒酒。”意即如果她同意房玄龄纳妾便罢；如坚持反对，就以违抗圣旨论处，必须饮下那杯“毒酒”。

房夫人视死如归，宁可去死也不愿丈夫纳妾。只见她镇定地接过“毒酒”，一饮而尽。但她并没有死，因为杯中装的是醋。

原来，唐太宗只是想跟房夫人开个玩笑，吓唬和考验一下她，不料房夫人这么坚决。后来，唐太宗自我解嘲地说：“朕尚怕见她，何况房玄龄呢！”从此谁也不敢再与房玄龄提纳妾之事。

房夫人为了维护一夫一妻制，舍命吃“毒酒”，留下了一段佳话。“吃醋”的故事也因此广为流传，并逐渐演变成男女相恋有第三者介入时另一方产生嫉妒心的代名词了。

吃闭门羹

人们常把求人办事被人拒之门外，或不愿接待的行为和现象，喻称为“吃闭门羹”。但闭门或拒之门外何以与“羹”联系起来呢?

“闭门羹”出自唐代一位名妓。唐代宣州城有位叫史凤的名妓轰动一时，方圆百里的贵胄子弟、风流才子都以一睹其芳容为快。史凤不仅有沉鱼落雁之貌，且有一副迷人的金嗓子，舞姿更是令人倾倒，琴棋书画样样精通。公子哥们不惜千里迢迢，重金求见。而史凤却不爱钱，把前来求见的人以品貌、才学分成三六九等，若是纨绔子弟、不学无术之辈，则均被拒之门外。

对此，一些公子哥怀恨在心，并四处造谣中伤史凤。聪明的史凤想出了一个办法，对被拒绝的人皆赏以羹汤一碗。“羹”即熬煮成有浓汁的食品。最初时有雪耳羹、燕窝羹、肉末羹等，据说最后是用豆腐和鸭肠子制成的。这一招蛮有效果，倒也堵住了一些无事生非人的嘴。从此前来上门求见者只要见端给自己一碗羹汤，便知她不愿接待，知趣地走了，心中虽有不快，但也无话可说，人家毕竟以礼相待，让你无偿喝了一碗羹。人们便将此羹叫“闭门羹”。

久而久之，“闭门羹”就这样流传开来了。不过，让史凤想不到的是，也有一些不知趣的人吃了史凤的“闭门羹”后，觉得味道还真不错，有许多是专门来吃“闭门羹”的。如今，“闭门羹”还成了安徽沿江一带的一道传统名菜。

吃豆腐

舟山民间常将男人调戏女人、勾引女人、轻薄女人，或对女人动手动脚进行性骚扰，称为“吃豆腐”。

此话的由来还有一个典故。从前，有一家夫妻合开的豆腐店，生意很好，远近闻名。丈夫半夜起来磨豆腐，白天由妻子卖豆腐。豆腐店老板娘很有姿色，皮肤长得像豆腐一样白皙细嫩，同时为招徕顾客未免有卖弄风情之举，引得远近男人都以“吃豆腐”为名，到豆腐店里与老板娘调情，且动手动脚。于是，一些有家眷的老婆们“吃醋”了，常训斥丈夫：“你今天又去吃豆腐了?”“你为啥要去吃豆腐?”意谓丈夫借吃豆腐之名，趁机调戏、勾引豆腐店老板娘。此话流传开来，从此，“吃豆腐”便成了男人调戏女人、勾引女人、轻薄女人的代名词了。

触楣头

人们常将遇事不利，遭遇不好，不顺心，失面子，或有事上门求助不接待，不应允，被拒绝，称为“触楣头”，也作“触霉头”。常曰：“被其触了个楣头。”“楣头被其触了勿大勿小。”“正月头面被其触了个大楣头。”“清早白早被其触了个楣头。”

此话典出农家门楣的撞头。“楣”，门楣，即门框上边的横木，个高的人进门时不小心头就会触碰到门楣，于是就有了“触楣头”这一说法。古人对门楣很看重，门楣似门面，是一户人家兴旺衰败的标志，如同人面一般，若被人辱没了门楣，常被认为那是家里倒了大霉。有这样一则笑话，有位农夫的妻子生了个大胖儿子，心里特别高兴，叫一位秀才写了一副对联，农夫不识字，回家贴在门楣上。邻人张三，略识几字，因对联没标点，张三读了断句：“今年真好晦气，全无财宝进门；昨夜生下妖魔，不是好子好孙。”农夫听后不禁大怒，跑去责问秀才，秀才重新断了句：“今年真好，晦气全无，财宝进门；昨夜生下，妖魔不是，好子好孙。”农夫这才转怒为喜。可见门楣之重要。如今一到春节，几乎家家门前都贴“福”字，多数福字还倒着贴，寓意“福到”，就是想在门楣上讨个吉利。

“触楣头”并非真的把头触碰在门楣上，在一般的语境中，它已脱离了其本义，而往往是指其引申义。在民间，人们非常忌讳碰到触楣头的事，还习惯将大大小小不顺利之事都叫作“触楣头”。如别人家的马桶放到自家门口是触楣头，被女人打耳光是触楣头，甚至坐公交车被门夹痛脚、散步踏着狗屎、烧香时引起物料着火、走亲戚走错门、汗衫穿反面等，都被认为是“触楣头”。同时，还将触楣头闲话演绎得十分丰富，如：“今末被其触了一句楣头!”（其实只是说了一句不中听的话）“今末被其触了一个烂楣头，我讴其，其睬也勿睬我。”（其实这人没注意没听见）“楣头被其触到印度国!”

(指榍头触到了极点)。

出风头

人们常将好在人前出头露脸(包括智力、才艺、衣着打扮等),做事华而不实,爱表现自己,故意引人注目,在人前摆阔气,占别人上风,或招摇过市、沽名钓誉的行为和现象,喻称为“出风头”,也称“出封头”。常曰:“该人较惯要出风头。”“该人老是想出风头。”“该人风头要出猛!”

“风头”是指有关个人利害的情势,“风头”好与不好常被视为一种“凶吉”的预兆,所谓“风头好”“风头不好”“风头好足嘞”“风头较惯好”。从字面上理解,“风头”都是“顶好”“最佳”的意思,且风中的“头”,意味着有很大的杀伤力。而民间所说的“出风头”,却是一句贬义语。

此话的由来有两种说法,一说“出风头”,二说“出封头”。其中“风”和“封”字异音同,语义相同,但语境却不同。

“出风头”源起旧上海的四马路,是对当时一些游手好闲的纨绔子弟、妓女卖弄风骚、扭捏作态的一种讥讽与谴责。相传清光绪年间,上海城内有条最热闹繁华的路叫四马路,这条路上有座“青莲阁”,内拥有众多妓女,一些游手好闲的纨绔子弟整日在这里胡混搭讪。“青莲阁”附近又开有几家“升平楼”“奇芳居”“同心居”等茶楼。于是这里便形成了上海最热闹的繁华地段。

每当傍晚时分,来这里喝茶胡混搭讪的人特别多,路上车水马龙,人声嘈杂,丝竹满街。这时,那些妓女们都来街上扭捏作态,卖弄风骚,招徕客人,一些爱赶时髦的纨绔子弟、阔人、小姐、少爷们也常坐着马车在这里招摇过市,摆出阔气,很是令人注目。每当这些有钱人或装出有钱样子的人出现时,那些游手好闲胡混的人就没了“市面”。于是,他们就把占了“上风”,抢了自己“风头”的人,称为“出风头”。就这样,“出风头”便成了四马路上的一句时髦话,一道风景。从而流行于大江南北。

所谓“出封头”,源起旧时的科举考试。旧时,科举考试有乡试、会试、殿试之分,最高的为“殿试”,试题是由皇帝御制策问题目,由宰相及在京大臣任考试官阅卷,录取分为三甲:一甲三名,赐“进士及第”称号,第一名称状元，第二名称榜眼，第三名称探花；二甲若干名，赐“进士出身”称号；三甲若干名，赐“同进士出身”称号。二、三甲第一名皆称传胪，一、二、三甲统称进士。考试完毕，宰相要将卷子呈皇帝审阅，此时实际上已排定一、二、三甲的名次，皇帝只是作形式上的审定。呈上去的卷子都有封套，为便于皇帝抽阅，头四名的卷子都有一小段露出在封套外，俗称“封头”。这四名自然是状元、榜眼、探花和传胪，此乃读书人梦寐以求的荣耀。人们以此作比拟，将好在人前露脸、摆阔气，泛称为“出封头”。

茶 篓

舟山方言常将说话没分寸，不拘小节，敢于说些挑逗或粗俗话的人，形容为“茶篓”。常曰：“该茶篓，讲闲话不点分寸也呒没。”“该人茶篓啦，闲话乱讲。”此话与“断塘”“十三点”“木屐鞋捶出”有异曲同工之妙。

“茶篓”一词引用广泛，含义丰富，不仅称说话没分寸、不拘小节的人为“茶篓”，很多妇人也称自己的丈夫为“茶篓”，称儿子“小茶篓”，这其中当含嬉称赞赏之意。而岱山人则将精神病患者也叫“茶篓”，含有避嫌之意。为何称自己的丈夫、儿子为“茶篓”，并含有赞赏、褒奖之意？

“茶篓”是农家、茶农用来采茶的一种竹编篓子，采茶时将其挂在胸前，两手便可采摘茶叶，其情形像是搂抱着一般，更是前后左右任人摆布。而妇人最希望自己的丈夫和儿子也像“茶篓”一样，搂在怀里亲密可爱，而且好使听话，可任意摆布，故以“茶篓”形容比喻之。

吃软弶

舟山民间常将施计害人，设圈套，设骗局，设陷阱，或上当受骗，形容为“吃软弶”，也作“挖软弶”。常曰：“侬吃我软弶呀！”“我被其吃软弶嘞，铜钿输得精光。”“这笔生意被人家软弶吃去嘞。”“该人要吃软弶啦，当心耶！”“现在骗人的事体多足嘞，到处要吃软弶。”

此话由捉老鼠的“老鼠弶”引申而来。“弶”，指捕捉老鼠、黄鼠狼或雀鸟的一种机关器械。范寅《越谚》曰：“设计堕人、掘井取兽，皆谓弶。”弶有多种，有笼弶、弓弶、网弶、罩弶等。“弶”是一种机关、一种陷阱、一种圈套、一种骗局。捕捉鸟兽的弶有形，而施计害人、让人上当受骗的弶却没有形，是一种看不见察觉不到的弶，故称“软弶”。生活中，吃软弶的事例比比皆是，做虚假广告是“吃软弶”，商品食品以次充好、以假乱真是“吃软弶”，各行各业都有“吃软弶”的行为。而且有一批专门“吃弶饭”的人，这些人“弶”技高超，“弶”术精湛，各种“弶”局、“弶”套五花八门，防不胜防，一不小心就会被“吃软弶”。

插蜡烛

舟山方言常将机器停机，或人站立不动，喻称为“插蜡烛”。常曰：“该只船插蜡烛嘞。”“该部汽车插蜡烛嘞。”“抽水机突然坏脱插蜡烛嘞。”“该人插蜡烛介一动勿动。”

“插”有停、站、立、止之意；“蜡烛”当以插立不动，方能燃之。“插蜡烛”，意喻像蜡烛一样插在某处动弹不得。人们以此作比拟，把突然停止、站立不动称为“插蜡烛”。生活中，“插蜡烛”的现象很多，如船突然停止抛锚，汽车突然熄火，抽水机、打稻机突然停机，或该人长时间站立某处一动不动，都可以“插蜡烛”形容之，语意中带有某种惋惜之感。“蜡烛”还可引申为“呆头”“拎不清”的人。常曰：“该人蜡烛啦，勿点勿亮。”“该人蜡烛介，拎勿清。”语意中带有鄙视之义。无论是“插蜡烛”还是“蜡烛”，都体现出对生活的积累和体验，既形象生动，又有独到的见解。

尺四拱吊起

舟山方言常将家贫如洗，极度穷困，上顿不接下顿的人家，称为“尺四拱吊起”。常曰：“该户人家穷勒答答滴，尺四拱吊起嘞。”“天气再这套旱落起，尺四拱要吊起嘞！”

“尺四拱”，即铁镬。旧时，一般人家都砌“三眼灶”，一口尺四镬（一尺四寸直径），一口尺六镬（一尺六寸直径），一口尺八镬（一尺八寸直径），小镬烧菜，中镬烧饭，大镬烧猪食，镬与镬之间还嵌一只“汤锅”。富裕的人家另砌一个尺二镬，俗称“小灶”，专为主人或客人所用，人们所说的“开小灶”一词就是由此而来。舟山方言称大铁锅叫“镬”，如尺六镬、尺八镬，称小铁锅为“烘”，如“尺二烘”“尺四烘”，大镬用高盖，小镬用平盖。

通常情况下，尺二烘、尺四烘都用来烧菜煮饭。“尺四烘吊起”，意谓这户人家已揭不开锅了，穷困到了极点，连镬都挂起来了，说明没有饭菜可烧可吃了。

穿小鞋

人们常把故意刁难人，在背后寻机报复使坏点子整人，或利用某种职权置人于困境的事和行为，称为“穿小鞋”，或谓“给人穿小鞋”。

“穿小鞋”的本义是指封建社会女子的缠小脚。旧时，妇女一直沿袭着缠足的陋习，在女子还没有成年的时候就用很长的白布把脚死死缠住，缠得越小越美，并美其名曰“三寸金莲”。脚缠得小了，自然就只能穿小鞋了。而现在所说的“穿小鞋”，与故意刁难人、寻机报复整人有什么关系呢？据说这跟古代的男女婚姻有关。

古代的男女婚姻，多为父母之命、媒妁之言。古代女子深居闺中，轻易不露面，结婚前，男方无从知道女方的模样，只能依照媒婆所拿来的鞋样大小去衡量女方的美丑。因此，在媒婆说媒时，如男方看了鞋样有意向的话，就留下这只鞋样，并按照此鞋尺寸做一双绣花鞋连同订婚礼物一起送至女方家。按规矩，成亲那天，新娘必须穿上这双绣花鞋，以防脚大而受骗。女方如果当初为显美或讨男方欢心，故意把尺寸弄小，这鞋自然就穿着不舒服，甚至穿不上，反而出丑。于是，人们就把这种现象喻称为“穿小鞋”。

根据这一风俗，民间还真发生了许多出丑的事。相传北宋时，一个名叫巧玉的姑娘，长到要出嫁的年龄时，她后娘将她配给一个有钱人家的聋哑人，巧玉坚决不同意，后娘很恼火。不久，一个媒人前来提亲，将她介绍给一个秀才，巧玉很中意，便答应了媒婆。可后娘为此不乐意了。为了刁难巧玉，后娘就背地里剪了一双很小的鞋样，让媒婆带给男方。男方看到鞋样后，很是满意，就根据这只鞋样做了一双小绣花鞋连同聘礼送至巧玉家。

巧玉出嫁那天，这鞋怎么也穿不上，害得她没脸上花轿。巧玉羞愧难当，一气之下便上吊自尽了。

后来，人们把这一风俗引申到社会生活中，把这种背后使坏点子，用阴谋整人，或利用职权给他人制造困难和麻烦的人或行为，叫作“穿小鞋”。

唱对台戏

“唱对台戏”亦称“打对台”，是旧时戏班子经常发生的现象。指水平不相上下的两个剧团，在同一时期，相近的地点，演出相同或相近的剧目，一争高低。这种“对台戏”现象，有的是一方出于对另一方的报复、嫉妒、较量；有的是背后有人操纵，为了挑起事端；更多是属于艺术上的一种竞争。旧时的戏班都是自负盈亏，自生自灭，为了自身的生存，在关键时刻要拿出最佳阵容，演出最富吸引力的剧目，争取提高上座率，增加演出收入。

过去，乡村民众都喜欢看戏，逢年过节，都要演戏。为了演出精彩，激励演员，主办方往往会同时邀请两个戏班，相互“打对台”。谁优谁劣，当场便见高下。在这样的环境下，自然会促使演员不断努力，勤奋苦练。贾平凹在小说《马角》中，曾有这样的描绘：“东西两片就各筹款三百元，各请了一个县的剧团共同在街中心的大场子上演出，对台戏谁家唱赢了，六百元里可以拿走四百五十元……于是，先用白粉在大场中画一界线。然后两家剧团一起开锣，粉墨登场。东片的戏演得好，人们便潮水般涌过来。西片演得出色，人们又悠忽涌向西片。最后，就以白粉界线清点人数，查看哪边的人多，便以此决定胜负。”

这样的艺术竞赛，完全是由观众来担当评委的。虽然这种评判的结果容易受到当地民众欣赏水平与习惯爱好的影响与局限，结果恐怕也未必就完全正确，但是，戏曲艺术本是大众艺术，主要就是要让民众欣赏的。光是领导与专家喊好还不够，还应该让戏曲爱好者都喜欢观赏。大家都能达到一定的共识，才能使戏曲艺术在群众中生根立足。

生活中，此话已脱离了其本义，往往是指采取相互对立的行为或意见，反对或搞垮对方。

成事不足，败事有余

比喻办不好事情，反而把事情弄糟了。多用来责怪或埋怨人，意为一件事情交给你去做，你不但没有做好，反而越做越糟，甚至还捅了篓子。

此话的由来还有个传说。相传旧时有一书生，嗜书如命，十年寒窗苦读，促使他一心考取功名。但几次考试都名落孙山。他想：“一生的功名，在于成败之间。”于是，结婚成家有了儿子后，他便给大儿子取名为“成事”，小儿子取名为“败事”。书生望子成龙心切，对两个儿子管教很严。

一天，书生要出外办事，离家前交代妻子，督促两个儿子，学习不可懈怠，并规定，除了熟读《三字经》《弟子规》外，每日还要练习书法，规定大儿子写三百个字，小儿子写二百个字。妻子照办，每天催促两个儿子读书写字。日复一日，她估算丈夫快要归来了，便亲自测试让儿子背书，还检查各自写了多少字。她数了数，结果大儿子少写了五十个字，小儿子却多写了五十个。书生归来后，问起两个儿子的学习和练字情况。妻子一本正经地如实相告：“背书如流水，字也写了，只是成事不足，败事有余，二人都是二百五。”

后来，人们把这句话当成笑谈，传来传去把它的意思给变了，成了一句贬义词。

吃不了，兜着走

比喻不识大局，惹出了事或造成了不良后果必须自己承受。后带有警告、威胁语气或玩笑的引申义，即指：“出了问题，你要承担一切后果！”或“有你好看，以后慢慢与你算账！”

此话的由来还有个故事。从前有个老汉开了个包子铺，他做的包子非常好吃，深受人们的欢迎。许多人觉得好吃，常想带走几个，但因没有包囊，都不遂心愿。老汉就特意买了些白布，做成小布袋，为客人提供方便。他去世后，他的儿子接管了包子铺。可是其儿不思上进，包子的质量一天不如一天。而且一有人来吃包子，他就硬要人家多买些。客人说：“我吃不了这么多啊！”他就气汹汹地说：“吃不了，兜着走！”结果，人们都被他吓走了，包子铺也关门了。从此，“吃不了，兜着走”这句话就在民间传开了。

现今，这句话常被一些餐馆作为广告提示语来引用，奉劝人们在宴请后，应把剩余的菜肴“打包”带回去，不要养成挥霍浪费的作风，并在“吃不了兜着走”的中间加了一个“请”字，用直解义取代了俗语的原义，真可谓妙趣横生。这就是语言的魅力吧！

断 塘

舟山方言常把性格外向，口无遮拦，讲话较为粗俗，举止稍有失格，敢与男人们挑逗戏谑，敢把“隐私”作笑料的妇女，形容为“断塘”，也作“颓荡”“团荡”。常曰：“这断塘，咋介勿样啦！”“这断塘老妘真勿上科！”“侬该断塘，呒爹娘监训！”“断塘”与舟山另外两句方言“十三点”“木屐鞋搘出”异曲同工，并一起连用，如“该断塘十三点！”“该断塘木屐鞋搘出！”

分析此话的语境语意，可谓富有舟山海岛之特色。“断塘”，意谓有缺口、断裂了的海塘，其时海水就会任意泛滥，毫无阻拦地直泻而出。此话喻说话像断裂了的海塘，无遮无拦，直进直出，无所顾忌。但在民间，“断塘”一词语气通常较为亲切，既带有戏谑的色彩，又含有“敢说敢为”的褒奖、赞赏之意，故言者不以为得罪，受者不以为冒犯。每每有人“断塘”时，往往会引来哄堂大笑，给人制造轻松、愉悦的气氛。

还有一种说法，源自宁波的一地名。相传宁波有个叫“断塘”的村落，这个村的村民多以卖唱做戏为生，为吸引招徕观众，他们表演的节目很是幽默、诙谐、搞笑，常引观众捧腹大笑。因他们表演的节目很搞笑，又因他们是“断塘”人，后就以该地名来称之，成为一种品牌标志，简称为“断塘”。此话引申开来，渐成性格外向，讲话粗俗，举止失格，富有挑逗戏谑，引人发笑的代名词。

“断塘”一词之所以被言者所“青睐”，而不被受者所见怪，与中国古代妇女恪守陈规有关。在古代，妇女要求遵守“笑不露齿”“行不动裙”之“闺训”，而有人竟敢冲破禁锢，展示其天性的另一面，实为“精神可嘉”，非一般人所为之，故令人赞赏，富有褒贬之意。如民间有这样一则描述妇人临产时情形的故事：一妇人临产时痛不欲生，边哭边痛骂丈夫：“都是你作的孽，以后不许你再干这种事，我宁可一世无儿，也不愿再受这份罪！”这妇人说的都是实话，但如果用舟山话来评论，这就是典型的“断塘”！

爹头娘脚

比喻两人在商量处理某件事时，有人却不明事理当中插话评说，并文不对题地按自己的想法说东道西，把两码事说成一码事，或把简单的事搞得复杂化。常曰："依晓勿晓得，爹头娘脚也来插一脚。""该人爹头娘脚，莫起听其。"为何把两码事说成一码事称为"爹头娘脚"？

此话源自爹娘的个性、性别、头脚的差异。爹与娘尽管是夫妻，是最亲近的一对，同住一间屋，同睡一张床，同吃一锅饭，但爹与娘仍是两个人，两种个性，两个性别，爹是爹，娘是娘，不可能成为一体。更何况，爹的头和娘的脚差异悬殊，旧时女人都为小脚，故不能相提并论，更不能混为一谈。此话用来比喻两种不同性质的事物，可谓形象、生动、精辟。

豆载

舟山人常将过分顽皮，嬉戏时不节制、疯耍、尽情嬉闹的人，喻称为"豆载"，或谓"豆载刮气""豆载刮得"。称大的孩子叫"大豆载"，称小的孩子叫"小豆载"，称年纪大的叫"老豆载"。

此话乍一听，有点难以理解，但仔细揣摩，耐人寻味。"豆载"，即装豆子的船，舟山人习称装有货物的船为"载"，称装木材的为"树载"，装米的为"米载"，装盐的为"盐载"，装豆子的自然为"豆载"。"豆载"为何与过分顽皮嬉闹、不节制联系起来呢？这是由旧时船家装运散装豆子所致。旧时，船家在装运货物时，都需打包装箱叠于船舱内。散装的豆子是绝对不可装运的，因旧时的货船都为木帆船，靠风帆为动力，风有顺逆。如遇逆风，船体就会倾斜，豆子就会随船的倾斜滚向一边，这时，船就会失去重心，造成翻船的危险。

此话引用于日常生活中，把不安分、不节制嬉闹的孩子，比作豆子船，警示孩子和家人，千万不要像"豆载"那样，以免失控闯祸。

戴高帽子

人们常把阿谀奉承、溜须拍马的人和行为，喻称为“戴高帽子”，而喜欢别人阿谀奉承、溜须拍马的人，则被称作“喜欢戴高帽子”。

此话出自古代一则有趣的故事。传说从前有一学者，平时喜欢戴一顶很高的帽子，每当遇见上级官员时，他总是仰天举肘，然后跪拜，一直把头叩到地上，并说些极其阿谀奉承的话。

由于他好阿谀奉承，被派往到外地做官。临行前他去拜见老师，老师嘱咐他说：“去外地做官不容易，你办事一定要小心谨慎，切不可顶撞上级。”他胸有成竹地说：“没关系，凡人都喜欢听好话，我已经准备好了一百顶‘高帽子’，逢人就送，自然无事。”

老师听了很生气，说：“做人怎能这样，应正直待人。”他不以为然地说：“唉！天底下能像老师您这样不喜欢‘戴高帽’的，能有几个呢？”老师听后高兴地说：“是啊，你说的也不是没有道理。”他告别了老师，出来对别人说：“我那一百顶‘高帽子’，现在剩下九十九顶了。”其中一顶意谓已送给了老师。从此，“戴高帽子”这句话就这样流传开来，成为阿谀奉承、溜须拍马的代名词。

钉主还是八枚

因某事双方争执不休，有人自以为是出面调解，而言词观点却偏袒一方，批评另一方，致使另一方很委屈，极其反感，受委屈的常会用这句话来形容斥责对方：“侬算钉主还是八枚？要侬也来插一脚！”也称“钉主还是八万”。

“钉主”即“钉子”，舟山方言称“钉子”叫“钉主”。“八枚”即一种方形的土钉，一头粗一头尖，每斤为八枚，故称“八枚”。人们将这两种钉子作比，意谓你是尖硬的钉子还是八枚，要你硬插进来作啥？

也有说成“钉主八万”的。“钉主”指赌具牌九中一张牌的名称，牌面为三角形三个圆点，“八万”指麻将牌中的一张牌面。意为“钉主”与“八万”是两种完全不同的牌类和牌面，怎么能混为一谈。此话与“你算老几”有相同之义。

叠螺如山

形容各种物件很多，或不规则地堆叠在一起，也作“叠篓如山”（意谓篓叠起来像山一样高）。

此话既生动形象又富有舟山海岛特色。“螺”即各种海螺的统称。每逢农历三月，正是海螺受精繁殖的季节，海螺都会爬上礁滩，彼此交叠在一起直至高出水面，形似小山，故谓“叠螺如山”。舟山有句谚语称：“三月三，黄螺爬上滩。”此时捕捉，只需用箩筐掏即可，但不能大声呼叫，海螺若听到有声音便会逃亡，螺山就会顷刻倒塌，潜入水中，无法再掏。生活中，人们以此作比，形容那些杂乱无序、堆叠如山的物件。

大排肆场

人们常将为了撑面子，过分摆场面，大肆铺张，兴师动众，表示阔气，形容为“大排肆场”，也作“大排驷场”。常曰：“介大排肆场做啥？呒没必要。”“用勿着介大排肆场，太浪费。”“大排肆场摆啥阔气！”

此话的基点在“肆”。“肆”有放纵、任意行事、极力、陈设之义，可以组成“肆虐”“肆意”“放肆”“肆无忌惮”“肆力”“肆筵”等词。“大排肆场”是从旧时酒楼茶肆的排场引申而来。为吸引顾客多做生意，这些酒楼茶肆通常都场面较大，装饰别致，环境幽雅。中国人爱面子，讲排场，许多富贵人家依据酒楼茶肆的做派，每逢大事节俗，就会大操大办，以示阔气。一些贫困小户也不自量力、争相仿效，俗谓“死要面子活受罪”“屋里烧光灶，外面充有佬”。“大排肆场”是一句带有指责性、嘲讽性、警示性的形容语，并在排场中间嵌以“大”与“肆”，意为把排场肆意放大了，没必要。同时也告诫人们，做事要量力而行，不能攀比，切不可“大排肆场”。此话亦作“大排驷场”。“驷”，古代显贵者的车乘，一车套四马。喻没必要如此铺张，兴师动众，大操大办。

倒　楣

人们常将遇事不利，遭遇不好，或运气不佳，不顺心，不称心，形容为

“倒楣”，也作“倒霉”。常曰：“该事体真倒楣！”“该事情话出来倒楣齐齐！”“该事情如果拨[illegible]阿爹晓得，侬就要倒楣了。”“该几日倒楣的事体真多！”

此话典出古代科举考试的竖旗杆。明朝因袭隋唐以来的科举取士制度，科举成为读书人出人头地的主要出路。因此，科场内的竞争也相当激烈。虽然明朝有相对完美的监考制度，但仍然无法遏制作弊现象。一般读书人要想在科场中胜出，是极为不易的事。为求吉利，在科考前，有考生的人家就会在门前竖起旗杆，以此为考生打气壮行，当时人称这种旗杆为“楣”。“楣”，指门楣，意为改变门第出身，提高家庭的社会地位。考中了，旗杆照树不误；考不中就把旗杆撤去，故称“倒楣”。后来，因“霉”和“楣”同音，加上“霉”字本来就有不吉利的意思，慢慢地，就习惯于把“倒楣”写成“倒霉”了。日常生活中，此话已脱离了其本义，而往往是指其引申义。

雕脸鬼

舟山方言常将性格古怪，刁钻，动不动就生气、嘟嘴、耍赖、作刁、哭泣，老是缠着别人的人，形容为“雕脸鬼”，也作“刁脸鬼”“吊脸鬼”。常曰：“侬该人咋像雕脸鬼介？”“该雕脸鬼，真呒没办法，咋弄弄！”“侬咋雕脸鬼介老是话勿睬？”“该雕脸鬼，每日哭作无赖，真被其纠作煞呐！”

此话是从戏曲演员化妆开脸引申而来。“雕脸”即戏曲演员的“勾脸”，也叫“开脸”“脸谱”，舟山民间习称演员化妆叫“雕脸”。在演出中，碰见化妆的演员常会说：“该人面孔雕得好看足嘞！”或“该人面孔雕得怕足嘞，像鬼介！”“鬼”，传说中人死后的灵魂。在戏曲舞台上，为突出人物性格特征，有些演员会用各种色彩勾画脸谱，有红、紫、黑、白、蓝、绿、黄、灰、金、银等颜色。红色代表赤胆忠勇，紫色象征智勇刚义，黑色体现忠耿正直，白色暗寓生性奸诈，蓝色寓意刚强勇猛，绿色勾画侠骨义肠，黄色意为残暴凶狠，灰色寓意老年枭雄，金银二色意为神、佛、鬼怪。

演员雕脸是因人物角色所需，喜怒哀乐、反复无常也是因剧情的需要，演完戏卸了妆，便一切正常。但人如果也像演员做戏一样，动不动就生气、耍赖、作刁、哭泣，整天“雕”着个脸，喜怒哀乐，反复无常，而且像“幽魂”一般老是缠着别人，没完没了，这不就成了“雕脸鬼”了吗？

独只外鹅

人们常将孤寡鳏独，独自一人干活做事，或性格较为孤僻、内向，不喜凑热闹，不合群，被人嫌弃不愿与其相处的人，喻称为“独只外鹅”，也称“择只外鹅”“轧出外鹅”。常曰：“该人独只外鹅介，老是打独溜。”“该老人独只外鹅介，罪过足嘞！”“该人独只外鹅啦，凑队勿来。”“侬咋独只外鹅介，一道来嘛！”

“外鹅”即大雁，舟山方言称雁叫“外鹅”，是与家鹅作比较的一种别称。“独只外鹅”即离群索居的孤雁。在人们的心目中，雁知时节、记时候，常秋去春来，往返守时，被视为最好的信使。又因雁飞行有序，雌雄配偶忠贞，被视为吉祥鸟。因此旧时婚姻“六礼”中，必有持雁前导，称为“奠雁”。雁被视为男女婚嫁的吉祥聘礼，原因有四：一是取其顺阴阳往来，以示妻从夫之义；二是雁为候鸟，来去有时，象征男女双方信守不渝；三是雁群飞成行止成列，以示明嫁娶之礼，长幼有序，不相逾越；四是雁对爱情忠贞不渝，失偶后不另配，寓意男女矢志不改。

“独只外鹅”，意为阴阳失衡，长幼无序，颠沛流离，悲呼哀鸣的孤雁。也可引申为无人关爱，孤苦伶仃，独自一人，鳏寡孤独者。生活中，“独只外鹅”者随处可见，那些背井离乡的打工者，失去子女或丧偶的孤寡老人，以及父母双亡的孤儿，都可称之为“独只外鹅”，应得到社会的关注、同情与帮助。

多老娘钿

舟山民间常将做事节外生枝，始料不及，束手无策，或把简单的事情弄得复杂化，很难达到预期的目的和效果，形容为“多老娘钿”，也是一句埋怨性、自责性的气话，有时也用来詈人。常曰：“该事体咋弄得这套？多老娘钿！”“好省勿省，多老娘钿东西。”“多老娘钿，该事体中途插进来，叫我咋弄弄！”此话多出于一些上了年纪的老人之口。

“多老娘钿”，也称“拕老娘钿”，各地用法不一，语境也不同，但语意相似，都属一种埋怨性、自责性的气话。“多老娘钿”，是指该小孩不该生下来，多余，且多付了一笔请接生婆（老娘）的钱；“挖老娘钿”，是指老娘的卖身钱，不该拿。

生活中，人们以此作比拟，意谓完全出乎意料，纯属节处生枝，而且把简单事情复杂化了，甚是为难。

打海底桩

这是一句较为恶毒的詈人话。旧时，在一些僻远海岛渔村，常会发生争吵事件，特别是遇到一方很强势，不讲道理，以势欺人时，另一方常会用打海底桩这句话来咒骂对方：“侬该打海底桩东西，勿得好死!”

此话由渔民涨网作业引申而来。涨网是近海一种传统的捕捞作业方式，通常是将渔网敷设在鱼蟹较为密集的海域，或鱼群洄游的通道上，它是依靠潮流冲击原理，拦鱼蟹入网。其特点是先要打桩，用毛竹、木头、水泥柱做成桩头，将其打入海底，然后把网具敷系在桩上，俗谓“打海底桩”。吵架时，有人常会用这句话来形容咒骂对方，意为不得好死，死时形同“打海底桩”一般，尸体头朝下扎在海底，很惨。此话可谓辛辣、恶毒、尖利。

打破砂锅问到底

形容刨根问底，非要探究个明白，追究事情的根底，一定要把事情弄清。可指求学者要有提问题、深究学问的精神，也可批评人不要对不该问的问题深究到底，如“这不关你的事，希望你不要打破砂锅问到底!”等。

砂锅，即泥烧制而成的锅，多为人们用作熬制中药或煲汤的器具，这种锅稍不小心极易破碎，而且一碎就会一裂到底。“打破砂锅问到底”，原由“打破砂锅纹到底”演变而来，意谓砂锅裂纹直到底部。因“纹”和“问”同音，后就改用“问”字了，语境也脱离了其本义。

此话在民间还有这样一则传说。从前有一户人家，婆婆做事很精细，干什么都非常认真。而媳妇却很马虎，什么都随便得很，一点都不讲究。由于性格的差异，婆媳两人经常吵架，每次都是公公从中调解。

一次公公出门做生意不在家。偏巧这时候，媳妇做饭时不小心把砂锅给打破了，她怕婆婆知道后会骂她，便偷偷地把砂锅扔掉了。过了几天，婆婆发现家里少了一口砂锅，就问媳妇砂锅怎么没有了，媳妇便把事情的真相跟婆婆说了。婆婆一听，非常生气，又跟媳妇吵了起来。两人你一句，我一句，吵得不可开交。晚上，婆婆便偷偷地给公公写了一封信，把这件事告诉了公公，并要他马上回来调解。

公公收到信后，打开一看，原来只是为了一只砂锅闹矛盾，心想：两人又在钻牛角尖了。于是便在回信中写道："打破砂锅问到底，切莫吹毛又求疵；二十年的媳妇，二十年的婆，互敬互重，万事皆如意。"

婆婆和媳妇看了这封信后，都认识到了自己的错误，觉得很不好意思，便互相道歉。从此，两人的关系便和睦了起来。

打退堂鼓

比喻跟人共同做事中途退出，或遇到困难或问题时向后退缩。常曰："该人做事老是打退堂鼓。""这事体做勒半发冷打，侬咋好打退堂鼓啦！""做事要有恒心，勿好一遇困难就打退堂鼓。"

此话由古代官吏退堂打鼓引申而来。旧时，官吏在退堂前，差役要打退堂鼓，以示停止办公或审理案件结束。元关汉卿《窦娥冤》第二折："左右，打散堂鼓，将马来，回私宅去也。"《荡寇志》九四回："贺太平见了折子，打退堂鼓，遂教无锡内衙相见。"后泛指做事或遇到困难中途退出的人。刘绍棠《鹧鸪天》二："你资格老，威信高，领导工作经验丰富，好端端的为什么想打退堂鼓？"

打退堂鼓，多为自卑或不负责任而致，遇事不能全面正确地看待和认识自己，感到自己没能力把这事做好，或自己状态不佳，或太在乎别人的看法和想法。许多事，其实只要细加分析，反复思考，多给自己鼓励，多做几次，就会熟悉，就能把事情做好。

屙缸八哥

舟山方言常将人前多嘴多舌，乖嘴蜜舌，油嘴滑舌，巧舌如簧的人，喻称为"屙缸八哥"。常曰："该小囡嘴巴像屙缸八哥介，样样会讲。""该人讲讲屙缸八哥介统晓得。”“侬屙缸八哥介，讲讲八万，铜钿输拨瞎眼！”

“屙缸”，即粪缸；“八哥”（“哥”音“宽”），学名“鸲鹆”，一种通体黑色羽毛的鸟，冠羽突出，两翅有白斑，展翅飞行时，从下面看，双翅可看到“八”字形的白斑，故得名“八哥”。八哥食性杂，不畏人，容易养，又会学舌，爱唱歌，经驯养后能像鹦鹉一样模仿人的语言。野生八哥常停立于农村露天粪缸边啄食屙虫，故称为“屙缸八哥”。因其嘴巧会学说人话，人们以此作比喻，形容那些油嘴滑舌、巧舌如簧的人。另有一层意思，因八哥常吃屙虫，意喻其“嘴臭”，以此讥讽那些多嘴多舌的人，像“屙缸八哥”一样是“臭嘴”。

屙　扑

人们常将身材又高又胖，却没有力气，中看不中用，一点都派不上用处的人，形容为“屙扑”，或谓“烂屙扑”“番薯屙扑”。常曰：“该人屙扑啦，看看蛮长蛮大，一眼用场也派勿上！”“其是番薯屙扑啦，一点劲道也呒没咯！”语中带有鄙视的意味。

此话是由发胀的粪便引申而来。舟山方言称“粪”叫“屙”，如人屙、牛屙、猪屙、狗屙、鸡屙等。“扑”，发胖，鼓胀。“屙扑”，即一种未经化解浮于粪缸上面的发胖粪团。旧时没有化学肥料，耕种植物以人粪、鸡粪、猪粪、牛粪、河塘淤泥、草木灰、阴沟污泥等为肥料，俗有“种田靠屙，生意靠货”之说。为此，粪便历来为农家耕种不可缺少之物，且对农作物的不良影响很小。而这种轻浮在粪缸上面的“屙扑”，被视为无力无用，当肥料都不要的粪便。人们以此作比喻，形容该人虽又高又胖，却像“屙扑”一样，没有用处，一点使用价值都没有。此话可谓过于辛辣、刺激。

二百五

人们常把傻里瓜气，或说话不正经、办事拎勿清、不认真、好出洋相的人，喻称为“二百五”。为何称上述现象叫“二百五”？

此话的由来还有一个典故。相传战国时期，有个人物叫苏秦（与孙膑、庞涓、张仪、商鞅、毛荐等同为鬼谷子弟子），是个纵横家。他说服齐、楚、燕、赵、魏、韩六国联合起来，结成同盟，共同对付秦国，从而受到六国君王的赏识，身佩六国相印，史称“六国封相”。

一次，苏秦在齐国效力时，不幸被刺客刺死身亡。齐王得此消息，大为震惊，即下令捉拿凶手。可是刺客已逃之夭夭，很长时间抓不到凶手。后齐王想出了一个“引蛇出洞”的计策，下令在城门口张贴榜文说：“苏秦是个大内奸，死有余辜。今幸有义士为民除害，杀了苏秦，大快人心。齐王下旨，奖杀害苏秦者黄金千两，请义士前来领赏。”

此榜一出，果然有人上了钩，竟有四人前来揭榜，声称苏秦是他们杀的。于是士兵把他们“请”到齐王跟前。齐王见到他们，恨得咬牙切齿，可他还是煞有介事地说：“这杀人可不是闹着玩的，岂能冒充?”四人一口咬定，说苏秦确是他们所杀，并将杀害苏秦的经过详细地说了一遍。齐王又故意关切地问：“那这一千两黄金，你们四个人打算怎么分啊?”这四个人立即兴奋地回答道：“这好办，我们都已商量妥了，平均分配，每人‘二百五’。”齐王一听，拍案大怒：“来人！把这四个‘二百五’推出去斩了!”从此，“二百五”这一说法便在民间流传开来，常用它来形容傻瓜、笨蛋和被财色所迷惑的人。

犯 关

舟山民间常将某事很难办，讲不清楚，或做事出了差错、闯了祸，遇到危机和危险等，喻称为“犯关”，也作“万关”。俗曰:“该事体总犯关，咋弄弄!”“这回闯祸嘞，这遭犯关嘞!”“侬咋还勿逃啦，犯关点啦!”

“犯关”者兵乱也，兵者危，泛指危机或危险。“关”乃境之门户锁卡。中国历代都有内乱外患，兵祸连接，旧小说戏曲中常有兴兵犯关、叫关溺战的情节。对于百姓来说，看戏可以，却当真不得。城门失火，势必殃及池鱼，每次战乱都会给百姓带来灾难。因此，便在语言中留下“犯关”的警示，与“不得了”“闯大祸了”“要命”相似。有少数人唯恐天下不乱，或故意挑衅营造紧张的氛围，从语义看，“犯关”是惊呼，并非喝彩。“犯关”即指触犯了惯例，将遭受惩罚的意思。民间有句顺口溜叫：“犯关犯关真犯关，宣统皇帝坐牢监，正宫娘娘担监饭，王子王孙坐门槛，六部九卿做行贩，秀才落魄摇舢板，新科状元做代办，文武百官摆测字摊。”民国时期常听到这句话，这是犯关最好的注脚。

在日常生活中，犯关的事情还真不少：小孩不听话没出息真犯关，读书考不上大学真犯关，做生意赚不了钞票真犯关，单位上班当不上官真犯关，事情没办好挨领导批评真犯关，遇事不讲道理被人冤枉真犯关，两夫妻不和闹离婚真犯关，没有钱买不起房子真犯关，老了无人照顾真犯关……犯关的事实在太多。

分眼分榫

比喻两样物件拼合相当紧凑、准确，连接得分毫不差，或某样物件不偏不倚，正投其中。常曰：“该东西做勒好足嘞，分眼分榫！”“该双鞋爿大小正好，穿进去分眼分榫。”“侬眼伙好足嘞，分眼分榫。”

此话由木匠打船、造房子、做家具及器物的构件连接引申而来。“分”，分寸，即分寸掌握得很准；“眼”即“榫眼”，器物部件凹进的部位；“榫”即“榫头”，器物部件凸出的部位。无论是打船造房子还是做家具等，器物构件的连接，都要靠这种凹凸的“榫眼”“榫头”来拼接构成。且拼接必须十分精准、紧密，多大的“榫头”必须凿多大的“榫眼”，若“榫头”大而“榫眼”小，则“榫头”嵌不进“榫眼”，“榫头”小而“榫眼”大，则会松动脱落，不牢固。人们便将这种拼接得很精准、很紧密的“榫眼”与“榫头”，称为“分眼分榫”。此话用于日常生活中，指拼合非常紧凑、准确的一些事物，像“榫眼”与“榫头”那样恰到好处、天衣无缝。

翻六局

人们常将为寻找某样东西，到处翻箱倒柜，把东西撒得满地都是，或奔进奔出，忙碌不停，喻称为“翻六局”。常曰：“侬翻六局介，把东西弄得寒花散飞咋啥啦！”“侬奔进奔出，翻六局啊！”

此话典出古代朝廷各类六局机构设置。我国自隋朝起，门下省就设有“城门”“尚食”“尚药”“符玺”“御府”“殿内”等六局。门下坊设“司经”“宫门”“内直”“典膳”“药藏”“斋帅”等六局。宫内亦设“尚宫”

“尚仪”“尚服”“尚食”“尚寝”“尚工”六局。宋代官府贵家亦置“四司六局”，掌筵席排设。京师街市有此行业，以供民户雇用。“四司”为“帐设司”“厨司”“茶酒司”“台盘司”，“六局”为“果子局”“蜜煎局”“菜蔬局”“油烛局”“香药局”“排办局”。每逢大事大节，这些局设机构都会奔进奔出，忙碌不堪，为盛大宴会供役。“翻六局”就是由此引申而来。生活中，人们以此作比拟，形容为寻找某样东西，翻箱倒柜，把室内搞得一片狼藉，或忙碌不停的人和现象。

放铜铳

舟山方言常将说话不计后果，直言别人忌讳的事，且声音非常响亮的人，形容为“放铜铳”。常曰：“侬咋像放铜铳介，闲话乱讲！”“侬放铜铳介，声音轻眼猛。”“该人讲闲话老是放铜铳！”

“铜铳”，也称“火铳”，一种旧式火器，黄铜合铸，由“铳管”“药膛”“尾銎”三部分组成。一般有三个火药洞和引孔，可放三响，故又称“三眼铳”。旧时，民间红白喜事或出会时都要施放铜铳，俗称“放铳”。放铳一是为营造气氛，图个热闹；二是有驱邪压魔的祈望，以示轰走一切不祥之物。为避免伤人，放铳一般都对空鸣放。人们以此作比拟，形容那些说话做事不计后果，像放铳一样，净放空炮，且声音干脆响亮，直言不讳，造成冲突的人。生活中，类似“放铜铳”的事很多，如有人搓麻将打牌以致别人“碰”“吃”“和”，也称其为“放铜铳”。常曰：“侬放铜铳介乱打。”“侬咋老是放铜铳?”“其又放铜铳嘞!”

发扑泥螺

人们常将很肥胖，块头很大，人高马大，却没有一点力气，派不上用场的人，形容为“发扑泥螺”。常曰：“该人看看块头蛮大，发扑泥螺啦，一眼劲道也呒没!”“该人发扑泥螺介，一眼用场也派勿上。”

此话是由人吃了新鲜泥螺后全身肿胀发胖现象引申而来。舟山方言“发扑”即发胀、发胖、发肿的意思。泥螺是海滩上的一种贝类生物，撮来后如不马上腌制就会膨胀发扑，腌制后泥螺的个体就会缩小。另外，泥螺如果没有腌透就食用，并且食后喝生水，就会导致皮肤过敏，全身会出现很大的疹块，整个人都会肿胀发胖，人们称这种现象叫“发扑泥螺”。

生活中，人们以此作比拟，形容块大、肥胖之人，犹如发扑泥螺一般，中看不中用。

孵豆芽

人们常将钻在被窝里睡懒觉，或两夫妻做爱，形容为“孵豆芽”。常曰：“侬咋红猛太阳钻在屋里睏晏觉，孵豆芽啊！”“该两老头介早门就关勒贼紧，孵豆芽啊！”

“孵豆芽”本指民间一种工艺技术。孵豆芽有一套程序，不仅需要加温，而且需要一定的时间。先要用温水浸泡豆子，使其皱纹饱满、稍有开裂。孵时底部要铺一块草垫，把浸泡的豆子均匀地摊好，盖一块毛巾或纱布，使之保暖、通风。舟山民间善孵豆芽，并将其作为睡觉、夫妻做爱的隐语。

放白鸽

人们常将约会失约，做事违约，不信守承诺或欺骗等行为，喻称为“放白鸽”，也叫“放鸽子”。

鸽子对地球磁场的感觉很灵敏，而且特别恋家，这是它们先天具备的优势。鸽子在经过系统训练后，可以进行异地的信件传递，古人常以它们来传递信件。

此话的由来还有个故事。相传古时候有两个人约定，说分别后用鸽子给对方来信。但其中一人只放来了鸽子却没有信件，另一人就说，你怎么只放鸽子，不履行诺言。从此，“放鸽子”一词就这样流传下来了。

此话引申到日常生活中，语境有了很大的拓展，在具体的领域还有具体的含义。比如利用色相勾引嫖客，然后进行其他的违法犯罪活动，如抢劫、盗窃、敲诈等。人们称这种行为叫“放白鸽”。又如旧时有人专门训练一种“诱鸽”，在别人放飞鸽子时，放出自己的“诱鸽”，混到鸽群中。“诱鸽”会诱骗鸽群迷失方向，把它们引回到偷窃者的鸽笼中。人们也叫这种行为“放白鸽”。又如旧时以女人到雇主家做保姆或小妾为名，然后卷走雇主的钱财，人们称这种行为"放白鸽"。日常生活中，有人邀请了对方参加某一活动，但是对方不来，也称"放白鸽"。现今，在计算机黑客领域，人们称种植木马的行为为"放鸽子"，"灰鸽子"是一款著名的远控木马。

凡此种种，"放鸽子"中的"鸽子"有很多寓意，如：有组织地利用色相勾引男人的女人，有意识地欺骗对方的钱财，或主动约会即失约，做事不守承诺等，均被称为是"放白鸽"。

柜台狮子

这是旧时民间对商店营业员的一种代称。20 世纪六七十年代及以前，人们常将商店里的营业员，形容为"柜台狮子"。营业员为何称"柜台狮子"？

旧时，许多老字号商铺都有一个尺把高的铜狮子放于柜台上，以镇堂避邪。

民国时期，经济萧条，生意清淡，又因售货员上班时有规矩，不能离开柜台或与人交谈，只能愣愣地站在柜台后面，时间长了，就会感到吃力。他们就会搭在柜台边休息，模样犹如柜台上摆的狮子一般。于是，人们就把售货员喻称为"柜台狮子"。

戤牌头

人们常将依靠达官显贵，或打着有权有势人的旗号，抬高自己身份，以示与众不同的人，形容为"戤牌头"，也称"扯牌头"。

"牌头"，一指古代军队基层编制单位"牌"的头领。《元史·兵志一》："十人为一牌，设牌头。"二是旧时保甲制度，每十户为一牌，设长一人，谓之牌头。《清会典事例·兵部·保甲》："国初定，凡州县乡城，每十户立一牌头，十牌立一甲长，十甲立一保正。"三指衙门里的官员。旧时衙门里的人都要悬挂"腰牌"，以表明身份，"牌头"就是公人的头领。四指古代官员出巡时走在前头的"肃静""回避"牌。可见，"牌头"都是有头衔有身份的人。"戤牌头"有依靠、借光、倚仗之意。"牌头"不仅是个人身份的标志，还是亲属、下级、子女、朋友的后台、靠山。现今，"戤牌头"的事比比皆是：年轻人买车子"戤父母牌头"，结婚买房子"戤父母牌头"，找工作做生意

“戤当官的亲戚朋友牌头”。许多人视“牌头”为一种荣耀、一种光环，且转弯抹角，想方设法显示自己的牌头或有牌头可戤。不管三七廿一，能戤的就戤，能扯的就扯，能掼的就掼。凡此种种，牌头大有市场。

与“戤牌头”相近似的还有“扯牌头”，即打着他人的旗号为自己谋事或谋利；“掼牌头”，即自己掼自己的头衔，认为靠着过硬的牌头，办事一帆风顺，不会有麻烦。虽然牌头可戤、可扯、可掼，但千万别忘记，民间还有一句提示性俗语叫“吃牌头”，意为当心遭受领导和家人的批评和指责，同时也告诫人们：牌头可戤，牌头可扯，牌头可掼，但都非长久之计，弄不好会变成“吃牌头”“吃苦头”。

光清碧绿

舟山方言习将水质很清澈，果蔬很鲜嫩，树木很繁茂，喻称为“光清碧绿”。常曰：“该水好足嘞，光清碧绿！”“该蔬菜新鲜足嘞，光清碧绿！”“该山里树木好看足嘞，光清碧绿！”“该茶叶好足嘞，泡出来光清碧绿！”

水以清为纯、为洁、为美，果蔬以绿为鲜、为艳、为嫩。“光”，本义光芒、光亮，如阳光、灯光、反光、色光、晨光、曙光；“清”，本义水清，与“浊”相对，如清流、清波、清涟、清悠、清净，也指纯净透明、单纯不杂的物体。“光清”，即水清有光，或物映水中留倒影，清光掠影，可见水质的洁净与清澈。“碧”，本义青绿色的玉石，泛指绿水，青白色，浅蓝色，如碧波、碧流、碧漪、碧海。“绿”是水流、果蔬、树木的底色，与蓝接近，比蓝色鲜嫩。而“碧绿”为青绿色，富有苍翠、葱翠之感，比绿色更嫩、更鲜、更富有光泽。“光清”与“碧绿”两者组合，呈透明状，喻水质、果蔬、树木清澈、嫩绿到了极致。

此话构词颇具特色，可前后互置，既状物又喻人，且既有文言文之雅，又有白话文之俗，出自舟山方言，堪称一绝。

隔笆撩菜秧

人们常将从很远的地方或隔着人群和桌子伸手抓取东西，喻称为“隔笆撩菜秧”，也作“蛤巴撩菜秧”。常曰：“侬作啥啦，隔笆撩菜秧啊。”“我来搭侬抡，隔笆撩菜秧，吃力弗啦。”

“隔笆”即隔着篱笆，“撩”即尽力伸手抓取东西。此话由鹅或家禽隔着篱笆偷吃菜秧的现象引申而来。在农村，为防止家禽偷吃菜秧，菜地周边通常都打上篱笆墙。而篱笆一般都用竹竿编成，且再密的篱笆也有缝隙，为此，鹅、鸭等家禽常会伸着脖子隔着篱笆偷吃园地里的菜秧。“隔笆撩菜秧”就是由此而出。

生活中，人们以此作比拟，意谓人伸手隔着别人抓取东西，犹如鹅、鸭等家禽伸着脖子隔着篱笆偷吃菜秧一般。

皇命官载

舟山方言常将某样东西碰不得、不可侵犯，或这人很古怪，不可理喻，很难合作，别人稍有过失损害他的利益，即使道了歉仍不依不饶，甚至旁人说情都不行的人和事，称为“皇命官载”，也称“黄病棺材”（生黄疸病死人的棺材，有毒菌会传染，不可碰撞）。常曰：“该人皇命官载啦，莫起犯操其唉。”“该东西莫起碰其唉，皇命官载啦!”

此语由过去的“官船”引申而来。旧时，舟山人平时看见船也叫船，如大船、小船、渔船、轮船，但如果遇到装货物的船，则往往以所装货物的货名来称呼，把“船”改称为“载”，称一船为“一载”，称装木材的叫“一载树”，称装盐的叫“一载盐”，称装米的叫“一载米”，或谓：“侬该载装的是啥货啦?”

“皇命官载”，即奉皇命派出来的官船，此船无论在行驶中还是停泊于船埠，谁都不可碰撞，民船见了都得回避，如不小心碰撞必遭责罚，轻则杖责，重则坐牢。人们将这种官船称为“皇命官载”。此话用于生活中，语境语意逐渐扩大延伸，凡遇到上述这等事，就会用这句话来形容。

海　会

民间常将做事很讲排场，很阔气，名气很大，人很多很热闹，或该人生意做得很好，官做得很大，很有面子等，喻称为“海会”。常曰：“这份人家排场大勿过，海会足呐!”“倷儿子生意做得介大，海会猛!”“侬做事体老是海会大祈坛!”

“海会”为四海会同之意，百川归大海，自然气势宏大。此话由佛教“灵山海会”引申而来。佛教界有许多重大节日，尤数天台山“灵山海会”最有名。每逢佛教重大节日，寺院内外灯火辉煌，热闹非凡，并搭建坛场，众信徒汇聚坛场讲经说法祈祷，俗谓“海会大祈坛”。现今人们所说的“海会”，就是从这里而来。在日常生活中，已脱离了本义，而往往是指其引申义。若遇到某人夸海口、摆阔气、炫耀自己，就会说：“这人海会大祈坛”，或谓“海阔量心”“海阔大量心”。而遇到某人家做事情很讲排场，很阔气，很热闹，名气很大，很有面子，则会说“海会”“海会猛”“海会足嘞”！“海会”具有很好、人多、热闹、盛大之义。

函样人函样福

比喻为事不平等，坐享其成，或做人处事不怎么出色有能力，却也能自得其乐过上好日子。常曰：“该人运道好足嘞，函样人自有函样福啦!”“做煞呒相干，函样人函样福!”“函样人函样福，烂泥菩萨住瓦屋。”话中带有某种感叹、羡慕、嫉妒、不服气、不甘心、不如意的意味。

“函”指盛物的盒子、套子，“函样人”即“人函”。舟山人把纸上画的、布做的、泥塑木雕的小人儿都叫“函”。如称木偶戏中的布袋木偶叫“帐人函”，称自己缝制的布小人叫“布人函”。而这些制成的小人函，通常都会用“函”（盒子）装起来，有用纸板、木板做的，也有用布套的，没条件的则就地取材，用火柴盒、香烟盒、糖果盒等来替代，形式不拘，只要能装就可。人们将这些小人儿连同装小人的盒子、套子统称为“人函”。

“函样人函样福”，这是穷人自叹不如这些“人函”，意谓一个大活人，一年做到头，累死累活还不如这些“人函”，他们不用干活倒有温暖舒适的“房子”住，而自己却只能住草屋破屋。“函样人函样福，烂泥菩萨住瓦屋”，更是对旧时各种不公的制度、待遇的控诉，意喻活人不如泥菩萨，不如“人函”。

现实社会中，类似的现象很多，如一个并不出色的人，却能做得大生意、当上了大官，日子过得比别人都好；又如孩子不听话，考不上大学，找不到理想的工作，常会用这句话来形容："唉！函样人自有函样福啦，随睬其嘞。"也有说："儿孙自有儿孙福！""牛样人自有牛样福！"此话都是由此引申而来，意谓连"函"都有这种福气，何况是个活人。

好日黄狗

舟山人常将异常兴奋，跑来跑去忙碌不停，高兴得乐不可支的人或行为，形容为"好日黄狗"。常曰："该小囝，好日黄狗介，有趣煞嘞！""侬奔进奔出作啥啦，好日黄狗介！"

"好日"即结婚，舟山方言称结婚为"好日"，称喝喜酒为"吃好日酒"，称黄道吉日为"好日子"。"黄狗"（"狗"音"干"）是舟山民间对狗的统称，舟山人不管对什么毛色的狗，都以"黄狗"称之。旧时，许多农家都养狗，以护家防盗。每当办喜事时，客人众多，又有好吃的食物，那些狗也有"人来疯"现象，特别兴奋，到处窜来窜去，忙个不停，故称"好日黄狗"。生活中，人们以此作比拟，将特别兴奋、到处乱跑、忙碌不停的小孩，喻称为"好日黄狗"。

行　当

人们常将干活、做事，或做啥工作，有啥事情等，喻称为"行当"。常曰："侬做啥行当啦?""侬该行当好足嘞！""侬找我有啥行当啦?"

"行当"本指戏曲演员专业分工的类别，即演员扮演的角色，如生、旦、净、末、丑等，俗称"行当"。行当是戏曲人物艺术化、规范化的形象类型，又是人物性格色彩、表演程式的分类系统。每个行当，都是一个形象系统，同时也是一个相应的表演程式系统，以至各个行当都有各自的形象内涵和一套程式和规制。如："生"，根据所扮演的人物年龄、身份和表演特点，划分为老生、小生、武生等专行。"旦"，又划分为正旦（青衣）、花旦、武旦、刀马旦、老旦、彩旦等专行。"净"，俗称"花脸"，又划分为大花脸、二花脸、武二花、油花脸等专行。"丑"，俗称"小花脸"，又划分为文丑、武丑等专行，表演上各有特点。

由于戏曲演员行当分工细致，且各行都有自己的专业特长，后用于社会各行业，指百工技艺所做的职业，意喻每个行业都像演员一样，都有各自的专业特长和特点，俗谓“三百六十行，行行出状元”。久而久之，就把干什么活，做什么事，或有啥事，发生什么事，泛称为“行当”。

黄鼠狼看蒲样

人们常将某人能力不够，或还达不到某种水平，却不自量力跟着别人学做自己做不到的事情，喻称为“黄鼠狼看蒲样”。常曰：“该事体侬做勿来，勿好黄鼠狼看蒲样！”“侬咋好同其比，黄鼠狼看蒲样，要吊死勿晓得！”

“黄鼠狼”即“黄鼬”的俗名，它们体内有臭腺，可以排出臭气，在遇到威胁时，起到麻痹敌人的作用。“看样”即“学样”，“蒲”即“蒲瓜”。蒲瓜本就生长在藤蔓上，习以吊在架子或墙头上生长，黄鼠狼如果也像蒲瓜那样挂在架子或墙头上，那肯定会吊死，没命了。人们以此作比拟，提醒警告那些不自量力或尚不够能力的人：不是什么事都可学样，不是什么事都能做好，要量力而行，因事制宜，否则会像黄鼠狼一样被吊死，到时悔之晚也！

花样经

人们习将办事手续过多，程序过繁，节外生枝，或做事过分讲究，行为缓慢的人或事，喻称为“花样经”。常曰：“该事情花样经咋介多！”“该人花样经透足嘞！”

此话是由旧时“绣花专著”“花名册”引申而来。《花样经》本是旧时女子参考用的绣花专著，内容包括各式各样的针法及花色搭配等介绍，是一本较为全面系统的绣花书，与《茶经》《花经》《五木经》同为一书一艺之专著。另外，旧时各乡村都要挨家挨户进行登记造册，内容有家庭成员的组成，以及姓名、性别、年龄、学历、特长、地址等记录，这种计户名册称为“花名册”。人们以此作比喻，形容做事办法、程序、事由像“花样经”“花名册”一样过于烦琐，种类错杂，名堂过多。

浑沌沌

舟山方言常将做事不开窍，不明事理，不聪明，很糊涂，拎不清的人，喻称为“浑沌沌”。常曰：“侬该人咋介浑沌沌啦，一眼也拎勿清。”“侬浑沌沌，忖啥心事啦?”

此话由盘古开天辟地“浑沌”引申而来。最初出于庄子《应帝王》的一则寓言：南海之帝为倏，北海之帝为忽，中央之帝为浑沌。倏与忽时相与遇于浑沌之地，浑沌待之甚善。倏与忽谋报浑沌之德，曰：“人皆有七窍，以视听食息。此独无有，尝试凿之。”日凿一窍，七日而浑沌死。

倏与忽是时间过程，凡是生命都处于存在和消逝的状态之中，而浑沌最初处于无生命状态，当倏与忽为其凿开七窍，不适应便死了。而死其实是开窍，是再生，是脱离蒙昧换来清醒的状态。可见“浑沌”与封闭、愚昧、不开窍、糊涂、不明事理等同。人们以此作比拟，形容那些封闭、愚昧、糊涂，做事不开窍，不明事理的人。“浑沌”是个联绵词，不可拆开，但为何又在后面加上一个“沌”呢？这可能与舟山方言的特点有关系。在舟山方言中类似组合的叠音词很多，如：“胀鼓鼓”“汗滋滋”“木笃笃”“呆卜卜”“矮跕跕”“短簇簇”“长猛猛”“高耸耸”“圆滚滚”“壮嗒嗒”“薄泛泛”“厚墩墩”“厚笃笃”“细柳柳”“寿嚎嚎”“色迷迷”“瘪稀稀”“瘪塌塌”“红鲜鲜”“白拓拓”“黄哼哼”“绿映映”“绿郁郁”“青樱樱”“嫩艾艾”“蓝花花”“黑滋滋”“浓嘟嘟”“软绵绵”“软拖拖”“硬塞塞”“硬骨骨”“酸味味”“酸溜溜”“甜嫩嫩”“甜酱酱”“咸滋滋”“咸辣辣”“淡刮刮”“淡呵呵”“热温温”“热烘烘”“苦噎噎”“冷刮刮”“冷清清”“冷丝丝”“粘胶胶”“湿渍渍”“燥壳壳”“汤溜溜”“暗蓬蓬”“暗衬衬”“黑簇簇”“亮铮铮”“亮刮刮”“白映映”“瘦切切”“胖鼓鼓”“干巴巴”“直通通”“翘耸耸”“烂塌塌”“寒势势”“寒抖抖”“懒沓沓”“糊其其”“罡搭搭”“实别别”“饱闷闷”“痒嗖嗖”“痛稀稀”“韧佝佝”“油蒿蒿”“燥麸麸”“噪壳壳”“涩啃啃”“耐拖拖”“挖痨痨”“急齁齁”“武要要”“清淀淀”“清砫砫”“死板板”“艮古古”等。此类三字组合的词语，词头是意符，后两字只有装饰意味，以加强语言的音律性。

还有一种三字组合的词语，前两字为装饰意味，词底是意符。如：“骨骨抖”“眯眯笑”“愁愁哭”“勤勤奔”“团团转”“别别跳”“喳喳哂”“喂喂讴”“笃笃敲”“跺跺詈”“沙沙写”“吊吊唱”“嗖嗖拖”“触触快”“勒勒拕”“勤勤奔”“咣咣转”“扑扑拜”“咕咕叫”“嗒嗒滴”“嗤嗤困”“俏俏走”“哒哒滚”“咚咚响”“力力斩”“咚咚讲”“齐齐彪”“啪啪爆”“啰啰叫”“局局死”“笔笔翘”“呼呼响”“力力掼”“咧咧笑”“扣扣好”“双双落”“烘烘响”“喷喷香”等。

哼唬介

舟山方言常将某人板起面孔，面露憎色，两眼圆瞪，一副凶狠的模样，形容为“哼唬介”。常曰：“侬哼唬介咋介凶啦!”“该人哼唬介赶过来打我，可怕足嘞!”“侬面孔板之，哼唬介咋啥啦?”

“哼唬”是舟山人对猫头鹰的别称，学名叫“鸮”，是一种夜行肉食性动物，头宽大，嘴短而粗壮，前端成钩状，头部正面的羽毛排列成面盘，双目、面盘和耳羽与猫极相似，故称猫头鹰。在民间，猫头鹰是一种被人歧视的鸟，俗有“夜猫子（猫头鹰）进宅，凶多吉少”“梦见猫头鹰，有不祥之兆”的说法。特别是猫头鹰的叫声，像人的哭号，很吓人，在夜色弥漫的时候，听着叫人毛骨悚然，浑身起鸡皮疙瘩。还有一个重要原因是猫头鹰很残忍，没有反哺之心，小猫头鹰往往是等它的母亲老了，不中用了，就会将自己的母亲吃掉。猫头鹰被认为是一种没有反哺之情，丧失伦理道德的不祥之鸟。

舟山人为何称猫头鹰为“哼唬”?这是由它的声音和形象而来。一是拟声，其叫声像哼，似哭非哭，很难听；二是拟形，其面目狰狞，两眼圆瞪，似笑非笑，甚是唬人，故称“哼唬”。生活中，人们以此作比拟，形容那些板着面孔，面露憎色，两眼圆瞪，一副凶狠模样的人。

活拓塑子

人们常将两人长得一模一样，或两样物件仿制得很逼真，不走样，喻称为“活拓塑子”，也作“活塌塑子”。常曰：“该小娘活拓塑子像其阿姆，印板印过介!”“该东西做得好足嘞，和原件活拓塑子一样!”

此话由字画、碑文、雕塑的拓印和仿制引申而来。“拓”，即在刻铸有文字或图像的器物上，涂上墨，蒙上一层纸，捶打后就能显出凹凸分明的文字和图像，如“拓印”“拓本”“拓片”等。“活拓”，即活灵活现似拓制一般逼真，可达到乱真的程度。“塑子”即塑像的意思，是舟山方言对像板、印板、模子、模具的一种统称。人们借此作比拟，形容那些长得很像，仿制得很逼真的人与物，为“活拓塑子，像足嘞!”

还报门

民间常将说清事情的缘由，把事情的真相说得一清二楚，称为“还报门”。常曰：“该小囝乖足嘞，还报门介头头是道。”“外婆叫侬还报门，侬要讲得清爽”。“该桩事体全靠其报门还得好，否则冤枉官司吃煞嘞!”

此话是从旧戏曲演员“自报家门”引申而来。“还”，回答，复述；“报门”，自报家门，引申为说清事情的来龙去脉。旧时，戏曲舞台上主要角色第一次上场首先要把角色的姓名、家世、来历和剧中规定的情境等介绍给观众。通常有“引子”“定场诗”“定场白”等程式来作自我介绍。这是旧戏曲中介绍人物的一种传统手法。“自报家门”，又是往事的补叙。如传统名剧《徐策观阵》中的徐策，一上场就有段自报家门的戏，讲述了十七年前舍子救孤的《法场换子》，又介绍了十七年后薛蛟文救武成的《举狮观画》，还铺垫了寒山山寨兵围皇城的《观阵》。既省略了“薛蛟投书”“薛刚起兵”“围困皇城”的枝蔓，又为后面的“观阵”留下了悬念。让观众知晓了前因，也明白了即将发生的后事。“还报门”一词就是由此而出。现今，此话尽管不常听到，但生活中，需要“还报门”的事依然存在。如主人、父母没空，就派孩子或他人传达事情的缘由，是谓“还报门”；领导讲话前要作身份介绍，是谓“还报门”；传达文件和会议精神，是谓“还报门”；打官司要有证据，是谓“还报门”；为何要出台某一政策？也是“还报门”；为何要实施某项工程？更是“还报门”。“还报门”，其实是说明事情的缘由、真相和目的、意义。戏是做给人看的，生活里有的，舞台上亦有；生活里没有的，舞台上也可能有。观众看戏，不是看“事”，而是“知”事、“赏”事、“理”事。倘若徐策不自报家门，不补叙往事，观众就不知台上这位白胡子老头是谁，更不知他何故去“观阵”了。

含糊道

人们常将说话含糊其词，条理不清，或做事马虎了事，事理不明的人，喻称为“含糊道”，也作“含胡桃”。常曰：“该人含糊道，做事体一眼也勿盯准!”“侬莫含糊道，讲勒闲话要算数!”“侬莫含糊道，杀人犯法的事体勿好做!”“该事体含糊道弄眼点好嘞，作啥介认真!”

“含糊”，意谓说话不清楚，含糊其词，模棱两可，或做事敷衍了事，含糊搪塞。舟山方言妙在“含糊”后面加上一个“道”字，“道”有“到”“得”的意思，意谓含糊到了如此程度，这般境地，有不知天高地厚、胆大妄为之义。生活中，含糊道的事很多，到处可见，只是当局者迷，旁观者清，自己不觉得罢了。

“含糊道”也可写作“含胡桃”，意谓嘴里含着胡桃一般，闲话讲不清楚，但与“含糊道”相比较，含义缩小了，其原义发生了质的变化。“含糊道”的含义更为深刻，程度更为严重，性质更为恶劣。

活　络

舟山方言习将脑子灵活，动作利索，做事机灵、通达、不拘泥，善于应对各种人际关系的人，形容为“活络”，反之则谓“勿活络”。常曰：“该人活络头子，做事体样样勿吃亏!”“该人活络猛，本事大足呐!”“眼头活络，两头把着。”“该人一眼也勿活络，呆头刮气!”

“活”即生存，有生命，能生长的意思，如活人、活物、活力等，与“死”相对。“络”指人体内气血运行的经络，也指像网状那样可缠绕、连接的东西。此话可从四个层面解，一可作人体“经络”解，人体有十二“经络”，分别为肺经、心经、心包经、大肠经、小肠经、三焦经、脾经、肝经、肾经、胃经、胆经、膀胱经。经络愈通，人则愈健康，愈有生气；二可作绳索、网线解，绳索或网线无断裂，无节结，便可编织、串联成形；三可作流通网络解，网络畅通，无堵塞，无障碍，物流则流畅通达；四可作资金实力解，资金实力越雄厚，潜力则愈大，生意便愈好做，也就愈活络。此话可谓既生动形象，又风雅实在。

涵

“涵”在舟山方言中使用率极高，凡遇到事物的体量容量很多很大很广时，常会用“涵”来形容。如“涵天下”“涵世界”“涵到四采”“涵街涵弄”“涵头涵脑”“涵天到地”“涵人爽快”“涵人痒煞”“涵道地”“涵屋落”等。“侬到涵天下去问问看，有没有这个道理？”“今末天家热足嘞，我涵人都出汗了。”“该场雨落得大足嘞，淋得我涵人一沰浆介！”“侬乱讲三千，涵天到地讲点啥希啦？”“这东西我涵到四采都寻过嘞。”“这里蚊虫恶足嘞，咬得我涵人痒煞！”

涵，从水，有包含、包容之义，如包涵、涵养、涵盖、海涵、内涵等，是十足的文言书面话，而舟山人却把它当作白话口语用。在舟山方言中，“涵”有“全”的意味，但比“全”更为广阔无涯，兼容并蓄。“全”是封闭的，包揽的，排他的；而“涵”则是开放的，包容的，富有弹性的，给人以无限广阔的联想空间。宇宙之大，包罗万象，山海之广，气象万千，都被舟山话“涵”盖其中了。此话可谓俗中见雅，雅中见俗。

搅七念三

生活中，如遇人不讲道理，无理取闹，争执不休，或说话颠三倒四、文不对题、纠缠不清，常会用“搅七念三”来形容，也作“绞七廿三”。做事不讲道理，无理取闹，双方争执不休，纠缠不清，为何称“搅七念三”？“三”与“七”字形相差很大，怎么会将“七”念成“三”呢？

此话源自过去商家记数的通用“简码”，俗称“扎马字”，这种简码后被阿拉伯数字所代替。旧时，商家记数都用简码表示，通常是用墨笔写在水板上，水板是一张约八开纸大小的薄板，上涂白漆，记时一手持板，一手写书，它的一至十的写法是：“一二三〤〥〦〧〨〩十”。这里的“三”与“〧”，仅为“点”与“横”的差别，记账时稍有潦草就有可能分辨不清，将“七”视为“三”，于是便将“七”念成“三”，为此发生争执，故谓“搅七念三”。后用于日常生活中，语境语意也逐渐扩大延伸。

结 棍

舟山方言常将该人长得很壮实、很魁梧，很有本事，或物品价钱很昂贵，毛病生得很严重，喻称为“结棍”。常曰：“该人身体结棍足嘞，三踪柱拷勿倒!”“该人结棍咯，劲道介大!”“该东西价钿太结棍，买勿起。”“该东西看看蛮好，买买有眼结棍相。”“该毛病生得结棍足呐，咋会生介结棍毛病啦!”

此语听似俗气，但仔细琢磨却耐人寻味。“结”，有凝结、固结、盘结、存结之意，可引申为事物间的联络沟通，如成群结队、结绳成网、结带成束、结党营私、攀高结贵。“棍”，有木棍、铁棍、三节棍、二节棍、棍术。棍为无刃的兵器，素有“百兵之首”之称，亦可引申为某些厉害的角色，如恶棍、赌棍、骗棍、讼棍、商棍、党棍。“结棍”将两者合成，意为结实有劲，硬朗生畏，既有“结”的柔韧性，又有“棍”的坚挺性。此话用来喻人的结实强壮，喻事的超乎寻常，喻物的昂贵棘手，喻病的严重可畏，可谓独具慧眼，别具一格，名实相符。

嚼麦糕

人们常将不管别人爱不爱听，只顾自己说东道西，且始终说不到点子上，没完没了、喋喋不休的人，喻称为“嚼麦糕”。常曰：“侬嚼麦糕介，讲眼啥东西!”“该人嚼麦糕啦，莫去听其。”“侬嚼麦糕介甭讲嘞!”

“嚼”，舟山方言音“食”，“麦糕”是农家用麦粉做成形似馒头的一种糕点，未经发酵，俗称“麦糕头”，制作时加适量水、糖、豇豆等拌和，搓成长条面包状，用蒸笼蒸熟后切成一指宽的块状，因浸发后吃起来有嚼劲，需反复细细咀嚼不可，故称“嚼麦糕”。人们以此作比拟，指那些反复捣鼓，喋喋不休的人所讲内容像“嚼麦糕”一样，既单调又乏味，让人生厌。

荐辟举

舟山方言常将不明事由、不知真情、多管闲事、不负责任中间乱插嘴，且偏袒一方批评另一方的人，喻称为“荐辟举”，也作“见匹鬼”。常曰：

“要侬头读拦接，荐啥辟举啦!”“侬晓勿晓得，爹头娘脚，荐啥大辟举啦!”

此话是由古代“征”“辟”两种推举朝廷官员的形式引申而来。我国在汉以前，朝廷官员的任命要访求在野贤达和隐士的意见，帝王有诏书的称为“征”，谓天子之召；州郡推荐的称为“辟”，谓州郡之召。古有“三征七辟”之说，意指需经多次征、辟，选拔朝廷官职。《晋书·王裒传》：“于是隐居教授，三征七辟皆不就。”“征”和“辟”是两件非常严苛、慎重和负责的事，绝非一般人可以随便为之。

人们以此作比拟，形容那些不明事由、多管闲事的人为“荐辟举”，意指你只有荐举的“辟”，没有帝王诏书的“征”，只是一面之词，不正统，不符规制，故谓“荐辟举”。而“晓勿晓得乱插嘴”，不负责任瞎偏袒，更是“乱荐辟举”“荐大辟举了”。

讲白拕

人们常将干活不用凭力气，不用资本，仅靠一张嘴就可赚钱的人，形容为“讲白拕”，也作“讲白驮”“讲白度”。常曰：“该人做讲白拕生意啦。”“该人讲白拕啦，当心耶!”

“拕”即“拿”，舟山方言称“拿”叫“拕”。“讲白拕”，即讲讲能白拕，就能赚钱的意思。其实，“讲白拕”是葡萄牙语“买办”的译音，用现在的话为“职业经理人”，或为翻译。这是一句地道的“洋泾浜英语”，是按舟山方言“字对字”转成的英语。

此话的形成与舟山众多“讲白拕”商人有关。1843 年上海正式开埠后，黄浦江“十六浦”边都是外国人的租界。舟山一些懂点“洋泾浜英语”的人都去那里做起了“讲白拕”生意。舟山人为何会讲“洋径浜英语”？这可能与16 世纪双屿港和舟山被英国占领 5 年多时间有关系。舟山方言接近英语音调，如用普通话、广东话、苏州话讲就不像。至今，老一辈的舟山人都会讲几句洋泾浜英语，如“司别林”（弹簧门）、“司的克”（拐杖）、“凡华林”（小提琴）、“拿摩温”（老大）、“麦克麦克”（钞票很多）、“派司”（不要）、“拉司克”（最后）、“开司”（接吻）、“老克拉子”（色彩、时髦）、“番司”（脸）、“水磨厅”（水泥地）、“翘蹄翘蹄”（请喝茶）、“宿当宿当”（侬请坐），“来”叫“康姆”、“去”叫“狗”、“侬”叫“哈罗”、“是”叫“也司”等。这些人大多读过书，接受能力强，反应快，到了上海“十里洋场”后，很受外国人的青睐，被聘用为“买办”，做起了“讲白挖”。发财后开店开行，许多人在定海建造了中西合璧的大宅院。

当时舟山有许多代表性的“讲白挖”。如：

穆炳元，定海盐仓螺头穆家人，上海著名“讲白挖”，曾包揽中英在上海的一切外贸交易。姚公鹤《上海闲话》记载：“无论何人有大宗交易，必央穆为之居间”。

许绍明，定海城关方河头许家、东门许家、东大街许家、周家塘许家、环城南路许家大院建造者。其曾买鸡蛋给英国人，由此起家，被英国人看中，做了“讲白挖”，其女儿为朱葆三媳妇。

王克明，定海城关王家大院建造者，曾任上海美国丰泰洋行“讲白挖”。中国洋务运动中的历史人物。中国洋务运动中有“王克明案”，后经李鸿章出面，案子才算了结。普陀山短姑道头海岸牌坊边的“回澜亭”由他所建。

潘尚林，定海城关潘家大院建造者（今海军招待所），盘峙人，泥水匠出身，上海建筑业大包作头，建筑业“讲白挖”，曾承揽上海国际大厦搭建脚手架业务。

杨坊，定海城关杨家大院建造者，上海知名“讲白挖”，与穆炳元同时出道。他从英国买得火轮——宝顺轮，让中国有了第一艘火轮。他把女儿嫁给美国人华尔，并捐钱支持女婿组织洋枪队，阻止太平天国义军进攻上海。他是中国近代发展史上产生过影响的人物。

丁智房，定海城关丁家大院一房、二房、三房、四房建造者，上海滩建筑业著名“讲白挖”。经其指教的大侄子和二侄子曾是上海礼和洋行的“讲白挖”。后自办“锦章”商号经销德国产的纺织、缝衣机针，是旧上海纺织、制衣业的先驱。经其指教的四侄子丁钦斋是上海总商会的董事。六侄子丁崇吉是当时 120 名留美幼童之一。

英国传教士施美夫（英国向中国派遣的最早两名传教士之一，曾任香港英国维多利亚教主），在 1847 年所著的《五口通商城市游记》中说道：“外国人的存在可能会给舟山人的品位和需求打上永久的烙印。欧洲制造的小商品登陆舟山，给当地手艺注入了新的动力。因此，舟山人比他们的同胞领先半个世纪展示西方艺术与文明。”

犟煞癞头

人们常将脾气倔强，不认错，不服输，固执难缠的人，喻称为“犟煞癞头”。常曰：“该人犟煞癞头介，讲也讲勿通。”

此话由癞头无发（法）引申而来。“犟”，即脾气固执、倔强；“煞”，即极、很之意；“癞头”即“癞子”，身患癞疾或头上长黄癣的人。“癞头”者大多没有头发或只有很少头发，无头发则无辫子可抓，属守发（法）或半守发（法），俗有“和尚打伞，无发（法）无天”之说，意为既已无发（法），甚至无天，还惧怕什么？故以“犟煞癞头”谓之，与今日称头发脱顶者为“聪明绝顶”相似。按传统观念，一般人有三千烦恼丝，俗谓情丝，有头发多烦恼也多、命苦之嫌。而癞头少头发，具有少顾虑、少牵连、“犟煞”的客观条件。同时，“癞”与“赖”谐音，有游手好闲、唯利是图、“无赖”之义。在日常生活中，人们常把“犟煞癞头”与“恶麻皮”（麻子）连用，俗有“犟煞癞头恶麻皮，癞头吼没好东西”之说，意为形貌不佳，肢体残疾，又是无赖，故遭受讥笑、奚落，得此恶谥。

叽 啁

舟山方言常将叽叽喳喳吵闹不休，或发出嘈杂不和的噪音、杂音等，称为“叽啁”。常曰：“声音轻眼，叽啁煞了！”“侬该小娘，咋介叽啁啦！”“侬莫叽啁好勿！”“侬叽啁啥希啦，老是讲勿好。”

此话自虫鸟鸣叫声引申而来。“叽”即“叽喳”“叽咕”，形容虫鸟鸣叫声和细碎的声音；“啁”即“啁啾”“啁哳”，形容虫鸟鸣叫声和声音杂乱细碎。“叽啁”是拟声词，意为声音叽叽喳喳，不堪入耳，令人厌烦。在日常生活中，“叽啁”只是一种反感，并无呵斥之意，许多声音如鸟鸣、琴声尽管悦耳动听，但要看心情，心情好时，自然动听，心情不好，饭都吃不饱，活都干不完，再悦耳的声音也没有好感。假如你在心烦疲惫、工作都忙不过来时，妻子老是在身边唠叨，怨这怨那，或小孩放学回来，缠着你一会儿要这个，一会儿要那个，让你一刻也不得安宁，即使是有人唱歌、拉琴，你也会觉得很“叽嗰”，“难听煞了，整日唱唱拉拉好当饭吃啦！”所谓“叽嗰”，并非不悦耳，没有美感，而是根据当时的心理感受而定，心情舒畅，便谓“好听”“蛮好听”，反之，则谓“叽嗰”“烦煞”。

脚头钿

人们常将为人奔走、服务，主人给予相应的费用作酬劳，喻称为“脚头钿”。常曰：“谢谢侬，这是一点脚头钿。”“我奔煞介，侬脚头钿总要弄眼拨我耶。”“我介冒搭侬奔，脚头钿有否?”

此话源自旧时公差衙役向犯人或当事人跑腿索取的钱财。旧时，犯人进监狱，公差衙役要帮犯人的家属传递信息，有的路途较远，许多家属为感谢公差，常会赏些银两给他们，作为辛苦钿和损坏鞋子的费用。久而久之，便成了约定俗成的规矩，称这种付钱方式叫“脚头钿”。

此话用于日常生活中，凡遇为人奔走、挑扛等服务行为，统称为“脚头钿”。现今，此话已很少听见，类似的服务都改称为“小费”。

解　板

人们常将赌博中两人配合作弊，或做事暗中算计别人的行为，喻称为“解板”，或谓“两人解板”。常曰：“该两人在解板啦，怪勿得钞票输了介多。”“该事体侬当心耶，弄勿好该两人在解板啦。”

此话是由打船时大木师傅锯木头现象引申而来。“解”即剖，“板”即木板。打船时，通常都要把较大的木头解剖成板，这时需要两人合作，用一把大锯，将木头一头搁起，一人在上，一人在下，两人各握锯柄的一头，你推我拉，相互默契配合，才能把木头剖成一块块的板材，俗称“解板”。生活中，人们以此作比拟，形容两人合作、暗中算计别人犹如大木师傅“解板”一般，是暗中作弊、从中谋利的一句隐语。

结发夫妻

民间习将第一任夫妻即原配夫妻，喻称为“结发夫妻”。为何叫“结发夫妻”？此话的由来还有两个美丽的传说。

一说古时有个皇帝在登基的头一夜，担心自己的胡子太短，彻夜难眠。因古代男子以胡子长短论学识。这时，身边的娘娘想出个办法，她剪下自己的头发仔细地接在皇帝的胡须上。次日皇帝登基时，手捋长须，深受臣子的惊叹：皇帝一夜之间胡须过脐，真乃“真龙天子”也！于是，皇帝“接发为须”的趣事便传到了民间，被人们称为“结发夫妻”。

二说在唐太宗时，有一个叫贾直言的官员被流放南海。临走时，他伤心地对妻子说：“这一去死活难测，你还是改嫁为好。”妻子泣不成声：“夫君爱我多年，为我梳理一下头发好吗？”贾用头绳为妻子头发扎了个结，并用绸帕包住。上路时，妻跪地拜别，并发誓说：“妻发为夫郎结，非夫君亲手，此结永不拆解！”20年后，贾被赦返家，见妻的发结依然如故，仍未解开，感动得泪流满面。从此，“结发夫妻”一词流传开来，一直沿袭至今。

刻毒猛亨

舟山人常将使人猝不及防，恶作剧，有意捉弄人，以致别人倒楣或某种不吉利的行为，喻称为“刻毒猛亨”。常曰：“该人刻毒猛亨，咋做出介事体？”“该人做事体老是刻毒猛亨！”“侬刻毒猛亨作啥啦！”

“刻毒”，即刻薄狠毒；“猛亨”，即“猛暴”。“亨”是指常发生于阴历二月初的一种风暴。海岛渔民称“风暴”谓“亨暴”，谚语有“二月初五五亨暴，初六六亨暴，初七七亨暴，初八八亨暴，初十十亨暴”。尤以“八亨暴”最为应验、凶险和猛烈，俗称“二月八亨”。因此时正是渔民“抲春”时节，在海上作业的渔船往往会受这种猝不及防的猛暴袭击而遭不幸，人们视这种凶险的亨暴为最刻毒的猛亨，故谓“刻毒猛亨”。生活中，人们以此作比拟，形容猝不及防，有意捉弄，恶意伤人之行为。

抲落帽风

人们常将行动风风火火，手忙脚乱，急不可待，或兴师动众，人为制造紧张气氛，却往往没有结果的现象，喻称为“抲落帽风”。常曰：“该人抲落帽风介，作啥介急？”“介多人作啥啦，抲落帽风啊！”“该帮小团奔进奔出，搿落帽风介！”

此话典出旧戏曲《搿落帽风》，说的是包公“陈州粜粮”回京，路过陈桥镇时，帽子被一阵怪风吹落，包公问：“什么风这么放肆？”随从张龙随口答了一句：“落帽风。”包公就命张龙、赵虎去“搿落帽风”，要将这股怪风捉拿归案，俩人便随风循迹追寻，结果歪打正着，破了一桩“狸猫换太子”的惊天悬案。同时，旧时国人很重视帽子，素有“衣冠楚楚”“冠冕堂皇”之成语。帽子往往是与社会地位相对应的，并有贵贱等级之分，戴在头上，不容旁人侮辱和冒犯。尤其是对官员和有身份的人，帽子象征权力和威严，很忌讳别人摘他的帽子，倘若风吹落帽，便会不顾一切，迫不及待地跟着帽子跟踪追赶，其形象可谓滑稽可笑。人们以此作比拟，形容那些做事风风火火，手忙脚乱，迫不及待的人。

搿进笼鸡

人们常将十拿九稳，毫不费力就能办成，就能成功，或夜色已晚，急需马上做成的事，形容为“搿进笼鸡”。常曰：“该岸介多人篷搭拢作啥啦，搿进笼鸡呀？”“天家暗嘞，搿进笼鸡嘞！”

“进笼鸡”，即笼中之鸡，旧时，农人善养鸡，且都配有鸡笼，每当日暮时分，因鸡夜间视力不好，都习惯走进笼里，这时捉鸡比较容易，俗称“搿进笼鸡”。此话源起旧时钱庄向商号放贷的一种现象。每到年关时分，商号普遍急需向钱庄借贷，钱庄就会有一种短期的放贷形式，期限为一个月，月息高达二三分。但商号急需进货用钱，只得忍痛接受。年关即一年之终，与一日之暮同义，钱庄这种向商号借贷的形式，犹如日暮之时进笼的鸡，比较好搿，十拿九稳。于是，人们称这种现象叫“搿进笼鸡”。后来，语境逐渐扩大，凡天色已暗，或集中人力，急需要做好的事，都形容为“搿进笼鸡”。

看三色

形容该人做事善于察言观色，看情况行事，常讨别人欢心。生活中，人们很羡慕、敬佩会“看三色”的人，甚至把一个人聪明不聪明，用会不会“看三色”来评价。常曰：“该人乖足呐，做事体较惯会看三色。”反之则谓：

"该人笨足呐，三色也勿看。"

什么是"三色"？看哪"三色"？"三色"是个泛称，并非指具体的三种颜色，或说是看人的脸色、眼色、神色。俗话说："出门看天色，进门看脸色。""敲锣听声，讲话听音。"一个人如果连阴雨天出门都不带雨伞，说话做事不看对方的脸色、眼色、神色，那他终究要碰钉子，用舟山话讲叫"一点也勿眼头活络"。大抵聪明的人，最善于看对方的"三色"行事，对方的一个眼神，一个手势，乃至一声咳嗽，都能心领神会，见机行事。善于"看三色"反应，眼观六路，耳听八方，分析情形，把握时局，迅速作出判断和反应，那便是机智聪明的人了。

关于此话的由来还有一个故事。相传很早以前有个读书人。他读书不成，就想做生意。有一天他跟老婆说："读书想做官，坟头没冒气。不如早歇手，改去做生意。"老婆忖忖也对，既然读书这条路走不通，那就不如趁早摸亮，改行去做生意。但是做啥生意好呢？过去舟山贩盐的人蛮多，虽然贩盐存在一定风险，但还是属于暴利。一年之中只要做成几笔生意，总比种田弄地头要好得多。但是做贩盐生意得有一定的道道，主要是要学会看三色，否则就赚不了钞票，弄不好还会血本无归。什么是"看三色"呢？那就是会看盐的成色、人的面色，还要会看天色。俗话说："三色勿会看，做事不赚钱"。可这个读书人却不知道这个道理。第一次做生意因盐的成色不好，结果亏了本。第二次盐的成色倒是好了，但他在过关纳税的时候，却没有看懂"关老爷"的面色，不晓得打点，结果被罚款又亏了本。第三次他学乖了，收的盐成色也很好，而且与"关老爷"也搞好了关系，他以为这次肯定会成功了，为此他出门时很有把握地对老婆说："读书到盐贩，秀才今落难。莫谓不发财，看我过镇海。"说完他就信心十足地挑着盐担出门了。谁知他偏偏没有看天色，结果在去往镇海的渡船上，一场暴雨把他的盐浸泡成了汤，最后血本无归。他垂头丧气地回到家里，老婆看看他的样子，詈詈不解气，打打又痛手，随口吟了一首顺口溜："读书运勿通，贩盐又欠功。勿会看三色，到头一场空。"

从此，"勿会看三色"这句话就流传开了。后来，人们看见这个读书人就跟他开玩笑："今末有没有看三色啦？"

赖 根

谓东西很好吃，味道很好，吃了还想吃。常曰：“该东西好吃足嘞，吃了要赖根。”“该东西侬搭吃吃开，吃了保证让侬赖根。”“该东西咋介好吃啦，我吃了赖根嘞!”

“赖”，有依赖、信赖、耍赖、贪赖、胡赖、赖皮、赖着不走之意。“根”，一指植物的根部，如根植、根茎、根瘤、根须；二指物体的基部，如根底、根基、根系；三指事物的本源，如根源、根由、根本。“赖根”一词听似很俗很土，却很有文化，耐人寻味。此话的基点在“根”，根是一切事物的原始，任何事物都赖根而生成：树有树根，病有病根，发有发根，舌有舌根，山有山根，命有命根，情有情根，佛有慧根，事有根由，曲有根谱，法有根证，文有根源，可谓根结盘踞，事事有根，否则当为“不根之论”“不根之谈”。吃东西也有根，所谓“饮食文化”，有文化必有根。“一方水土养一方人”，各地都有不同的饮食习惯，北方人喜食面粉，南方人喜食大米，四川、湖南人喜欢吃辣，舟山人则喜欢吃海鲜。若口味、习惯、环境、水土相符相合，即便“根菜壶酒”亦当“具食与乐”。许多食物并非因营养好坏论难吃，而是因为饮食中的“根”缺乏生成的“文化”所致。“赖根”，赖的是文化之根、风俗之根、情结之根、故乡之根、食俗之根。

露马脚

人们常将不想让人知道，或因不慎露出了破绽甚至败露的人和事，喻称为“露马脚”。常曰：“心想做小货，这遭露马脚呐!”“侬这样子做，要露马脚咯。”为何把事情败露说成“露马脚”，而不说“露牛脚”“露狗脚”呢?

此话源自明太祖朱元璋马皇后的大脚。朱元璋自小家境贫寒，当过牛倌，做过和尚，后加入了元朝末年起义军郭子兴的队伍，由于他作战勇猛，屡建奇功，郭子兴很赏识他，便将义女马氏嫁给了他。马氏是一个才女，精明干练，辅佐朱元璋实现了统一大业。朱元璋当上皇帝后，封马氏为皇后。

马氏脚大，虽被封为皇后，但却为自己脚大而深感不安，在大庭广众之中，她总是遮遮掩掩，尽量避免将大脚露出裙外，恐遭人耻笑。

一天，马皇后随朱元璋乘轿出游，百姓们见皇后的舆轿过市，都翘首张望，想一睹皇后的风采。不料，一阵大风将轿帘掀起，马氏搁在踏板上的两只大脚赫然入目。于是人们一传十，十传百，马氏是大脚的事一下子轰动了整个金陵。“露马脚”一词就这样流传开了。

绿营反起

舟山民间常将孩了们超常举动，大吵大闹，或碰到撞翻什么东西，喻称为“绿营反起”。常曰：“侬绿营反起做啥啦？”“绿营反起，莫吵嘛！”“绿营反起介，咋介皮啦！”吵闹为何称“绿营反起”？

此话源自清代绿营兵的起反闹事。清朝兵制有八旗兵制，即黄、白、红、蓝与镶黄、镶白、镶红、镶蓝。雍正三年（1725）始将汉兵编为绿旗兵，也称“绿营”。咸丰时，由于战乱频频，国库亏空，绿营兵常发不到饷银，官兵要靠做小生意来维持生计，且传言一度要撤裁绿营，以致绿营兵要起反，故谓“绿营反起”。

官兵造反，自然非常混乱吵闹，此话用于日常生活中，将孩子们的打闹顽皮，喻为“绿营反起”，虽有些夸张，却也非常形象。

烂沙壳

人们常将生活很拮据，身上没有一分铜钿，却在别人面前充阔气、说大话，以示自己很有钱的人，喻称为“烂沙壳”。常曰：“该人烂沙壳啦，扯啥淡！”“该人一个烂沙壳都挖勿出，也充阔气！”

“烂沙壳”本指旧时一种质量非常差的铜钱。清末时期，朝政动荡，钱币铸制非常混乱，各省各自为政，自铸铜钱，且大小质量都不统一，更有私铸铜钱的。清政府虽有规定，铸制铜钱为黄铜掺铝合金，比例为铜六铝四，但许多地方不按此规定，铝的含量大大超过了铜，铸造出来的铜钱粗劣易碎，质量很差，甚至用手都能掰成两片。用这种铜钱去购物，商店都不肯收，通常要加价。为此，人们称这种铜钱为“烂沙壳”，意为像沙子制成一样，只是外表包了一层壳而已。人们以此作比喻，形容那些连“烂沙壳”都没有的人，可知已穷得一无所有了。由“烂沙壳”引申而来的还有“烂板板”（铜板）一说，如“一个烂板板也呒没”“身边呒没一个烂板板”，意谓连一个“烂沙壳”也没有。

阑 班

舟山方言常将不正常、无定期、没规定、不常做的事，喻称为“阑班”，也作“懒班”。常曰：“我阑班来一趟。”“阿拉阑班碰着一回。”“我阑班吃支香烟。”“其阑班出回差。”“我阑班搓回麻将。”“侬阑班走回人家。”

此话是从过去往返的车船交通班次引申而来。“阑”，即“残”“尽”“晚”，有稀疏、拖赖之意；“班”，即“次”“列”“序”，指按次序排成的行列、工作或学习的组织，按时间分成的段落，如班组、班级、班车、班机、班船、班期、早班、夜班、中班、日班、头班、末班等。“阑班”，即“偶尔”“少”“迟”“晚”的意思。旧时，交通往返车船都有定期定时航班，许多岛际或海岛与大陆之间也有不定期定时的航班，如遇鱼汛或朝山进香人流量特别多时，也会有临时增加的船班，人们将这种不固定的船期或航班，称为“阑班”，或谓“阑班船”“阑班车”，称末班车船叫“晻班船”“晻班车”。“阑”又与“勤”相对应，在日常生活中，人们借此作比拟，并加以拓展和延伸，泛指那些不正常、不定期、偶尔的行为和现象为“阑班”，或谓“千年阑班”。

烂浮尸

舟山方言常将说话没分寸，不拘小节，爱开玩笑，敢于说些挑逗或粗俗话的人，喻称为“烂浮尸”，也称“浮尸”。常曰：“该烂浮尸，呒规呒矩！”“该烂浮尸，十三点！”

在民间，“烂浮尸”一词运用广泛，很多妇人称自己的丈夫为“烂浮尸”，称儿子叫“小浮尸”，这其中自然带有戏谑、指责之意。而当两人争吵时，也用此话说对方，那便成了一句詈人的话。

“浮尸”，即溺水而死、浮在水面上的尸体。在舟山渔区，渔船在海上遇险，所见渔民都有抢险救灾的习俗。有人落水，或遇溺水而死、浮在海面上的尸体，不论何方人士，当捞不辞。而且还为捞尸行为取了一个很吉利动听的名字，叫“捞元宝”。这是因为海上风险大，充满未知，谁都不知道什么时候自己也会遇难，此时亦希望别人能鼎力相助，故而“捞元宝”成为一种良风习俗。“烂浮尸”尽管很不好听，却被广泛引用，一是因为“浮尸”很有可能还没有死，还有救的希望，故大家都乐于接受；二是与捞尸的习俗有关，因“浮尸”大家都不会歧视，都愿意捞，并视其为“捞元宝”，当为吉利之事，是一种积德行为。

乱话三千

人们常将言过其实，夸大其词，信口开河，且不着边际的言论，喻称为“乱话三千”。常曰：“侬乱话三千讲眼啥东西啦?”“该人老是乱话三千，莫去听其。”

此话的重点在“三千”。“三千”，一指古代的刑罚。《书·吕刑》：“墨罚之属千，劓罚之属千，剕罚之属五百，宫罚之属三百，大辟之罚二百。五刑之属三千。”后以“三千”指代古代所有的刑罚。二指数目之多。三国魏陈琳《饮马长城窟行》：“长城何连连，连连三千里。”唐李白诗：“白发三千丈”“飞流直下三千尺”“三千双蛾献歌笑”“访我三千里”等。三指“三千大千世界”，略称“大千世界”。佛教说一日月照四天下，覆六欲天、初禅天，为一“小世界”；一千个小世界覆一二禅天，为一“小千世界”；一千个小千世界覆一三禅天，为一“中千世界”；一千个中千世界覆一四禅天，为一“大千世界”。一大千世界有小、中、大三种“千世界”，故称“三千大千世界”。生活中，人们以此作比拟，形容说话胡诌瞎编，言过其实，夸饰过当，不着边际，不可信的人。

捞锡箔灰

民间常将做事总是东捞捞、西摸摸，既犹豫不决又忙个不停的人，形容为“捞锡箔灰”。常曰：“侬在作啥啦，捞锡箔灰介老是摸勿出来。”

此话源自旧时回收锡箔灰的现象。锡箔是祭祀用的一种冥品，上等锡箔含锡量极高，焚烧成灰后可回收提炼，为此旧时专门有人回收锡箔灰。在交易时，回收者通常都不看成色，也不称分量，而是先用手这里捞捞，那里摸摸，反复上下地捞摸锡箔灰，以确定其含锡量，然后再按质论价。人们称这种现象叫“捞锡箔灰”。此话用于日常生活中，语境逐渐扩大，凡遇到东捞捞、西摸摸，犹豫不决且忙碌不停的人和事，都泛称为“捞锡箔灰”。

由此引申出来的还有“捞锡箔钿”，意为赚头很少，但还是把它看得很重，形容斤斤计较、见钱眼开的人。

六日头，夜拕出

这是一句詈人的话。在民间，如遇孩子不听话或特别顽皮、经常闯祸闹事，大人们便会用此话来指责他：“侬该六日头，一眼呒没出息！”“侬该夜拕出，咋介勿样啦！”

此话源自婴儿早殇和特殊的出葬现象。旧时，因医疗条件差，民间孕妇生产多不住院，习惯请“接生婆”来接生。许多婴儿出生后常患脐疯，没过几天便夭殇，人们称这种婴儿叫“六日头”，即六天夭殇。婴儿死后，民间习惯用稻草将其包裹，并只能在夜间将其葬于山间草丛中，故谓“夜拕出”。

现今，随着医疗水平的提高，“六日头”行“夜拕出”的现象已不复存在。但此话至今仍在运用，特别是遇到孩子不听话、经常闯祸时，便会用此话来指责他，谓孩子没出息，犹如妖鬼投胎，做事总是没好结果。但在说此话时，通常都是出于非常无奈的心理。

闷舱黄鱼

舟山民间常将外表看似很帅、很酷、很漂亮，肚子里却一窍不通，没有知识，中看不中用，或平时不善说话的人，喻称为“闷舱黄鱼”。常曰：“该人闷舱黄鱼啦，三踪柱打勿出一个屁来！”“侬闷舱黄鱼介，咋一声勿响啦？”“闷舵黄鱼介人，哓勿哓得也来讲讲。”此话与另一句方言“好看面孔笨肚肠”有相同之义。

此话由过去商船冰鱼制冷引申而来。旧时，海上过鲜的商船（过鲜船）没有制冷设备，都为天然冷冻，即将渔民捕捞的黄鱼收购起来，利用自然结冰或放些冰块运往外地。当时运销的过鲜船都为木帆船，靠风力行驶，如遇风力或潮水不顺，常会耽搁时间，有时更因鱼多冰少、天气较热而影响鱼的质量，因黄鱼汛在阴历四、五月份期间，此时天已较暖，鲜鱼闷在封闭的船舱里，待运到目的地时，尽管表面上看上去还金光锃亮，但实际上鱼肉已开始变质，有些臭味，人们将这种鱼叫“闷舱黄鱼”。此话运用于日常生活中，比喻那些外表看似很帅、很漂亮，肚子里却一窍不通，没有知识，中看不中用的人。

瞒尸瞒闻

人们常将某事某物保存或保守得密不通风，不露一丝痕迹，不透一点风声，形容为“瞒尸瞒闻”，也作“瞒丝瞒缝”。常曰：“该东西瞒尸瞒闻，保存得好足嘞！”“该事情要瞒尸瞒闻，莫被别人晓得。”“该东西要瞒尸瞒闻，千万勿好漏气透光！”

据说此话的由来与秦始皇的死有关联。公元前210年，秦始皇出外巡游，返至平原津时突然得病，于沙丘平台驾崩。为不让扶苏上台登基，辅佐胡亥篡权夺位，中书令赵高串通丞相李斯，故意瞒着死讯秘而不宣，佯装始皇安然无恙，尸体照原放在辒辌车上，每日照常上食奏事。为了不让别人闻到尸体的臭气，便以石鲍鱼的臭味作掩盖，于是就有了“瞒尸瞒闻”这句话，一直流行至今。

磨箍运结疙

人们常将做事不顺利，运气不好，或碰上倒霉的事，形容为“磨箍运结疙”，或谓“磨箍运盖顶”。

此话是由“华盖运”而来。“华盖运”也叫“镬盖运”，是民间算命排八字的一种说法。据说华盖是干支的一种特殊组合方式，在八字中，若日支为寅、午或戌，则在八字中再见地支戌（日支本身的戌字除外），则此字就称为华盖。命上带有华盖，往往不顺利。鲁迅诗云：“运交华盖欲何求，未敢翻身已碰头。”民间以为，运交华盖往往只是在这一步大运时不顺利，过了这一步大运就没事了。同“交桃花运”一样，华盖运亦不是每一个人都会碰上。一般说来，华盖运无论何时遇到都有一些不利。若遇上华盖运，做什么都要十分小心，要冷静、慎重地考虑，切忌鲁莽行事，以减少华盖运带来的不利。

所谓“磨箍运”，磨者，沉重，周而复始地旋转；箍者，箍在头上挣脱不开的紧箍圈。石磨是旧时农家常备的工具，每当磨完东西就须及时清洗，如不及时清洗，石磨周边就会结起一层疙瘩，干燥后取下来犹如一个圆形的箍，“磨箍运”一词由此而来。意为石磨盖头，沉重而障目，闷气而黑暗，难于摆脱，故视其为厄运。人们以此作比拟，形容厄运像石磨那样罩在头顶上，既沉重又难以摆脱。“磨箍运”也同华盖运一样，只是在一段时间不顺利，过了这段时间就没事了。

木屐鞋掿出

人们常把那些性格外向，口无遮拦，讲话较为粗俗，举止稍有失格，敢与男人们挑逗，敢把“隐私”作笑料的女子，形容为“木屐鞋掿出”，也称“木屐鞋”。常曰：“该人木屐鞋掿出！”“该木屐鞋，介勿上科！”“侬该木屐鞋，呒爹娘监训！”此话与“断塘”“十三点”有异曲同工之妙。

“木屐鞋”是旧时一种木板做的简易拖鞋，把木板削成足脚形，板面中间钉上一块二指宽的皮条，为防滑可在木底上刻上几道齿，走路时会发出“嘀咯嘀咯”声。旧时，农民雨天或休息时都穿这种木屐，一是透气舒服，二是穿脱洗都比较方便。“掿”即“甩”的意思，如“掿拳”“掿辫子”“掿令子”“掿绳子”“掿手势”。“木屐鞋掿出”，指那些口无遮拦，常常会说些出格话或遭人非议的妇女，如同木屐鞋一样，掿进掿出，一不小心就会掿出，掿进时可谓正经话，掿出时则脚高脚低，毫不顾忌，不着边际，且声音很响，像走路时木屐鞋发出的声音一样，老远就能听到。

澎石岩

这是一个富有多种含义的词语。生活中，如遭遇挫折、不顺心的事或东西损失时，便会说：“澎石岩，运道坏足嘞！”如俩人吵架，就会詈对方：“侬该澎石岩东西，勿讲道理！”如长时间没有看见对方，就会说：“介多日子呒没看见侬，澎石岩到啥地方去啦！”如俩人商讨事情，遇到意见不统一或不耐烦时，则会说：“阿澎石岩嘞，算我倒霉，让侬！”

“澎”，波涛发出的撞击声，舟山方言“澎”即“碰”或“撞”的意思。“澎石岩”也称“澎汰横”，意为船碰撞礁石，碰撞滩岸。遇到这种情况，那就不得了，意味着船毁人亡。此话用来詈人，可谓辛辣恶毒。然而，如海浪只是自然撞击礁石或滩岸，那是一种毫无目的、无所谓的行为，即为一种景观。如果用海浪自然“澎石岩”的情境来比喻人，可谓惬意潇洒也！试想，如这人东走西撞没有什么正事而闲逛，犹如海浪撞击礁石不存在什么目的，那将是何种情境？于是就有了“介多日子旺没碰着侬，澎石岩到啥地方去啦？”“覅澎石岩嘞，算我倒霉，让侬！”等类似的话语。可见，“澎石岩”这句话含义丰富，根据不同的语境语意，可作不同的解释和理解。

派川头

舟山人常将聚运气，集财源，讨彩头，或想图个吉利，有个好兆头的事和行为，形容为“派川头”，也称“吃川头”。常曰：“侬派川头啊！”“侬想吃川头啊！”“川头好足嘞！”“川头糊齐齐！”

“派”，即派别、派生，水分道而流。所谓“百川派别，归海而会”。“川”，水道，象流水之形，高山之间必有川。《说文》：“贯川通流水也。”日常生活中，居家和商家常将“生意兴隆通四海，财源茂盛达三江”的对联贴于大门或厅堂，以示祝愿。财源如水流，找到源头，钱财则滚滚而至汇集大成。“派川头”意即通过某种行为和做派，图个吉利，讨个彩头，碰个运气，希望如愿以偿，马到功成，祈愿财源川流不息，络绎不绝，接踵而来。

跑龙套

人们常将为人做“下手”“辅助”工作的人，喻称为“跑龙套”。常曰：“该人派勿上大用场，只能跑龙套。”“该人跑跑龙套蛮好。”

此话是由戏曲演员“龙套”引申而来。“龙套”是戏曲里的一句行话。人们将舞台上扮演兵卒、士勇、衙役、虾兵蟹将的演员叫“跑龙套”，也叫“群众演员”。在戏曲舞台上，“龙套”演员有一定的表演程式，如升帐或坐堂时的叫“站门”，引导主子前行或开路的叫“跑圆场”，在上下场门斜列两行恭候主子上场或下轿的叫“斜门”，双方交战时从兵刃下穿插而过的叫“站烟笼”，从上下场两边出场交会的叫“二龙出水”等等。

“龙套”通常 4~6 人为一组，尽管没几个人，但却代表了千军万马。在表演中，龙套以头旗为主，二、三、四旗为辅。他们往往打着各种旗号，如“红门旗”“飞虎旗”“月华旗”“风旗”“水旗”“火旗”“大纛旗”“云牌”等，以体现各种兵种和情景。

“龙套”表演讲究“站如钉，行如风”。一般演员在开始学戏时，都要先跑龙套，待具备一定舞台经验和基本功后，才能担任角色。在一出戏里，龙套很重要，许多戏和名角都是靠龙套辅持或跑出来的，俗谓“红花要有绿叶扶”。“龙套”尽管是个贬义词，在日常生活工作中，许多人不甘心做“陪衬”当“龙套”，但当好“龙套”很不易，许多名角都是“龙套”跑出来的，许多领导干部都是在“跑龙套”中锻炼出来，成长起来的。

碰钉子

人们常把办事遭到拒绝、碰到困难或受到斥责批评，形容为“碰钉子”，或谓“碰一鼻子灰”。

办事遭到拒绝或斥责，怎么会说成“碰钉子”呢？“钉子”从何而来？这话与古代的衙门、官宦人家宅邸的大门有关。旧时，凡是衙门、官宦人家这类处所的门上都有“门钉”。所谓“门钉”，即钉在门上拳头大小、起伏凸起的一种装置，现在许多古建筑的门上还清晰可见。

“碰钉子”并不是真的碰上“门钉”，而是一种联想性的形容。俗话说：“自古衙门朝南开，有理无钱莫进来。”老百姓要求人办事，常在这些地方受制于人，所谓“门难进、事难办、脸难看”，往往被拒之门外，于是，人们就把这些地方的“门钉”联系起来，便有了“碰钉子”之说。

元杂剧《西厢记·寺警》一折中有一句台词：“我撞钉子，将贼兵探知”。这里的“撞钉子”就是碰到了很多困难，经历很多辛苦，方才得到敌人的情报的意思。

妻来姑对

舟山方言常将办事不对头，说话不合情理，不按规定行事的做法，或某种正确的说法被错误的理论所代替等，喻称为“妻来姑对”。常曰：“该人妻来姑对，咋这套啦！”“侬妻来姑对，咋闲话乱讲啦。”“侬莫妻来姑对乱话三千好弗！”

此话源自传统结婚习俗。旧时，结婚日子一旦择定就不能任意更改。举行婚礼时，新郎因出海捕鱼或出门做生事，若遇刮风打暴等情况，不能如期回家，但婚礼必须如期举行，这时没有新郎怎么办？民间有个特殊的变通办法，即由小姑（新郎的妹妹）代为拜堂，俗谓“小姑代拜堂，公鸡陪洞房”。这句话就是由此而来。“妻”即新娘，过门后则为妻，“姑”即小姑，妻与小姑双双对拜，则谓“妻来姑对”。此话运用于日常生活中，语境逐渐扩大，将不符规定、不合情理、本不应该这样做的事和现象，都称之为“妻来姑对”。

敲瓦爿

舟山方言常将集体会餐，自愿支付费用，或由集体统一开支，然后每人平均分摊，类似于AA制的聚餐方式，喻称为“敲瓦爿”。常曰：“今朝阿拉敲瓦爿，大家聚一聚。”“倷在敲瓦爿呀，热闹足嘞！”

此话由旧时瓦厂做瓦片引申而来。“瓦爿”即“瓦片”，做瓦片有一只只圆形的模筒，俗称“瓦筒”，筒壁上有四条均等高突的凸条，将泥浆粘刮于圆锥的模型筒子里，经晾干后放入窑中烧，烧干成型后用手一敲即能分成四张瓦片，“敲瓦爿”一词就是由此而来，意谓平均分配。还有一种说法是，将瓦片敲碎后，每个人便能分得或承担一分。此种说法存有不公平之嫌，因瓦片敲碎后大小不一，很不匀称，不如敲瓦筒更为恰当。此话运用于日常生活中，常用来形容集体会餐时平均分担费用。

牵丝绊藤

舟山方言常将事情复杂，办事不利索、不干脆、拖泥带水，或说不清、理不顺的事，喻称为“牵丝绊藤”，也作“欠四板凳”（意为少一条腿的三脚凳，不稳固）。常曰：“该事体咋介牵丝绊藤。”“牵丝绊藤事体介多！”“该人牵丝绊藤勿爽快！”

此语与蚕丝藕丝、瓜藤树藤有关联。蚕丝藕丝绞牵在一起很羁缠，很难理清；瓜藤树藤蔓延在草丛中，人不小心就会被绊倒，此话将二者结合在一起，喻既复杂又难缠，一不留神就会惹麻烦。“牵丝绊藤”既不同于树藤盘根错节，没那么顽固，又不同于藕断丝连，没那份缠绵。如果是指事，意谓这件事有点小麻烦，有点阻力，却并非不可逾越，下决心断丝斩藤便是。如果是指人，意谓这个人不爽快，磨磨蹭蹭，耍小手腕，有点“作秀”的味道。法律有句用语叫“主观故意”，它与“节外生枝”又有区别，“节外生枝”行为主体在“节”，而“牵丝绊藤”行为主体则在“人”。此话看似轻描淡写，但意味深长，耐人寻味。

七言八对

人们常将文不对题、乱发言论，把不属于同一性质的两码事说成一回事，形容为“七言八对”。常曰：“侬七言八对讲眼啥希啦。”“侬七言八对莫乱讲好弗。”

此话是从七言律诗引申而来。“七言”即七言诗，七言诗包括七言古诗（简称七古）、七言律诗（简称七律）和七言绝句（简称七绝）。七言诗每句七字或以七字句为主，有四句、八句不等，句式有一定规格，音韵有一定规律，变化使用也有一定的规则。七言诗如以八字作句式，或出现八字为一句，那就不对称，不符合规则要求，不为七言诗，视为“七言八对”乱了套。人们以此作比喻，用“七言八对”来形容不明事理、乱发言论的人之行为，确是一种较为文雅、有礼貌的批评。

翘辫子

舟山方言常将死了或快要死的人，形容为“翘辫子”。常曰：“某人翘辫子嘞！”“某某人快要翘辫子嘞！”

“翘”，即举起，抬起，向上，如“翘首”“翘望”“翘尾巴”；“辫子”，即把头发分股交叉编成的发条。此话是从清代砍头杀人引申而来。清代时，男人也梳辫子，若有人犯法，经常会砍头示众。砍头时，刽子手要把犯人的辫子提起来，然后再砍杀。“翘辫子”就是由此而来，成为杀头、死人的代名词，义同“呜呼哀哉”。生活中，人们借此作比拟，引申指死亡，如“等他翘辫子时，子女们就可分财产了。”“我还呒没翘辫子，该事体用勿着

[illegible]来插手！”此话也可作詈人用，如：“侬该翘辫子东西，介呒做！”意为你这个死人，真没用！

七叉八蕻

舟山民间常将植物枝杈很多，或某样事情在发展中又节外生枝，形容为“七叉八蕻”。常曰：“该株树生勒七叉八蕻，派不了大用场。”“该事体咋弄勒七叉八蕻啦。”

“叉”，有分开、分歧、交错之意，如鱼叉、交叉、火叉、刀叉等；“蕻”，指某种植物、蔬菜生出长茎或开花结籽，舟山方言称这种植物或蔬菜叫“上蕻”，或谓“菜蕻”。“上蕻”意为老了不中用。

“七叉八蕻”，喻指植物或事物已弄得不可收拾，难以着手，派不上大用场，极为麻烦。

敲竹杠

人们常把利用别人的弱点，或找借口趁机向别人敲诈钱财的行为，形容为“敲竹杠”。常曰：“这次机会来嘞，趁机敲其会竹杠。”“咋介贵啦，侬敲竹杠啊！”“讲好了这价钿，想敲竹杠啊！”“敲竹杠也勿看看人！”

此话的由来有两种说法。一说源于盐民的晒盐。旧时，定海和岱山都有大型的盐场，且都由官府管制，素有“贡盐”之称。盐场门口都有官兵把守，盐民进出都要搜身。盐民生活疾苦，一些盐民在劳作时趁人不备，偷偷地将盐塞进抬盐用的竹杠里拿回家。时间长了难免会被守门的官兵察觉，每到放工时，看门的官兵就要一一敲打盐民的竹杠，竹杠里有盐没盐一敲就能听出来。如竹杠里装有盐，看门的就会趁机敲诈勒索，敲着竹杠，胁迫盐民缴钱，否则就会被关押罚款。于是，人们就把这种行为称之为“敲竹杠”，并运用于日常生活中。

二说四川峨眉山外来游客坐轿子。峨眉山山道崎岖很不好走，许多外来观光烧香的客人为此苦不堪言。当地山民因此都用一种竹竿做成的简易滑竿轿子，为客人抬轿，索取钱两。有钱人上山观光烧香时走累了往往要坐这种轿子。当轿子抬到半山腰或陡峭的山道时，抬轿的就会趁机放下轿子，敲着轿杠，胁迫坐轿的加工钱，否则就不抬了，把他一个人扔在山道上。坐轿的人由于人生地不熟，又处在深山野岭，迫于无奈，只好乖乖地给抬轿的加工钱。于是，人们就把这种行为称为“敲竹杠”。

俏　丽

形容体态、容貌长得轻盈、秀气、美好，或打扮较为艳丽的女子。常曰：“该小娘生勒俏丽足呐!”“该女人打扮勒咋介俏丽啦!”

俏丽具有“惊艳”之意，可谓既俏且丽，魅力四射，引人注目。俏丽乃天生丽质，风韵天成，并非涂脂抹粉，人为所致。但在有些人眼里存有轻佻、艳丽、俏皮之嫌。在舟山方言中，俏丽一词侧重在“俏”，“俏”字在舟山话语里颇为多见，如“十个麻皮九个俏”“小娘生勒俏勿俏，问侬老公要勿要”“若要俏，冻得嗷嗷叫”“长得俏才是俏，打扮俏惹人笑”，以及“讨俏”“灵俏”“装疯卖俏”“打情卖俏”等，甚至称商品畅销叫“行俏”“生意总俏猛”，意为商品供不应求，生意很好。凡被引用为“俏”者，多为受人青睐和注目的人或物。

但在日常生活中，如果该人过分俏丽，打扮得浓妆艳抹，说话嗲声嗲气，则称其为“万勿俏丽”。常曰：“该小娘万勿俏丽，变精作怪。”“该女人真是万勿俏丽，到处串祸犯非。”此话意在告诫、规劝女孩子们，千万不可太俏丽。在舟山民间，“万勿俏丽”也就成为一句谴责、讥讽、詈人的话。

热旺盐槽

舟山民间常将天气闷热，心神不宁，焦虑烦躁，或情绪激动时，引发肢体不适、浑身发热的感觉，喻称为“热旺盐槽”，也作“热旺煎躁”。常曰：“该天家热旺盐槽，难熬足呐!”“该事体咋会这套，人被弄勒热旺盐槽!”

此话由古时海盐烧煮过程而来。清嘉庆以前，舟山的海盐生产都用牢盆烧煮而成，即古式的一种火力煎煮法，古称“煮海”，也称“煎煮”。制作工艺与程序有“制卤”和“烧煮”。烧煮海盐通常在制卤滩场的高墩处，搭建一个木梁土壁的灶厂，厂内有盐灶数座，灶前开火门，旁有风洞，不设烟囱，屋内也无窗。烧煮时，把卤水注入盆内，灶膛中投薪燃之，卤因煮煎渐结成晶粒，则为盐。古法炼盐都用锅具煎煮（用铁皮铆制而成的锅具），俗称“牢盆”，烧煮时要从牢盆中随时将盐取出来，放入盐槽中，此时盐非常热，人在盐槽旁边操作往往是汗水淋漓，蒸发的热气使人异常难受。正如柳永在《煮海歌》中所言：“船载户擎未遑歇，投入后灶炎炎热；晨烧暮烁堆积高，才得波涛变成雪。”人们将这种异热难熬的感受，称之为“热旺盐槽”。

此话运用于日常生活中，语境逐渐扩大，泛指天气闷热，或因某事引发心神不宁，肢体不适，浑身发热的感受。

砂　锅

人们常将生活不节俭，做人无志向，花钱似流水，赚多少用多少的人，形容为“砂锅”；若是挥霍成性，赚八百用一千，整天吃喝嫖赌，家里穷得叮当响的人，称其为“脱底砂锅”“烂砂锅”；做事半途而废，中途故意撒手不管，则称其为“掼砂锅”。

此语由民间炖煮食物的砂陶器皿引申而来。“砂锅”本是一种用来炖煮食物的砂陶器皿，易碎裂，使用时要小心轻放，且不能骤冷，一旦爆裂就会脱底不能使用。在日常生活中，人们用“砂锅”来比喻那些生活不节俭，花钱似流水，赚多少用多少的人。同时，也提醒告诫人们，对于这样的人要特别小心，不能轻易让他经手钱财，或委以管理经济重任，否则就会像“脱底砂锅”一样，徒劳无功，一事无成。

三脚猫

形容干活技艺不高，滥竽充数，或什么都拿得起，却不甚精通的人。常曰：“该三脚猫生活，啥人做点啦?”“该人三脚猫啦，样样事体统晓得。”“三脚猫介人，也想做这种生活?”

猫极善捕捉老鼠，是老鼠的克星。“三脚猫”指身有残疾断了一条腿的猫，尽管其捕鼠技能很不错，但因其断了一条腿，行走不方便，在捕捉老鼠时，往往是心有余而力不足，有时只能眼睁睁地看着老鼠逃脱，不能尽心尽责，故谓“三脚猫”。

日常生活中，人们以此作比喻，语境逐渐扩大，泛指干活技艺不高，什么都拿得起，却不甚精通的人，成了做事技艺不精的代名词。

水 色

舟山方言习将一个人的面色，喻称为“水色”。面色很好，皮肤有光泽，白里透红，神采奕奕，俗称“水色好”，或谓“水色较惯好”“水色好足嘞”，反之，脸色铁青，面黄肌瘦，面无光泽，则称之为“水色勿大好”“水色介退板”“水色牢口”。

水是无色透明清澈的，受阳光照耀、天空反射或其他物体的作用，形成了五色、七色甚至更多的颜色。都说海水是蓝色的，那是因为它反射了天空颜色的缘故。在阴天，海水的蓝色就没那么醒目了。然而，水并不仅仅反射水面上的光线，它也反射水面下的光线，水里面的杂质越多，它反射出的颜色就越杂。如海洋、湖泊、池塘这些水体中，通常有着高度密集的灰尘、藻类和其他固体悬浮物，且深浅不一，光在水底经这些水下物质的反射和散射，表现在水面上，就形成了我们看到的各种颜色。

在日常生活中，人们借水的颜色作比拟，形容一个人肤色的好坏，可谓贴切、形象、生动。“水色”是一个人健康与否的表征，人的肤色和水的颜色一样，都与自然环境和条件有关，生活环境佳，生活条件好，吃得好睡得香，没有顾虑，“水色”自然就好，反之则差。

势 口

舟山方言常将一户人家生活好坏、贫穷或富裕，喻称为“势口”。吃用不愁，生活条件好，很富足，俗称“势口好”“势口好猛”“势口好足嘞”，反之，则谓“势口勿好”“势口退板”。

“势”，可以表示静态或稳恒行进的事物的演变趋向，如局势、形势、态势、风势、时势、运势、走势等；“势”又指某种影响力，如权势、气势、势力、势头、地势、山势等。老子说：“道生之，德畜之，物形之，势成之。”“口”指进出的途径，发展的方向。人和动物吃东西和发声需要口，如口食、口福、口气、口腔、口齿等；存取货物的容器需要口，如瓶口、缸口、篓口、桶口等；进出通道需要口，如门口、路口、洞口、关口、闸口、港口等。舟山方言将“势”与“口”合成为“势口”，形容一户人家的好坏，富有或贫困，确很实际，既具象又抽象，很有品位。试想，有势有力，因势利导，乘势谋事，五口通商，吞吐有方，众口铄金，则功成名就，万事吉也，富足也！

三百胡到肋

舟山民间常将行为不端，无可救药，极为反常，不计后果的人和事，喻称为“三百胡到肋”。常曰：“该事情三百胡到肋呐，讲也甮讲呐。”“咋会做出这种行为，三百胡到肋呐！”

“三百胡到肋”本是一句打麻将的术语，舟山方言称“和”叫“胡”，意思是和牌时，不管你牌面和数有多大，约定以三百和为限，超过三百和以上不计，都以三百和计算。搓麻将有时有岗墩自摸，俗称“岗头开花”，这时可以翻番计算，但如果已约定三百和为限，这“岗头开花”就没有意义了。

“肋”即船体两侧三根凸出的圆木条。其中最大、最粗、最凸出的一根叫“大肋”，大肋下边稍小的一根叫“肉肋”，肉肋再下边一根叫“小肋”。“肋”是船身中最突出的部位，一是为船在靠码头、碰礁岩或与其他船只相碰撞时起保护作用，二是为坚固船的牢度与安全，三是为美化船的造型与外观。同时，船在装货时，通常都以船肋“吃水”为限度，超过船肋“吃水”为不安全线数，故“到肋”意为“到了界限”“到了极限”。

“三百胡到肋”，喻某些事和行为已到了极限，没有补救的余地，对这样的人和事，讲什么都没有意义了。

三只手

人们习将小偷小摸，偷盗别人财物的人，称之为“三只手”。常曰：“该人是三只手啦，当心哎。”

“三只手”即小偷、扒手。此话的由来还有个传说。北宋天圣年间，东京汴梁黑道上有个赫赫有名的神偷。当时的小偷，都是用铜钱作为工具，把铜钱磨得锋利无比，用它来割别人的腰包。而这个神偷很独特，不用任何工具，只要擦身而过，便能手到擒来，为此同行们都将信将疑。有一次他为了让同行们信服，在公众场合亲身献技，只见他在众目睽睽之下，高举双手，徒步行走于人群中，然而一眨眼便将别人身上的银子掏了过来，好似身上还长了另一只手。耳听为虚，眼见为实，同行们都佩服得五体投地，于是敬送他一个绰号叫“三只手”。此话在民间流传开来，从此，“三只手”便成了小偷的隐语和代名词。

虱篦篦

此话形容出手吝啬，极度小气的人。常曰：“该人虱篦篦，小气足勒!”“只有介点呀，该侬也太虱篦篦呐!”“其虱篦篦摸勿出来!”

“虱”是寄生于人体毛发或衣缝里的一种寄生虫。“篦”是过去用竹子制成缝路比梳子更密、专门用来清理头上污垢和寄生虫的一种工具，俗称“篦箕”。旧时，生虱的人很多，虱的卵称为“虮子”，因缺乏除虱的药，人们都用手捉，生在头上的虱和虮子多而不易捉，就用篦箕来篦除。虱很小，虮子则更小，即使满头是虱，篦下来也不会太多。人们以此作比喻，形容那些吝啬、小气的人，小气到了极点，比篦下来的虱还小。

三时八节

人们常将平时不常走动，或不常到这地方来，偶尔来一趟的现象，喻称为“三时八节”，也作“闲时八节”。常曰：“该人呒没事体三时八节勿来。”“其三时八节勿来去。”“侬三时八节来一趟。”

“三时”，指“过年时”“割稻时”“洋生时”，也指春季、夏季、秋季；“八节”，指“立春节”“立夏节”“立秋节”“立冬节”“春分节”“秋分节”“夏至节”和“冬至节”。

此话意谓某人非遇“三时八节”或忙时不走动，不常来，除非有特殊情况或重要事情才来。

收罪过

人们常将发善心做善举，替他人或事物收场而做好事，喻称为“收罪过”。常曰：“介好下饭倒掉勿舍得，大家来收收罪过吃吃掉。”“该东西实在太浪费，侬快去收收罪过。”“该事体呒人管，只好我来收罪过。”

此话由罪过一词引申而来。“收”，收拾，收场，接受；“罪过”，过失，过错，责罚，可怜，同情。有人做事有过失，人们常会说“罪过”“罪过罪过”，以表可怜和同情。《周礼·秋官·大司寇》：“凡万民之有罪过而未丽于法，而害于州里者，桎梏而坐诸嘉石，役诸司空。”《史记·蒙恬列传》：“赵高日夜毁恶蒙氏，求其罪过，举劾之。”《通俗编·政治》云：“罪过字以大小别，不以公私别，后人例以公犯为罪，私居违碍，则兼称罪过。”

“罪过”，并不是说阿弥陀佛有罪过，而是说自己的眼根、耳根不清净。虽然你做了件坏事，但我对你起了嗔心，谁罪过？是我罪过！是我自己的分别心罪过！如果遇到内心无法接受的事情，则是警惕自己不要犯同样的过失，或不要对这个犯错的人起嗔恨心，才说“罪过罪过”，以代责罚和责备。

“收罪过”的重点在“收”，即把别人的过失当作自己的罪过来接收，代为受过。这是一种境界，既表示对他人的原谅，又是对自我良心的斥责和安慰。此话出自舟山方言，堪称一绝。既有观音菩萨大慈大悲、普度众生的胸襟和善良，又有大海般的气度和胸怀。

十三点

人们常将口无遮拦，傻里傻气，愚昧无知，或做事没脑子、拎不清、举止轻浮、言行不合常理的人，形容为“十三点”，或谓“十三点钟”“十三”。有时也用来作为取笑、嗔怪或不伤感情的詈人话。

“十三点”是个隐语，与舟山方言“断塘”“木屐鞋搒出”有异曲同工之妙。此话的由来有多种说法。

一说源于旧时到点报时的自鸣钟，最高设置为十二点，一点敲一响，十二点敲十二响，若是敲出十三响，则认为该自鸣钟不守规矩，发了神经。人们称这种现象叫“敲乱钟”。生活中，出于一种善意和友好，人们还延伸出许多与“十三点”有关的隐语，如“十二点六十分”“十一点八刻”，这些数字加起来都为“十三点”，却把“十三”这个数隐去了。

二说源于赌具牌九中的“幺五”（六点）、“幺六”（七点）两张牌。这两张牌加起来是十三点，都是“短对”，碰在一起不配对，暗指人的言行“不对”。故有一句歇后语叫：“这个人有点幺五幺六”，故意把“十三点”这个不入耳的数“歇”去。

三说源自“痴”和“傻”字的笔画，因“痴”和“傻”都是十三画，故“十三点”含有“痴”“傻”的意思。

四说源于西方宗教典故。传说基督耶稣是被第十三个叫作犹大的弟子出卖的，因此，“十三”有背叛和出卖的含义，所以西方人对“13”心生厌恶，不仅忌讳“13”日，也忌讳“13”这个数字。又由于耶稣受难在星期五，因此西方人在既是13号又是星期五的那一天一般不举行活动，甚至门牌号、客房号、楼层号、餐桌号都要避开“13”这个数。许多用到13的地方多用M来代替，认为13是个不吉利的象征。

最引人一笑的要数梁山伯与祝英台的故事了。本来好好的一对恋人，偏偏名字起得不好，梁山伯在舟山方言里读作“二三八”，加在一起就是个“十三”，而且偏偏书童也和他一样，“四九”加在一起也是个“十三”。正是这对“十三”，面对一个女扮男装的佳人，数年竟不知对方的性别和情义，实在是一对名副其实的“男十三”了。

所以，“十三点”一词，本身就有点“十三”，一会儿这样，一会儿那样，捉摸不定，没有准数，有时“只能意会，不可言传”。

死藤饭瓜

舟山民间常将做事无精打采，萎靡不振，言行迟缓，阴阳怪气，在紧急状况下都不着急，犹豫迟钝的人，形容为“死藤饭瓜”。常曰：“该人像死藤饭瓜介，做事情心一眼也急勿起来。”“该人死藤饭瓜啦，火烧屁股心也勿急。”

“饭瓜”，即南瓜，舟山方言称南瓜叫“饭瓜”，此瓜可当饭吃充饥。“死藤饭瓜”，即已经死了藤的南瓜，此种瓜缺乏养料，到了枯死的境地，其萎靡状态可想而知。人们以此作比拟，意谓人活着要有精神，要有生气，不能像“死藤饭瓜”一样，否则就会被人看不起，到哪里都被人歧视。

沙头一碌

人们常将架子很大，傲慢自负，遇事不予理睬，不屑一顾的人，喻称为“沙头一碌”。常曰：“该人架子大足呐，人家阑班有事体去求其，其沙头一碌，睬也勿睬侬。”“该日子我去办个证，该人沙头一碌，当侬呒介事。”

此话源自旧时沙田主傲慢自负的样子。“沙头”，即旧时沙田的总佃者，俗称“沙头”。沙头向田主租入大量沙田，转手分租给他人，以收取地租为其主要生活来源。“一碌”，即一甩，一摆，不屑一顾，不予理睬的样子。旧时，“沙头”往往仗着自己手中有田，平时很看不起穷人，每每有人向他租田，总是要摆摆架子，经常会手一甩，头一仰，装出一副不予理睬的样子，人们称这种现象叫“沙头一碌”。

生活中，“沙头一碌”的现象还真不少，诸如门难进，脸难看，事难办，热面孔贴冷屁股，求事不成反遭讽，故意摆架子等，都可以用“沙头一碌”来形容。

三长两短

常用来比喻发生意外、灾祸或死人等事故。常曰：“该事体我做勿了主意，万一有个三长两短我承勿起。”“该事情侬尽管放心，有啥三长两短我负责。”

此话的由来有几种说法。一说是与棺木有关。棺木是由六块木板拼凑而成，棺盖及棺底分别俗称天与地，左右两块叫日月，这四块是长木板，前后两块分别叫彩头彩尾，是四方形的短板，所以合计共是四长两短。但棺盖是人死后才盖上的，所以只将“三长两短”作为死的别称。

二说与古代的棺木捆绑方式有关。古时棺木不用钉子，用绳索或皮条把棺材底与盖捆合在一起。横的方向捆三道，纵的方向捆两道。横的方向木板长，纵的方向木板短，故称“三长两短”。随着社会的进步，“三长两短”的捆棺方式也随之消失，但这个话语却一直流传下来。

三说与烧香点烛有关。“三长”指三炷香，“两短”指两支蜡烛，因活人是不会用到点香烛的，凡用到点香烛的大多是已死了的人。故把死人的事称之为“三长两短”。

无论是棺木、捆棺方式还是点香烛，此话都有提醒、警示的意思，防止发生人为的意外事故。

塘岸、该岸、阿里岸

舟山人常将“这里”“那里”“哪里”，喻称为“塘岸”“该岸”“阿里岸”。常曰：“我在塘岸。”“其在该岸。”“侬在阿里岸？”

在舟山方言中，“岸”指一种方位定式。舟山岛屿众多，到处都是海塘和海岸，且世界都是由岛屿组成的，地球上70%为海洋，不管大岛小岛，有岛必有岸，再远的岛屿也有岸边，无论你在何地，都以“岸”为条件，远近中外、东西南北都如此。“岸”是最终的目的地，也是始发地。佛教有“此岸”“彼岸”之说。“侬去阿里岸？”“我在塘岸。”“其在该岸。”将“岸”作为方位定式，可谓达观大度，大智若愚，隽永典雅！

汆江蒲瓢

此话常用来比喻不恋家，对家庭不负责任，长期游荡在外，赚多少用多少的人，也称“蒲瓢”。常曰：“该人汆江蒲瓢啦，一年到头呒没看见其人。”“该人蒲瓢啦，赚多少用多少。”此话与“砂锅”有相似之处，都有不积财之意，但比“砂锅”更为突出的是，不恋家，长期游荡在外。

“蒲瓢”本是一种熟透了的蒲瓜，俗称“蒲瓢壳”，将壳对剖后可作水勺盛水之用，是旧时农家厨房内常备之具，放于水缸盖上或浮于水缸内。因蒲瓢底部呈圆形，不能盛太多的水，故用来比喻不会积财的人。又由于放在水中或江中不会停留在一个地方，随波逐流，随意飘浮，更像是长期在外游荡，业无志向，居无定所的人，故将这种人喻称为“汆江蒲瓢”。

旧时此话多含贬义，但随着社会的发展，人们生活水平的提高，此话的语意亦有了新的扩展和延伸，经常出现褒义的用法。如看到某人时常到处观光游览，游山玩水，会说：“侬最近汆江蒲瓢介，又到啥地方白相去啦？”

汤　水

舟山方言常将馈赠给小孩的糖果、糕饼之类食品，称为“汤水”，也称“伴手果”。此语常出自一些老人之口，常曰：“该小囡乖足嘞，来，阿婆拨侬吃汤水。”“该包汤水较惯崭，侬倒尝尝味道看?”

糖果、糕饼等食品为何称“汤水”? 此语是从过去滋补养生的各种羹汤引申而来。“汤水”，即连汤带水的食物。旧时，人们将根据季节盛产的各种蔬果、海鲜，搭配上滋阴养生的药材，制成各种汤汤水水，食于一日三餐中，以滋补身体，兼顾营养均衡。有春季汤水、夏季汤水、秋季汤水、冬季汤水，以及滋补汤水、孕妇汤水、儿童汤水等，简称“汤水”。

在人们的心目中，“汤水”一直被视为好吃有营养的食物，并将一切食品冠以“汤水”称呼，以增强“含金量”和吸引力。此话除了习惯称呼所致外，还有其他因素。一是因为人体是由水构成的，人变瘦，非肉瘦，乃肉泄水而瘦，俗谓“肉泄水”。二是因为人离不开汤水，人对汤水的需求不亚于吃饭，如果该人“汤水不进”，则意味着病入膏肓，也就活不了多久了。三是因为富贵与贫穷常以汤水多少、好坏来衡量，每顿饭菜都有汤水，便是富贵人家，俗谓“油汤油水”。民谚云：“一年嫁过十八榻，油汤油水会吃煞，人家讲侬克星重，我道侬有吃食运。”可见“汤水”的重要。

铜钿牢头

舟山民间常将平时很节俭，把钱财看得很重，只进不出，很小气，很吝啬，视钱财如命的人，喻称为“铜钿牢头”，也作“铜钿老头”。常曰：“该人铜钿牢头一样，只进勿出。”“该铜钿牢头，一个卵黄搭天亮，一毛不拔!”

此话典出旧时看管监狱的牢头。“铜钿”即“铜钱”，也叫“铜板”，“铜钿”是老一辈舟山人对钱和钞票的泛称。“牢头”即看管监狱的狱卒，俗称“禁子牢头”。据说这些牢头平时很节俭，把钱财看得很重，而且对犯人很苛刻，如有家属看望或有东西送给犯人，常会从中索取钱财或扣留，于是就有“铜钿牢头”这一称呼。此话运用于日常生活中，人们常把平时很节俭，爱财如命，只进不出，把钱财看得很重的人，比喻成像“禁子牢头”那样，吝啬苛刻，不随便出手一个铜板。

铁丝搭篓

人们常将出手很小气，吝啬，只进不出，一毛不拔的人，形容为“铁丝搭篓”，也作“铁丝卡篓”。常曰：“该人铁丝搭篓啦，只进勿出。”“铁丝搭篓介，一毛不拔!”

“搭篓”（“篓”音“乱”），是一种用竹篾编制的小型鱼篓，形状为肚大颈细，喇叭口，篓口有倒刺，鱼蟹放入篓中很难逃脱。“搭”有“很紧”“掐住”“束缚”之义，故称这种肚大颈细的鱼篓叫“搭篓”。下河捉鱼捉蟹时，人们常将其挂于腰部，是农家常备的捉鱼盛器。

“铁丝搭篓”是一种夸张的比喻，日常生活中并没有用铁丝编制的搭篓，意为比竹编的还要牢固，不易挣脱，且篓口上的“倒刺”比竹编的更坚固。用“铁丝搭篓”来形容该人小气，只进不出，一毛不拔，可谓绝妙！此话与另一句方言“牛皮砂筛”有相同之义。“筛”也是旧时农家必备的器物，用来筛糠筛米筛粉，有米筛、板筛、砂筛、绢筛之分，但绝无用牛皮制作的砂筛。牛皮虽有毛孔，但极细，不易通过粉末。此话亦用来形容人太过吝啬。

透骨新鲜

舟山方言常将鱼、虾、蟹、水果、蔬菜等物品极新鲜，形容为“透骨新鲜”。常曰：“该鱼透骨新鲜。”“该菜透骨新鲜。”“该东西透骨新鲜。”

“透骨”即渗透到骨头里，形容该物品极新鲜，达到了透骨穿髓的程度。舟山诸多方言喜形容，爱夸张，表达方式灵活多变，可谓舟山方言之特色和独创。许多话语有较强烈的修饰成分，往往用名词作状语，或用形容词或动词作状语，使被修饰形容的对象具有质的实感和形象性。如“石骨铁硬”“墨擦铁黑”“墨赤洞暗”“光清碧绿”“净光滴滑”“锃骨斯亮”“雪里斯白”“血滴斯红”“梗得斯青”“梗得斯酸”“屁得斯轻”“崩得斯脆”“拆刮斯新”“蜜得斯甜”“喷得斯香”“粉末斯碎”“碧得斯绿”“绵得斯软”“笔得斯尖”“滚得斯圆”“冰骨斯冷”“笔立斯直”“笔得斯翘”“天得斯平”“弯里斯钩”“直拔笼通”“火骨斯热”“滴溜斯滑”“精得斯光”“碧冽斯清”“浑度翻浆”“清水咣汤”“一式斯样”“明当响亮”等。这些话语，均以取其首尾两字为特点，中间两字为修饰，与书面语言完全一致。既是比拟，又有夸张成分，而且具有规律，往往最后一字是其实质性的形容对象。

拖鸡豹

民间常将吃东西狼吞虎咽，看见东西样样要，或老是跟着别人屁股后面，形影不离的人，形容为“拖鸡豹”。常曰：“该人拖鸡豹介，吃东西拖进算账，吃勿饱。”“该人拖鸡豹啦，看见东西样样要。”“该人拖鸡豹介老是跟在屁股后面，难熬足呐！”

“拖鸡豹”是舟山民间对黄鼠狼的一种别称。因其经常拖吃农家的鸡，故称“拖鸡豹”。黄鼠狼周身棕黄，是小型的食肉动物，夜行性，栖息于堤岸、洞穴、墓地、乱石堆、树洞等隐蔽处。在民间，黄鼠狼被视为一种不祥之兽。原因有三：一是因它形同狐狸，体态颇为美丽，却性情狡黠，使人感到神秘，古有“黄鼠狼给鸡拜年——没安好心”之谚语。二是因它们体内有臭腺，遇到威胁时，会排出臭气，此气甚是难闻，能使人头昏脑涨，神志迷糊。第三也是最重要的原因，传说黄鼠狼会附体，一旦黄鼠狼附了体，就会发生精神错乱的癔症，民间俗称“状克”。中招者以女性或精神抑郁者为多。

“拖鸡豹”是一句鄙视性的话语。生活中，有这么几种人常被形容为“拖鸡豹”。一是吃相很难看，不管吃什么东西，总是露出一副狼吞虎咽的样子，意为像黄鼠狼一样，拖着即吃。二是看见东西样样要，不管什么东西总往家里拿，意为似同黄鼠狼，拖着便走。三是老是跟在屁股后面形影不离，意为像黄鼠狼附身一般，甩都甩不掉。

稳笃六株

人们常把动作非常熟练有把握，技能非常精湛专业，做人处事非常稳重自信，居家非常和睦恒定，经济富庶，无忧无虑，形容为“稳笃六株”。常曰：“该份人家势口好足嘞，稳笃六株介！”“该人做人定足嘞，稳笃六株介！”“该事体侬放心，稳笃六株介，包在我身上。”

此语由农民的插秧引申而来。农民经常自嘲为“摸六株”，如有人问其做什么工作，常会以“摸六株”来作答，意谓自己是农民。“六株”即指农民的插秧。插秧有规范要求，以六株横行为单位，从右到左或从左到右横插而成，且以不起浮苗为准，不需多大技能，一般农民都会插，只是插得直与不直而已。“插”在舟山方言中叫“笃”，稳笃，即插秧动作非常熟练，不会出差错。“稳笃六株”，意谓插秧技能非常精准、自信和淡定。

日常生活中，人们以此作比拟，形容经济、生活、做人处事、动作技能都很好，不会大起大落，犹如插秧一般，“稳笃六株”也！此话已脱离了其本义，往往是指其引申义。

旡头割脚

这是一句引用率极高的拆解式日常形容语。人们常将没有头脑，说话没有分寸，颠三倒四，净说废话，或无中生有，反把事情弄糊涂、弄糟糕的人和事，喻称为“旡头割脚”，也作“旡头夹脚”“旡头旡脚”。常曰：“侬旡头割脚讲眼啥东西啦!”“该人旡头割脚老是乱讲!”“侬莫旡头割脚好弗!”

分析此话，甚为幽默、巧妙。“旡头”即“没有头”，“割脚”即“割掉脚”。“旡头”，意为“头”字没了两点，成一个“大”字；“割脚”，意为再把下面的“大”字割掉，便成了什么都没有了。语中的“旡头”与“割脚”，则有越加、倍加、不守规则、无中生有的意思。形容该人说话没头没脚，什么都不是，净是废话。此话妙在不直接指责你没有头脑，而是以猜谜语拆字的方式，暗喻你是一个既没有头脑又没有脚的人。

勿三勿四

人们常将做事不成体统，不守规范，缺乏礼教和规矩的人和行为，喻称为“勿三勿四”。常曰：“这人勿三勿四，要注意。”“这事体咋弄得勿三勿四啦?”为何称“勿三勿四”？“三”与“四”有何特定的讲究吗?

“三”是古人的宇宙生成论，俗谓：“一生二，二生三，三生万物”。一是“道”，二是“阴阳”，三是“阴阳合和”，然后滋生万物。古人认为天为一，地为二，人为三。“三”不仅作为一个数，而且还作为事物整体的象征，俗谓“三极”。汉字中有三木成“森”、三金成“鑫”、三水成“淼”、三口成“品”、三日成“晶”、三石成“磊”等。古曲中称反复咏唱为“三叠”。又如

“三思而后行”“三省吾身”等词语也都与“三”有关。取“三”为名的事物，含义深远，意味无穷。

至于“四”，古意则多含有周全、称心，有事事（四四）如意、四平八稳之意。古文中有“四书”，文房有“四宝”，文娱有“四事”（琴棋书画），文字有四体（真草隶篆），古人有四大美女（西施、王昭君、貂蝉、杨玉环）。有关“四”的事物诸如“四季”“四方”“四周”“四海”等不胜枚举，魅力无穷。人们把“四”视为周全、吉祥，取“四”名而呼之，成为习俗。

“三”与“四”的用法寄托了人们对美好事物的向往和赞誉，而反过来则为“勿三勿四”了。

除了“勿三勿四”外，人们对“三”与“四”还有以下用法：如称说话、办事没有次序、没有条理的人为“颠三倒四”；称爱说别人闲话、乱加议论的人为“说三道四”；称做事马虎、记性不好、多忘事的人为“丢三拉四”；称做事卑贱、低下的人为“低三下四”；还有“朝三暮四”“挑三拣四”等，都含有某种贬义。

勿上科

人们常把那些不守规矩，没有教养，做人处事较为出格、不成体统的人或事，形容为“勿上科”。常曰：“侬该人真勿上科！”“勿上科东西，咋会做出介事体！”“该人勿上科，凑队勿来！”

此话源自古代科举考试。“勿”，舟山方言指“不”“不要”，“科”即等级、类别。按等级、类别进行考试，这是古代选拔官吏的标准与制度，考试合格，名曰“登科”，公布“登科录”；考试不合格，即名落孙山，没有科名，故谓“勿上科”。科举是古代一种选拔人才的制度，“勿上科”即不合格，登不上科名，故遭受鄙视。

“勿上科”虽有谴责、鄙视之意，却含有某种爱惜和宽容性，使言者不失身份与大度，听者不会记气与尴尬。在日常生活中，“勿上科”一般多用于女性或长辈谴责小辈，这是因为封建社会重男轻女，女性没有参加科举考试的资格，故以嘲弄的意味谓以“勿上科”；又因旧时女性不能上课读书，也冠以“勿上科（课）”谴责之，俗谓“该老娍介勿上科”。而这些都因当时制度所造成，并非女性自己的责任与原因，故听者不会记气。至于小孩贪玩，不好好读书上课，将来不能参加科举，难上科名，冠以“该小团勿上科”，实为宽容、恨铁不成钢之义。

五花八门

人们常将花样百出，种类繁多，变化多端，令人眼花缭乱的事物，形容为“五花八门”。常曰：“该东西五花八门多足嘞！”“货色多猛，五花八门样样有，眼睛也看花嘞。”

此话的由来有两种说法。一说与古代的兵法有关。“五花八门”原指古代兵法中的“五花阵”和“八门阵”，是古代两种战术变化很多的阵法。后来成为各行各业、种类繁多、变化多端的暗语。

二说与旧时的艺人有关。“五花”为：金菊花——卖茶的女人；木棉花——街上为人治病的郎中；水仙花——酒楼上的歌女；火辣花——玩杂要的艺人；土牛花——某些挑夫。

“八门”为：一门巾——算命占卦的；二门皮——卖草药的；三门彩——变戏法的；四门挂——江湖卖艺的；五门平——说书唱评弹的；六门团——街头卖唱的；七门调——搭棚扎纸的；八门聊——高台唱戏的。简称巾、皮、彩、挂、平、团、调、聊，俗谓“八门”。

随着时代的发展，词义重心也发生了变化，人们用“五花八门”泛指各行各业的繁杂和众多，即由行业延伸扩展到其他各种事物。

无　常

这是一句带有戏谑性、嘲讽性的日常形容语。“无常”一词含有褒贬二义。一是从字面上解，指人性情忽急忽悠，说话忽轻忽重，做事忽冷忽热，反复无常，完全凭性情、心趣说话办事。常曰：“该人无常啦，说话脚高脚底，呒准滥则。”“该个无常，做生活老是贪便作懒！”“该无常，老是阴阳怪气！”二是从戏曲、庙会中的勾魂小鬼“无常”解，通常指丈夫或相处较好的男子等，常曰：“阿拉该活无常，清早白早勿晓得其死到哪里去呐！”“侬该无常，好几日呒没看见，死到啥地方去啦！”

“无”即没有，“常”即固定不变；按佛教释义，世界万物均处生灭变化无常中，世间万物无一是永驻不变的，无常就是生死、得失、爱恨、悲喜、开始和结束两者间交递互换的现象。无常使生灭相续，同时又给人带来无限的光明，无限的生机。无常为我们的人生开拓更宽广的空间，很多苦难都因无常而重新燃起无限的希望。这里所说的“无常”，通常指传说中人死时勾摄生魂的使者，有“白无常”“黑无常”之分。鲁迅在《朝花夕拾》中曾多次写到“无常”这种鬼怪。在《无常》中他比较详尽地记述了在庙会中见到的“无常”。从中可以看出，人们都比较喜欢白无常，认为他“不但活泼而诙谐”，一身白色穿戴，十分扎眼，很有“鹤立鸡群”之感。而且通常是头戴几尺高帽，上写“一见生财”“一见有喜”等字样。在人们的心目中，“无常”是个“鬼而人，理而情”，爽直而公正，面狰而心善的形象，深受民众的喜爱。同时也告诉人们，连鬼都有如此善心，人又应该怎样呢？

在日常生活中，除了说话做事反复无常、变化无常、喜怒无常的人以外，很多妇人称自己的丈夫也叫“无常”，但前提必须是“白无常”“活无常”。“阿拉该活无常，搗脚骨勿晓得又到哪里去嘞！”此话听似不雅，带有指责的意味，但话中透出亲昵、自信、自足和幽默感，意喻丈夫像“无常”一样，生情豪爽，头脑活络，活泼可爱，既体贴人，又善解人意。

乌鲤鱼扮河桩

人们常将表面看似很平常、平淡，背后却暗藏阴谋、危险和杀机的人和事，喻称为“乌鲤鱼扮河桩”。常曰：“当心哎，该人乌鲤鱼扮河桩啦！”“该人坏足嘞，原来是乌鲤鱼扮河桩啦！”

乌鲤鱼是河塘里较为凶残的一种鱼，以食小鱼、小虾、小蛙为主。为捕获食物，它常常一动不动地浮立于水草中，因其体黑形圆，不细看很像一根河桩断木浮于水中，人通常也会被其所蒙骗。一旦有小鱼或小蛙接近其身，它便会突然袭击，冲上去将鱼、蛙吞噬，故谓“乌鲤鱼扮河桩”。此话用于日常生活中，来提醒、揭示那些表面看似平常，却隐藏着阴谋、危险和杀机的人和事。

坞墒

这是一句使用率极高的日常形容语。舟山方言习称“地方”叫“坞墒”，如称“这地方”叫“这坞墒”，称“啥地方”叫“啥坞墒”。常曰：“侬到啥坞墒去啦?”“这东西啥坞墒有买啦?”“侬住在啥坞墒啦?”“这坞墒好足嘞，靠山面海、坐北朝南较惯崭!”“该坞墒大足嘞!”“该坞墒小猛!”

“坞”即四周高、中间低凹的地方，如山坞、村坞、船坞等。“墒”即耕地时开出的垄沟（田垄），也指土壤适合种子发芽和作物生长的湿度。“坞墒”是指人宜居的地方。舟山人认为，世界是由“坞墒”组成的，不管“大坞墒”还是“小坞墒”，有“坞”有“墒”就是人宜居的地方，无论你在何地，都以“坞墒”为条件，远近中外都一样。在日常生活中，“坞墒”常与“塘岸”“该岸”“阿里岸”通用，如“侬在啥坞墒?”也称“侬在阿里岸?”，“这坞墒”也称“该岸”或“塘岸”，“这东西啥坞墒有买?”也称“这东西阿里岸有买?”。将“坞墒”作为方位定式，可谓实在、大俗大雅。

乌青墨斗

人们习将因跌打损伤，肢体出现乌青、淤血肿块的人，喻称为“乌青墨斗”，也称“乌青墨汁”。常曰：“侬咋啦，涵人磕得乌青墨斗!”“侬人凶足呐，搭其打勒乌青墨斗!”

“墨斗”即木匠必备的工具，由墨仓、线轮、墨线、墨签构成。其用途有三：一是做长直线，二是墨仓蓄墨，三是画竖直线（当铅锤使用）。墨斗造型、装饰各式各样，有桃形、鱼形、龙形等，既是自娱，也是木工手艺的炫耀。墨仓内装有墨汁和线轮，锯木时将墨线一端固定，拉出墨线牵直在需要的位置，用手提起中段弹一下，即能在木料上印出线迹，锯子依照墨线锯得更直。因墨汁很会沾染，使用后通常会沾在墨斗的外部或其他木料上，看上去东一块青西一处乌的，“乌青墨斗”就是由此引申而来。人们以此作比拟，形容那些因跌打损伤而出现的乌青、淤血肿块，可谓生动形象，别具一格。

呒 告

舟山方言习将没有或没有事，称为“呒告”，也作“呒爻”。常曰：“呒告事情来走走。”“下饭呒告，饭吃饱。”“呒告啥好买。”“呒告啥好吃。”“呒告啥好讲。”“呒告事体来看看侬。”

此话是由旧时官府出布告、通告引申而来。从前，官府有事就会出告示，没有告示说明官府没有事。另外，新官上任也要出告示，告知民众有冤可来诉讼。有句俗语叫“有告呒告，三声号炮”，这是新官上任的惯例，放告的日子大多在朔望日，早上衙门一开先要放三声炮，然后县官升堂受理案子。对百姓来说，不希望官府有告示，因为大多告示对百姓来说都不会是好事，告示越多则麻烦事越多，同时也说明官府缺乏办事能力，所谓“庸官多告示”。于是，没告示即“呒告”便成了人们的向往，遂成“没有事”的一句代用语。

呒 做

舟山方言习将东西不好，没用，质量差，或能力有限，工作做得不好等，称为“呒做”。常曰：“该东西呒做，已经坏脱嘞。”“该生活做得呒做。”“侬该人呒做足嘞，介眼事体也做勿好。”

“呒做”，即无用，没用，不好，工作没做好，什么都做不成。舟山方言很干脆，把没用无用的物和人称为“呒做”，这是在特定的条件和环境下所作的定论。试想，一根小木头，岂可做大梁，那肯定是“呒做”；一个文弱书生，叫他去耕田挑担，肯定不能胜任，只好说“呒做”；一个老农民，叫他去打电脑，那肯定也“呒做”。当然，物尽其用，人尽其才，有用没用，“呒做”“有做”，当要看你怎么用、如何用、用在什么地方。用好了，都是材，都是才。俗话说“隔行如隔山”“三百六十行，行行出状元”。再有本事的人，若换个行业，便是新手，“有做”也会变成“呒做”；“庄稼一株花，全靠厕当家”。用好了，厕也是宝，“呒做”也能变成“有做”。

在舟山方言中，“呒”，即无，没有的意思，是一个通俗简练、运用极为广泛的词语。常见的搭配有：“呒咪道”“呒铜钿”“呒设法”“呒脚色”“呒动头”“呒脚力”“呒淘成”“呒相貌”“呒相量”“呒活灵”“呒心想”“呒介事”“呒趣相”“呒章程”“呒响动”“呒搭头”“呒告话头”

“呒百多样”“呒账得算”“呒告行当”“呒数倒账”“呒进呒出”“呒来呒起”“呒痛呒痒”“呒话呒说”“呒头呒绪”“呒心呒事”“呒规呒矩”“呒气懒魄”“呒准烂则”“呒淘斯成”“呒头苍蝇”“呒头结疙”“呒头活灵”“呒要得紧”“呒响束动”“呒头呒脑”“呒朝日夜”“呒要得紧”“呒厨呒顿”“呒脚猢狲”“呒人监训”等。

虚头把戏

人们习将说话做事不实在，假情假意，或以假乱真、弄虚作假讨好别人，以引起别人注意的人和行为，喻称为“虚头把戏”，也作“苏头把戏”“虚头把起”“虚头把脑”。常曰：“该人虚头把戏，一眼勿实在。”“该人现象刮得，虚头把戏!”

此话由从前苏州和杭州妓女的衣着头饰穿戴引申而来。旧时，苏州妓女和杭州妓女有相互嘲笑现象，杭州人嘲讽苏州人为“苏空头”，苏州人则嘲讽杭州人为“杭阿呆”，俗有“苏州头，杭州脚，宁波女人好扎刮”之说（“扎刮”意为打扮、修饰）。南宋建都临安时，杭苏两地的妓女特多，且穿戴各有特点。杭州妓女讲究穿袜弓鞋（旧时缠脚妇女穿的鞋子。据说妇人缠足始于宋代娼妓）。《艺林伐山》记载：“谚言杭州脚者，行都妓女，皆穿窄袜弓鞋如良人。”妓女缠足的原因，大概是制造一种差异化的竞争优势，以迎合嫖客某些变态的需要。苏州妓女则讲究梳头髻、戴头饰，且高耸矗立，让人惊奇，故称之为“虚头把戏”，意为弄虚作假，没有杭州妓女缠足实在。

此话引用于日常生活中，语境逐渐扩大，泛指做事不实在，以假乱真，弄虚作假，徒有虚名等行为和现象，意为像苏州妓女一样“虚头把戏”。

绣花枕头烂稻草

人们习将徒有漂亮的外表，无真才实学，或看上去很正经而内心丑恶，或包装很美观里面装的却是烂货，或说得很好，做起来却大打折扣的人和事，喻称为“绣花枕头烂稻草”，也称“绣花枕头烂草包”。常曰：“该人绣花枕头烂稻草啦，莫起听其耶。”“该东西看看蛮好，原来是个绣花枕头烂稻草啦!”

“绣花枕头”，即用手工刺绣成各种图案的枕头套。旧时，许多农家姑娘善绣花，但家境贫困的姑娘，虽会绣花，却用不起枕头芯，常用稻草来代替。这种枕头看上去外表很漂亮，内芯却不相配，于是就落下了一个“绣花枕头烂稻草”的话柄，与“金漆棺材土葬”相类似。此话用于日常生活中，外延越来越大，凡中看不中用、外强中干、说一套做一套的人和事，都可用此话来形容。

有其勿德呒其难

人们习将平时不被重视，弃置于一边或角落里，恰在某种情况下突然要用，且非用不可、否则无法成事的人和物，喻称为“有其勿德呒其难”。常曰：“这人到啥地方去啦，真是有其勿德呒其难!”“这东西咋寻勿着啦，真是有其勿德呒其难!”。

探究此话的出处，可追溯到战国时期孟尝君的故事。孟尝君是战国四公子之一，齐国宗室大臣，门下有食客数千，这些食客大多为无甚德望和功绩之辈，平时都不被重视。一次，孟尝君在秦国受困，被秦昭王追杀，患难之中，恰好得到了这些门徒的通力帮助，逃出了函谷关，方才逃过一劫。人们便将此事称为“有其勿德呒其难”，并一直沿袭至今。

洋泾浜

舟山民间习将说话做事一知半解，不地道、不正统的人，形容为“洋泾浜”。常曰：“该人洋泾浜啦，莫起睬其。”“该人洋泾浜介，晓末样样晓得，但样样事情做勿好。”

“洋泾浜”原指上海黄浦江一条支流河道，位于从前的公共租界和法租界之间，后来被填成一条马路，即今天的延安东路。当时，一些懂些英语的人都汇集在这里。由于这些人英语讲得不地道、不正统，又由于这个地方的河道叫“洋泾浜”，人们就把他们的英语水平称为“洋径浜英语”，由此得名。

所谓“洋泾浜英语”，是指那些没有受过正规英语教育的人说的蹩脚英语。它的特点一是不讲语法，二是按中国话“字对字”地转成英语，是一种混杂语言，只有口头形式，没有统一的书面形式，而且变体很多。后来，人们用“洋泾浜”来形容那些说话做事一知半解，不地道、不正统的人和事。

夜开花

舟山民间习将夜里梳妆打扮，或夜里不爱睡觉的人，形容为“夜开花”。常曰：“该小娘夜开花介，要困觉了还打扮作啥?”“该小囝天一暗就到外面去，夜开花介。”“该人夜开花啦，夜里勿困觉!”

“夜开花”本指夜间开花的植物。夜间开花的植物很多，如带宵草、昙花、夜来香、烟草花、月光花、丝瓜、桂花、睡莲等。舟山方言“夜开花”多指“蒲瓜”，俗称“蒲”。“蒲瓜”是一种瓜类蔬菜，属葫芦科，南瓜族，瓜体密生软毛，具卷须，匍匐地面或攀附他物生长，叶互生，心形，细锯齿缘，夏秋开花，白色，雌雄同株，具有清热、润肺、除渴、利肠、消肿、通淋散结等功效。因其夜间开花，故舟山人有直接称蒲瓜为“夜开花”的。

在古人的传统作息观念中，“日出而作，日落而息”，符合自然规律。一般农家都有早睡早起的习惯，一是为节省灯油，二是恐影响白天干活，三是夜间易出事，俗有“大人说话要听，夜饭吃至要困”“日里日息息，夜里夜把急”之说。最重要的是，夜里梳妆打扮或不困觉到处瞎扯、闲逛，乃逆天行事，违反自然规律，故普通百姓有指责之义。

硬鳌钳

舟山方言习将手脚不灵活、不习惯，干活不熟练，说话不流畅，或两人配合不协调、不默契等，形容为“硬鳌钳”。

此话由螃蟹的鳌钳引申而来。“硬”，即僵硬、生硬、坚硬、强硬、硬化；“钳”，即铁钳、火钳、夹钳、扳钳。“鳌钳”，即螃蟹的两只大脚，状似钳，用以取食或自卫，舟山方言叫“蟹脚钳”，大脚叫“大蟹脚钳”，小脚叫“小蟹脚钳”。鳌钳是舟山民间对钳子、夹子的泛称，凡能夹住东西的钳子、夹子都叫“鳌钳”，或谓“鳌虎钳”。

蟹脚钳虽有爬行、屈伸、取食功能，又是自卫的利器，但它肢体变形，行动笨拙，不够灵活。人们以此形容手脚不灵活，操作不熟练，说话不流畅，动作不协调，行为不习惯的人和事。生活中，“硬鳌钳”的事例很多，如该人做事笨手笨脚，就会说："侬该手脚硬蟞钳，我来！"如该人说话不流畅，就会说："侬该闲话硬蟞钳，讲勿样，听了竭力煞！"如两人车水、担扛动作步伐不协调不一致，就会说："欠差绷斗硬蟞钳，竭力足嘞！"如习惯用右手握筷，偶尔用左手，就会说："硬蟞钳，勿习惯！"如衣服穿得太多以致手脚笨拙，也会说："硬蟞钳，一眼勿活相。"凡不灵活，不自如，不流畅，不习惯，不协调的现象，常会用"硬蟞钳"来称之。

一朝被蛇咬，十年怕井绳

比喻一旦受过伤害，或经历一次挫折后，就会对类似的事物或事件十分恐惧，变得胆小怕事，如同被蛇咬了一次，遇见井绳就怕，再也不敢碰草绳了。

此话原由佛家"绳蛇"比喻而来。宋代子璿《起信论疏笔削记》卷十九："知法如幻，故无所怯。绳蛇非毒、杌鬼无心，何所怯耶！"佛家认为，凡夫误认假象为实有之物，这叫"遍计所执"，喻如认绳为蛇。又《续传灯录》卷二九："一度著蛇咬，怕见断井索"。《五灯会元·龙门远禅师法嗣》："问：'狗子还有佛性也无?'赵州道：'无，意旨如何?'师曰：'一度著蛇咬，怕见断井索。'"后成为一条运用广泛的俗语："一朝被蛇咬，十年怕井绳。"谓吃过一次亏以后，便长时间地疑神疑鬼。

被蛇咬过之后，往往给人的心灵造成很大的伤害。由此可见，灾祸本身往往并不是太可怕，可怕的是它给人造成的严重伤害。毒蛇咬人，是在人没有防备的情况下猝然下口的，这给人造成的伤害是非常深刻的。尤其是在人毫无防备、完全处于放松的状态下，给人在精神上、心灵上造成的伤害是无法弥补的，且日后会形成条件反射，一旦遇到类似的情况，就会失去自控能力。

"一朝被蛇咬，十年怕井绳"，这既是一个事实，也是一个比喻，这个比喻，既可指人也可指物，也可指一些自然灾害给人造成的伤害。无论是实指，还是喻指，虽然程度不一样，但祸害却是一样的。此话有两种含义，一是万事要提高警惕，小心谨慎，切不可打草惊蛇，以防患于未然；二是切不可因某种条件反射，而束手束脚，失去自控判断能力，为自己制造麻烦，给成功设置障碍。

一顿吃伤，十顿喝汤

比喻暴饮暴食吃伤了身体，造成胃肠道功能紊乱，好长时间都好不了，只能吃流食，故要以十顿吃汤来减轻胃肠道负担。

张恒《健康百谚》云：“一个人每天都要吃东西，所谓‘吃饭是第一件大事’，可是吃多少，却是一个值得注意的问题。这方面的健康谚语很多，比如：‘若要百病不生，常带饥饿三分’就很有价值，类似的还有，如‘一饱为足，十饱伤人’‘一顿吃伤，十顿喝汤’……。”

自古以来，人们对吃都很讲究。孔子曾曰：“食无求饱，居无求安”，“食不厌精，脍不厌细”，并有“八不食”之习惯。这“八不食”分为三类：一是色味方面，食物变颜色的不吃，变了味的不吃；二是质量方面，粮食陈旧了的不吃，鱼肉不新鲜的不吃，蔬菜不时新的不吃；三是制作方面，烹调不当的食物不吃，作料放得不当的饭菜不吃，从市场上买回的酒和熟肉不吃。这些古训与习惯还可作另一种理解，那就是人要多食用美食，此乃养生之常识。也印证《黄帝内经》中“饮食自倍，肠胃乃伤”这句话。

“一顿吃伤，十顿喝汤”，看似一种告诫，一种悔悟，背后却折射出一种社会现象——百姓长期挨饿的缘故。旧时，人们见面时常会用“侬饭吃过弗?”这句话来问询对方，并作为礼节性用语，可见吃饭、吃饱饭对百姓来说是何等的重要。于是，一遇见好饭菜，就暴饮暴食，以至吃伤了身体。直到如今，许多人一讲到美食，就联想到豪华的宴会、高级酒店的菜肴，以为大鱼大肉就是美食，甚至是一种身价、富裕、养生、幸福程度的体现。因此患“三高”、糖尿病、胰腺炎的人越来越多。

随着社会物质生活水平的提高，吃已不再是百姓的重要问题。人们悟出了“病从口入”的道理，认为许多病是吃出来的，懂得了如何养生，如何珍惜自己的身体健康，并流行一种养生之道——“管住自己的嘴，迈开自己的腿”，切忌“一顿吃伤，十顿喝汤”。

一把尿一把屙

形容含辛茹苦把孩子养大很不容易。生活中，许多父母和老人常会用“我一把尿一把屙把你养大”这句话来说教或怨埋孩子。

许多人曾无数次地听老人或父母说起过这句话，曾经是那么的不以为然。然而，当自己也成为父母后，才真正理解这句话的含义，其不只是单纯的说教而已，它的艰辛不是言语而能言明的，可谓“不养儿不知父母辛苦也!”

“一把屎一把屙”，指的是给孩子“把屎”“把屙”之现象。其实，这句话不单是字面上狭义的概念，从优生优育的角度看，其背后还关系到对孩子性格的形成问题，一切有关孩子新陈代谢和成长的事情，都可以归结到父母“一把屎一把屙”的辛劳当中。

有专家把孩子的 1~3 岁视为肛门期。所谓肛门期，就是在这个阶段，孩子主要通过排泄来获取满足感。在这个时期，孩子的排泄行为是否被满足，对未来性格的形成，有着非常大的影响。认为，把尿的孩子容易形成逆反性格。许多老人对于把尿可以说是乐此不疲，饭后睡前总是要把上一把，有时候还要吹着口哨。把出来了，就感到非常高兴，把不出来便怪罪孩子。时间久了，孩子的排泄满足感就很被动，就会产生抗拒心理，或用力挣脱，或两腿并拢不予配合。所以把尿的孩子很容易产生逆反的人格，严重的，甚至会形成适应性障碍。很多家长抱怨，孩子在青春期特别逆反，难管教，却不知根源早在两三岁时就已埋下了。

另一方面，如果对孩子排泄的行为不加注意，放任孩子当众随意排泄，这对孩子的性格形成也会产生不良的影响，很容易造成懒散随意的性格。在幼儿时期，孩子的排泄系统并没有完全发育完整，他们无法熟练地掌握憋尿行为，也容易出现尿床现象。这一阶段比较合适的解决办法是使用尿布。到两周岁左右时，可以引导孩子进行如厕训练。但如果过早进行如厕训练，或过早强制幼儿憋屎憋尿，孩子成年后可能会形成小气、刻板的性格。

所以“一把尿一把屙”，不仅仅是指辛苦问题，背后却折射出什么时候该把尿，什么时候该如厕训练的问题。否则，便会养成懒散随意或小气刻板的性格。

一肚子坏水

形容这个人心肠很坏，很奸诈，经常算计别人，净出坏主意，不能信任，常害人。

此话由冬瓜瓤肉腐烂现象引申而来。倒了瓤的冬瓜，其内部的瓤肉便会腐烂，日子一长，就会变成一泡水，且臭气熏天，人食之要中毒。人们习称这种冬瓜为“一肚子坏水”。生活中，人们以此作比拟，意为这人满脑子坏主意、坏念头，犹如瓤肉腐烂的冬瓜一般，不可得罪，且要害人。

此话多为贬义，但要看语境。如果是熟人间开玩笑可能是一种夸赞，意为鬼点子多，脑子好使，灵活。如果是骂人，那就是这个人心肠很坏，总害人。

牙齿朝北

人们常用“牙齿朝北”来形容讽刺那些信口开河，夸夸其谈，异想天开，好高骛远，把复杂或短期不能实现的事说得甚为简单、易如反掌的人。常曰：“侬讲讲八枚介，等侬做到，老早牙齿朝北嘞!”

此话源自人去世后的种种现象。原因有三：一是古有“天南地北”之说，人死以入土为安，伏地长眠，地即称北，故谓“牙齿朝北”；二是人去世时都为仰卧，牙齿朝上，根据地理方位规律，上方为北，故谓“牙齿朝北”；三是人死归西，可是西方极乐世界不是人人都能去的，只有笃信佛教和生前行善者才有资格，并要由佛接引，普通人和恶人是没有福分前去极乐世界的。既然去西方无缘，不得已只好向右朝北走，故谓“牙齿朝北”。

生活中，人们以“牙齿朝北”讽刺那些凡事信口开河，夸夸其谈，异想天开，只说不练的人。意谓想要实现你所说的事，还是等到来世吧。

压台戏

人们习将最有分量，最精彩，最能压得住场面的事物或节目，形容为“压台戏”。“压台戏”即“压轴戏”，舟山人称“压轴”叫“压台”。

此话是由戏曲表演引申而来。旧时，每个戏班子都有自己的保留剧目，并有自己的节目单，叫“打本子”，具体是将每出戏的唱词、台词用毛笔写在底部有一个木轴的长纸条上，卷起来犹如一幅画卷，俗称“轴子戏”。

戏班子演一出大戏，每场往往要演几个小时，有的要演好几天。每场演出时，先要演开场戏，俗称“帽儿戏”，也叫“开轴戏”，然后依次再演第二、第三、第四出戏，俗称“中轴”。演至倒数第二出戏叫“压轴”，最后一出戏叫“大轴戏”，也叫“轴子戏”。而现今，人们常把倒数第二的“压轴戏”误为倒数第一，其实“压台戏”并非指最后一个节目。

另外，“压轴戏”通常是整台戏中最精彩的一出，大多由有较高艺术水准的头牌演员或名角担当，但不能把“压轴戏”“大轴戏”混为一谈。此话运用于日常生活中，其语境语意已脱离了原来的本义，而往往是指其引申义。

坐冷板凳

人们习将被人冷落，无人理睬的现象，形容为“坐冷板凳”。常曰：“莫起睬其，拨其坐冷板凳。”“我特地找其，其故意勿睬我，拨我坐冷板凳。”“最近呒没事体做，每日坐冷板凳。”

“坐冷板凳”是旧时戏园里的一句行话，指戏院里既没有开场锣鼓，演员上台演出又没有乐队伴奏，只靠清唱，整个场子一点都不热闹，显得冷冷清清，连板凳都没人坐。

旧时戏院里唱戏，舞台上的布景道具很简单，多为一张桌子几把靠背椅，而没有靠背的板凳是不能上台面的。板凳通常都放在下场门一侧或场子里，供乐队或观众坐。演出开始前，戏院有个老规矩，习惯要先敲一番锣鼓，俗称“闹头场”，也曰“热场子”，意示演出即将开始。“头场”一闹，观众就会即刻进场，场子里也顿时热闹起来，板凳有人坐了自然不会冷。

倘若演出没有乐队伴奏，也没有“闹头场”，演员只能清唱，这种演出，观众自然很少，这台侧和场子里的板凳自然没人坐，整个场子显得冷冷清清。于是，人们就将这种现象称之为“坐冷板凳”，并引用于日常生活中。

逐　魂

人们常把关系特别亲密，老是缠在身边，追逐自己、形影不离的人，喻称为“逐魂”，或谓“逐魂鬼”。常曰：“该小娘，逐魂介老是跟着我。”“阿拉该逐魂勿晓得又死到阿里去嘞！”“该逐魂，我前脚刚到，其后脚就跟来了。”

“逐”，意即追赶，追逐，跟随，寻行逐队，追风逐影；“魂”，即灵魂、魂魄，是古人想象的能离开人体而存在的精神、灵气，俗谓三魂六魄。“逐魂”，谓像灵魂一般追逐不放。此话乍听起来似有幽阴、阴克之感，但稍加推敲，却很文言很雅。此话可作褒贬两解：“逐魂”之鬼魂，容颜难看，却总形影不离，缠人不放，令人生厌，不受人欢迎，故有“麻皮充细巧，逐魂充翠鸟”之俗语；另一方面，“逐魂”又是民间夫妻之间、母子之间的一种昵称、爱称。首先要对“魂”字有正确的理解。魂是一种精神，一种意志，一种意识，甚至是一种偶像。它与躯体互为表里，泛指一切事物的精灵以及崇高的精神，如花魂、诗魂、民魂、军魂、国魂等。“魂，阳气也。”（《说文》）“人生始化为魄，既生魄，阳曰魂。”（《左传·昭公七年》）“魂者，精气也。”（《论衡·纪妖》）“随神而来往者谓之魂。”（《灵枢经》）“魂悸以魄动。”（李白《梦游天姥吟留别》）可见，将“逐魂”作为对亲人、子女的爱称、昵称，其来有自。

值 钿

人们习将疼爱、珍爱、怜爱、爱抚、爱惜子女和小孩，喻称为“值钿”。常曰：“囡囡莫哭，阿姆值钿。”“囡囡来，阿爷值钿侬。”“小囡乖足嘞，该是要值钿咯！”“该阿爷老头对小人值钿足嘞！”“小辰光我多少值钿其啦！”

舟山方言“值钿”并非指“值钱”，尽管舟山人把“钱”也念作“钿”，但两者仍有区别。“值钿”的“值”当作动词解，又有“相当”的意思，故有“侬再勿听话，我就勿值钿侬”之说。“钿”与“钱”虽都体现一种价值，但并不相同。“钿”多指用金银珠宝铸成的饰物，“钱”则是货币。“值钿”，泛指金玉珠宝，可以喻人，是非卖品，价值连城，且能增值。故在人们的心目中，生儿育女都是“钿”，都是宝贝，都是掌上明珠，值得珍爱、怜惜，且非钱可买得。此话富有人情味，听起来心里暖暖的，甜甜的。

左色左样

人们常将一模一样，或相似相仿的人和物，形容为“左色左样”。常曰：“该对东西做了崭足嘞，左色左样！”“侬该件衣裳同我左色左样！”“该俩姐妹生得左色左样！”“左色左样事情多嘞！”

此话典出过去女子出嫁做嫁妆。旧时，女子出嫁必须绣制许多嫁妆，诸如绣花枕头、绣花鞋、绣花头巾、绣花布襕、绣花鞋垫等。这些绣品又必须成双成对，且花样、色调都得一致。绣好一只后，习惯将其放左手一边，以便绣第二只时作样品对照，使之完全相同。这就有了“左色左样”的说法，意谓按照左边物件的色彩和样子，同色同样复制。此话用于日常生活中，将两件一模一样的东西，或差不多、相似相仿的人和物，称为“左色左样”，可谓既生动形象又实在。

造　业

舟山方言习将两人争吵、打架，喻称为“造业”，也作“造逆”“造孽”，意为制造逆端，遭来孽冤。

此话听似很俗，却颇有文化内涵。“业”指人的所有行为，包括身（行为）、口（语言）、意（意念），是因果报应的原因。“业”分善、恶、无记三类，但从佛的角度看，凡夫众生的“业”，多数属恶业，口业有妄语（谎话）、恶口（骂人）、两舌（搬弄是非）、绮语（花言巧语）。吵架就占了一半（恶口、两舌），所以吵架就是在“造口业”。

在人们的心目中，现世的惨景也是过去“造业”的结果，叫“前世造（作）业（孽）”。此话引申到现实生活中，当看到生活中的可怜人时，就有了“作（造）业（孽）”“罪过”等说法。“造业”就有了可怜、惋惜、不应该、不作兴之义。

自掏自撑

舟山方言习将没有别人帮忙和依靠，单靠自己努力奋斗的人，喻称为“自掏自撑”。

此话典出农民掏河泥肥田的劳作方式。旧时，农民为肥田经常要到河塘里去掏淤泥，方法是一人一船或二人一船，手持两根竹竿。竹竿头上装有竹制的形如蛤蜊壳、脸盆大小的夹子，伸入河底将淤泥掏夹上来，然后装入船舱运至田边，晒干后用作肥田。掏河泥通常为二人合作，一人撑船一人掏取。

如独自一人作业，俗谓“自掏自撑”，意谓自己掏泥自己撑船。在日常生活中，把没有别人帮忙，独自一人干活做事，泛称为“自掏自撑”。

贼秃相

常用来比喻衣冠不整，作风轻佻，油嘴滑舌，贼头贼脑，不正派的人。常曰：“该人一眼勿正经，贼秃相。”“该小囝油腔滑调，贼秃兮兮。”“侬贼秃兮兮，介勿样啦!”

“贼”，指偷盗、鬼祟、不正派、狡猾之人；“秃”，指人无头发，山无树木，树无枝叶，鸟无羽毛，物体失去尖端，事物不圆满、不周全。“贼秃”，指不正派的和尚，以及非正宗剃度、无谱牒可证明的野和尚、花和尚。“贼秃相”只是一种比喻，其重点不在于“贼”与“秃”，而在于“相”。“相”，不仅指手相、面相、形象，更指其实质。《诗经》：“金玉其相。”《毛传》：“相，质也。”日常生活中，尽管你行非偷盗，发虽不秃，但作风轻佻，油嘴滑舌，心存歹意，本质很坏，所做之事尽显不良影响和负效应，就难免被人称作“贼秃相”了。另外，古人很重视头发，古有“身体发肤，受之父母，不敢毁伤”之说。清朝时，男人蓄发养辫成了“归顺”的政治标志，可见“发”的重要性。故除了正式和尚剃发外，称其他无发且品行恶劣者为“贼秃相”，实乃不算亵渎。

在 行

舟山方言习将聪明、机灵、懂事，做事得体，善于察言观色，妥善处理各种事务的人，形容为“在行”，反之则谓“勿在行”。“该小囡乖足呐，介在行，做事体勿用大人告。”“该人较惯在行，样样事体统捞勒起。”“该人一眼也勿在行，呒用场。”“要侬在行煞介作啥啦!”“小囝侬要在行眼，魂灵生眼点。”“讲讲介在行，侬倒来做做看。”

“在行”意谓做事有水平，比较专业，在这一行里业务熟悉，相当内行，是个行家里手。但在日常生活中，此话的语境有所拓展，“在行”还有听话、机灵、守规矩的意思，并含有勉励、提醒之义。

二、做人做事类

把 节

舟山方言习将做事很勤快，经常早出晚归，不辞辛劳的人和现象，称之为“把节”。常曰：“该人把节足嘞，天还呒没亮就做生活去了。”“侬介把节作啥啦，正月头面也勿休息。”

“把节”也作“把急”“巴结”。三种说法，意思相同，但语境各有所异。“把节”，与节气、时节有关。农人很重视节气，因节气与农作物的种植和收割有密切的关系，什么时节该种什么农作物，都很讲究，过了这个时节就劳而无功、劳而无益了。“把节”，意为把住节气和时节，不要错失最佳时节。为此要抢时间、赶生活、起早摸黑，故把勤劳、勤力、早出晚归、不辞辛劳的人和现象，泛称为“把节”。

“把急”，从字面上理解，含有急于求成，把握时机，急事急办，特事特办的成分，与“连忙”“赶紧”相似。

至于“巴结”，有奉承、讨好他人之意，如巴结领导、巴结官府、巴结大佬、巴结洋人。

无论是“把节”“把急”还是“巴结”，可谓“仁者见仁，智者见智”。但作为一个普通百姓，时节不等人，要做的事太多，不忙碌，不起早摸黑行吗？唯有“把节”才能居家过光阴，才能发家致富。当然，要劳逸结合，“把节”过了头，就要积劳成疾，劳民伤财，用舟山话叫“太把节”了！

摆花架子

人们常将技艺不精，不懂装懂，外行充内行，中看不中用的人和行为，称之为“摆花架子”。常曰：“该人懂勿懂，也摆花架子。”“侬外行结疙，摆啥花架子!”

“花架子”原是武术中的一句术语。在武术中，人们常把“花拳”“花枪”“花棒”等招式统称为“花架子”。戏曲舞台上表演的武打就是由这些“花架子”演变而来的。

武术中的“花架子”确是真功夫，是真才实学，可谓“非一日之寒”。而人们所说的“花架子”，却被视为中看不中用的东西，这又是怎么一回事呢?

它源于古代的纺织机。在元朝时，上海松江有个纺织高手叫黄道婆（后迁居海南岛），她的纺织技术非常高超，在她的带领下，当地人几乎都靠纺织致了富。唯独有个自视清高的李秀才，他不愿从事纺织业，而几次科举考试又都名落孙山，从此心灰意冷。

为了维持生活，李秀才就到湖州府里当了一名私塾教师。当地人听说他是黄道婆的家乡人，都纷纷来找他请教纺织技术。由于他对纺织技术一窍不通，但又不愿意承认自己不懂，于是他想出了一个鬼点子，告诉大家说，虽然自己从没纺过线、织过布，但黄道婆的新织布机他是亲眼见过的，我可以把图样画出来。

他画出了图样，并请来木匠按照他画的图样制作了纺车，没几天，一架样式新颖、设计别致的纺织机就摆在了众人的面前。许多有纺织经验和基础的人都来尝试，但谁都使用不了它。大家问秀才为何不好使，秀才却狡辩说，你们的手艺不行，对新的机器理解不透，所以才织不出布来。

后来，黄道婆的纺织新技术和新式织布机传到了这里，人们才知道李秀才做的织布机只是样子好看而已，根本不具备实用性。从此，人们就把那架织布机称为中看不中用的“花架子”。从此，“花架子”一语就逐渐流传开来，一直沿用至今。

办酒窠

人们常将小题大做，故弄玄虚，过分夸奖，把物件摆得满地都是，东一堆西一摊，使简单的事情复杂化，犹如小孩过家家做游戏，称之为“办酒窠”。常曰：“倷在做啥啦?办酒窠啊!”“该事体咋弄勒这套啦，像小人办酒窠介。”

“办酒窠”本指一种儿童游戏。以前，孩子们的玩具很少，常就地取材，捡来一些破瓦断瓷、树枝、菜叶、小草等废物，搬来一些小的桌椅板凳，将破瓦断瓷摆上桌面，放上剁碎的小草、菜叶，利用各种泥巴、小石块当鱼肉，形成一桌丰盛的酒水。然后协商分派扮演父母、子女等角色，模仿大人过正常的家庭生活，有时还用洋娃娃扮自己的子女。人们称这种游戏叫“办酒窠”。

生活中，人们用“办酒窠”讽刺那些做事过分夸张，小题大做的人。意为做事不是儿戏，凡事要脚踏实地，不可故弄玄虚，否则就会耽误正事。

半发冷打

舟山方言常将事情做了一半，却中途停止，撒手不干的人和事，称为“半发冷打”。常曰：“该事体半发冷打咋弄弄?”“侬咋半发冷打勿做啦?”“侬勿好半发冷打掼锣柱咯!”

此话是从铁匠打铁而来。俗话说“趁热打铁”，打制铁器必先将铁块铁条放在火炉中煨红，俗称“发火”，然后放在铁砧上锤打成形，且需要反复煨打多次，方能成器，冷了就很难打。旧时，铁铺没有机械设备，一炉灶，一只风箱，一个铁砧，几把大小铁锤和铁钳，全凭这些原始工具打制铁器，打铁是一种很累的体力活。每当傍晚收工打烊时，为不浪费炉中火力，铁匠通常都不再加柴火，此时若有几件半发状态的成品煨在炉中，就会趁势将它钳出来冷打一番，若终难成器，就停止放下，人们称这种现象叫“半发冷打”。此话用于日常生活中，泛指那些半途而废，中途撒手不干的人和事。

不管三七二十一

人们常将不顾条件与可能，不问是非曲直，不分青红皂白，不考虑事物发展的过程与后果，一味蛮干的人和事，称之为“不管三七二十一”，也称“不管三七廿一”。

此话的由来有几种说法。一说战国时，苏秦主张合纵抗秦，张仪主张连横事秦。一次，苏秦到了齐国都城临淄，见到了齐宣王，进行游说抗秦。齐宣王谈到齐国的兵力不足时，苏秦说，临淄有七万户居民，我私自计算了一下，每户按3个男子服役，这就是三七二十一万兵。总之，不管其有没有三七二十一万，抗秦的兵源，用不着再往别处征兵，仅临淄一城，就足够了。

苏秦的这个算法，显然是不切合实际情况的，全城不可能达到每户都出3个男子当兵。即使有，也不一定都能从军，其中还包括老、弱、病、疾、幼。

后来，人们就把“不管三七二十一”作为讥喻的贬义词来相传，并且在含义上有所扩展，成了不问是非情由，不分青红皂白的同义词。

二说从前有一大户人家，户主名叫李元。有一年，李元雇了一个五大三粗的长工给他家干活。那长工初到时，李元对老婆说：“你每天管他三顿干饭吃，免得他借上茅房的机会偷懒。”他老婆照办了，那长工每顿三碗干饭，干起活来一个能顶两个用。

几天以后，李元又对老婆说：“这个长工干活倒蛮卖力气，但他的饭量太大，一年要吃我们几百斤粮食，从今天起，你一天管他三顿稀饭吧！”他老婆又照办了。那长工每顿吃七碗稀饭，但干活却不如以前有力气了。眼看稻谷就要收割，不抓紧时间除草就要减产。李元如油煎心，想再雇一个短工，又舍不得花钱，因此他十分恼火。一天吃饭，李元责问长工：“你每顿吃七碗饭，一天要吃我三七二十一碗饭，为啥干活还不如一个女人?”只见长工用筷子敲着碗边道：“这要问你自己呀，如果每天给我吃干饭，我便浑身都有劲，现在每天叫我吃稀饭，尽管一天吃三七二十一碗，但还是觉得脚酥手软。我着急，没有力；你着急，有啥用?”李元听了，想想倒也没错，便对老婆说：“从今天起，管他三三九碗干，不管他三七二十一碗稀。”他老婆又照办了。那长工干活又一个人能顶两人用了。这件事逐渐传开，被人们当作笑谈。刚开始的时候，人们把改变错误的主张称为“不管三七二十一”。后来，将其含义慢慢引申开去，把不识好歹、不分是非的言行也称为“不管三七二十一”，成了不顾一切、不问是非曲直、不计后果一味蛮干的同义语。

最可信的说法应出自《易经》。河图与洛书是阴阳五行术数之源，河图是八卦之源，洛书是理气之源。三、七、二、十、一，这五个数，在河图中分别对应着木、火、火、土、水；在洛书中分别对应着木、金、土、土、水。综合两者，可谓五行俱全，囊括万物。“不管三七二十一”，意谓不管世间万事万物，这是对“不顾一切，不问是非情由”最淋漓尽致的表达。

不见黄河心不死，见了黄河掉眼泪

人们常把盲目行事，不达目的决不罢休，或不到绝路绝不甘心，最后落得可悲下场的人和事，称之为“不见黄河心不死，见了黄河掉眼泪”。

此语源于古代一个忠贞的爱情故事。古人把大江大河称为河，黄河只是后来的命名。很多人认为这句话中的“黄河”就是现在的“黄河”，其实，句中的“黄河”并不是河流，而是指一个人的名字。

据传，古代有位名叫黄河的年轻人，他擅长吹埙，“埙”是古代一种土制的吹奏乐器。他那优美动听的乐曲，深深地打动了一位贵族少女的心，于是俩人就双双坠入爱河。可惜黄河出身贫寒，他们的爱情遭到了少女父母的坚决反对，这对恋人被活活拆散。少女的父母把女儿关起来，不让他们接触。

不久，黄河因相思成病而死。死后，他的心变成了一块精美的玉石，被人拿去琢成了一只无比精致的酒杯。奇怪的是，只要这只酒杯一倒进酒，杯中就会浮现出黄河的身影，还会发出埙的悦耳音乐。后来这只杯子被人献给了皇帝，皇帝又赏赐给了心腹的大臣，这位大臣正是少女的父亲。

少女的父亲把黄河已死的消息告诉给了女儿，希望女儿不必再惦念。女儿以为父亲骗她，说：“即使他死了，我死要见尸，活要见人。今生今世，不见黄河不死心。”

父亲没办法，只有把酒杯拿出来给女儿看。女儿见杯中浮现出黄河身形，顿时悲痛欲绝，知道黄河已死，便死了心了，悲痛的泪水流落杯中。从此，“不见黄河心不死，见了黄河掉眼泪”这句话就在民间流传开来了。但语意逐渐扩大，泛指盲目行事、不达目的决不罢休、不到绝路绝不甘心的人和事。

差　懒

舟山方言常将长辈支使小辈办一件事，如买包烟、打瓶酒等，俗称为“差懒”。常曰：“帮我差个懒，去买包香烟”。

“差懒”一语含有某种谦逊的成分，意谓我“懒”才支差你，或谓我忙所以要你相帮，是一种紧缩语式。按常理，做长辈的应以身作则，在小辈面前作出表率，不能轻易支使小辈，而“差懒”有帮我一个忙，恕我“懒”之意，含有“不好意思”的成分，故话到此分上，被支差者自然不会有啥想法和抱怨。

“差懒”与“帮忙”，两者虽然构词形式相同，行为相同，但内在含义有差异。“帮忙”含有“拯危”“济困”“扶弱”或“示恩”“赐惠”之意，“差懒”则不这么讲究，一般都只是举手之劳，大多不具风险、不需花大力气，更不需要有见义勇为之举。但“差懒”只能施于平辈或小辈之间，不能小辈支使长辈，儿子支使老子，否则会被视为大逆不道，乱了方寸，不懂规矩之行为。有句俗语叫“小懒差大懒，屁股眼吃饭”，说的就是这种现象。还有一种情况，如被支使者不守信用，没有及时完成被差之事，反会耽误时间，故又有“差狗不如自走”之说。

扯 淡

人们常将故弄玄虚，言过其实，胡说八道，故意卖弄自己，所说之话不可当真的人和言论，称为“扯淡”。

“扯”有“东拉西扯”之义，“淡”即清闲、清淡。“扯淡”一词在其他方言里也有，相当于“吹牛”“说大话”“夸海口”。

舟山方言说的“扯淡”，其内涵更为丰富。既具否定、嘲弄意味，又不无夸口之嫌。如：“舟山人扯淡，焐番薯干当饭”。番薯干是粗粮，不足为奇，何须夸口？但要想吃焐番薯干，实是一件不易之事。首先，焐番薯干不仅需要柴火焐，而且要将柴火灰堆放在灰缸里，然后把生番薯干装进一只甏里埋在灰缸里煨，通常需一整夜才能焐熟，方可食之。试想这需何等的工夫与精力，简直太奢侈了。可见这句话极富自嘲意味，可谓穷奢极侈也！又如：“走过三关六码头，吃过奉化芋艿头”。言者实为故弄玄虚，没话找话，意为到过很多地方，吃过很多东西；而听者自然也不会当真，视作玩笑而已。“扯淡”与“夸海口”“吹牛”不同，“夸海口”是夸大事实，“吹牛”乃狂妄自大，自以为是，且富有后果。“扯淡”则往往是没有事实依据，当场就能辨识。每每有人“扯淡”时，常以“扯啥淡”“扯淡王”“扯淡郎中”（郎中多为故弄玄虚、不会装会）搪塞取笑之。

舟山方言还利用“淡”与“蛋”的谐音，谓之“扯蛋”，意为不牢固，“蛋”“扯”得过分露了馅，俗谓“蛋瓶敲碎”。

吃勿穷穿勿穷，打算勿好一世穷

舟山民间广为流行的一句俗语。意思是居家过日子，要有好的打算和安排，哪些地方该花钱，哪些地方不该花，都得有计划，有打算，否则就会一辈子受穷。

此话的由来还有个故事。相传旧时有两对成婚不久的小夫妻各自在南街开了一爿小店，一对在街左边做卖油生意，一对在街右边做卖盐生意，两爿店日常收入都差不多。

三年后，卖油的成了有钱人，又在东街另开了一爿新店，而卖盐的却生活艰难，还欠了很多外债，不得已只好把店抵让给了别人。

南街有一个熟悉他们情况的老人说，这家卖盐的两夫妻很不会持家，挣了钱后，总是大把大把地花，不够就借，从来不知道存留，生活前吃后空，不会打算，最后破产了；而卖油的夫妻俩颇有打算，他们有一个小账本，每天收入多少，减去成本赚了多少，都有一笔账。他们量入而出，该吃的吃，该用的用，但从来不乱花钱，生活很有规划，很有打算，因此越来越富有。后来，人们就总结出这句“吃勿穷穿勿穷，打算勿好一世穷”的俗语。

吃　相

民间习将就餐没有礼数，不懂规矩，遇事板面孔，态度不好，动不动就动怒，或以势欺人，老想吵架的人，泛称为“吃相”。常曰：“该人吃相介退板，一眼呒没教养。”“侬吃相介难看，想打架啊？”“侬该啥吃相，介凶！”

此话是从吃饭相势引申而来。俗话说：“坐有坐相，站有站相，吃有吃相。”“吃”是一门学问，礼仪烦琐，甚是讲究，特别是在酒宴上，“吃相”能看出一个人的地位、身份、习惯、教养和礼数。席分主宾，客有尊卑，若座席主宾不分，尊卑不顾，乱坐一起，弓腰凸股，两肘横撑，两脚搁挡，被视为“最没坐相”的人；若就餐时出现手不端碗，嚼食有声，敲盏击盅，抢食贪食，执筷巡食，勺羹遗珠，迷食刨食，插筷如香，弃筷落地等现象，被视为“最没吃相”的人。古人重视相，最忌讳坐无坐相，站无站相，吃无吃相。遇事都以“相”作评议，如：称该人长得端正漂亮叫“相貌好”“卖相好”；称该事有希望叫“有相貌”，没有希望则叫“呒相貌”；形容该人的人品、行为好坏叫“相势”；称该人犯脸或做出不规举止叫“恶嘴眼相”；称该人油嘴滑舌、行为轻佻叫“油头相”；称该人不善闲歇、易动脚动手叫“猢狲相”；称该人游手好闲、贫困潦倒叫“蒲瓢相”；称该人吃光用光、一事无成叫“砂锅相”；称该人老实无能、常被人欺侮叫“乌龟相”；称该人刁横无理、笨头笨脑叫“猪罗相”等。“吃相”是一种泛称，指人的面部表情、坐姿站姿、言论态度、举止行为等。生活中，虽也有“坐相”“站相”之说，却没有像“吃相”那样被广泛引用，可见“吃相”之重要。

撮来赝当

人们常将做事不负责任，要小聪明，以次充好，以假乱真，鱼龙混杂，滥竽充数，冒名顶替的人与行为，称为“撮来赝当”。常曰：“该生活勿好撮来赝当，背木梢勿晓得！”“侬介认真作啥，撮来赝当弄眼点末好嘞！”

“撮”，即信手拾取、摘取细碎之物和废物；“赝”，即假冒伪造的赝品。“撮来赝当”，意为将信手撮来的废料、替代品（赝品）充当好货，以达到以次充好，以假乱真，冒名替顶，蒙混过关之目的。在日常生活中，“撮来赝当”的事确实很多，尤其是殃及生命、有害健康的事，切不可“撮来赝当”为之，要坚决杜绝。不管什么，真材实货、保质保量总比假冒伪劣、冒名顶替、“撮来赝当”要好。此话也体现出人们对做人做事的基本准则与要求。

撮烂屙

舟山方言常将做事马虎，不负责任，不规范，不守诺言，以致事情不成样，不成体统，不合标准要求，称为“撮烂屙”，也作“拆烂屙”。常曰：“该人做生活老是撮烂屙！”“该撮烂屙生活啥人做点啦?”“做事情千万勿好撮烂屙。”“答应得好好，结果还是撮烂屙。”

“撮”，随便捡来，摘取，可引申为凑合、聚拢、将就、玩弄；“烂屙”，即不成形的粪便。“撮烂屙”，意为做事随便凑合，撮来赝当，马虎了事，不成体统，不成样子。此话听似不雅，却很实在，一语破的，击中要害。生活中，“撮烂屙”的事例层出不穷，各行各业，都有“撮烂屙”的现象。那些假冒伪劣，以次充好，以假乱真，滥竽充数的商品、食品、保健品，以及不守诚信的行为，可谓“撮烂屙”的最好例子。现今，还有一批专门靠“撮烂屙”吃饭的人，这些人专门研究如何“撮烂屙”，而且花样百出，防不胜防，一不小心就会上当受骗。

“撮烂屙”，又作“拆烂屙”，意为徒有其表，华而不实，拆开一看，却是泡烂屙。

打弹子

人们常将做事失约，不守信誉，或原来答应好在某一地方见面，没有按时到，让人久等的人和行为，称为“打弹子”。常曰：“该人做事体老是打弹子!”“今末被其打弹子呐，我等了一个多钟头，其连鬼影也呒没看见。”

“打弹子”本指一种游艺活动。“弹子”，即一种用玻璃或玉制成的小圆珠子。玩法多种，最典型的当数“落坑击弹”。在地面上挖六个拳头大小的小坑，前五个坑每隔一米一个，最后一个坑约隔两米，称为“主坑”。从第一个坑外一米处向第一个坑中弹球，球落入坑中者继续向下一坑中弹球。不中则轮换，一人一次。同一球连进五坑后，再进“主坑”，出来后称为“主球”。主球可“射杀”任意对方弹球，被弹中的球算失败；其他球亦可弹中“主球”，需连续击中三次，称为“攻主球”，而后成为新的“主球”，再继续射杀其他弹球。最后剩下的弹球为赢。为何把“打弹子”这一游戏与做事失约，不守信誉联系起来呢?

这与射弹的现象有关联。通常情况下，击弹时，自己的弹子往往也会随势滚动，为确保自己的弹子不让别人击中，需要与别人的弹子隔有一定的距离，距离越远就越不易被击中，这就要求击弹者有高超的技法。有一种技法叫“定光弹”，即击中后把别人的弹子弹出老远，而自己的弹子仍停留在原地不动。“打弹子”一词，就是由此引申而来，意为不按常规行事，自己不动，把别人弹出老远。此话用来指做事失约，不守信誉，可谓既生动又形象。

打小九九

人们常将心中另有图谋，不按原定计划或常规办事，好打如意算盘的人，称之为“打小九九”。常曰：“该人阴司鬼介，做事体老是要打小九九。”

“九九”即乘法计算口诀，俗称“小九九”。“九九乘法口诀”的使用时间很古。早在《荀子》《管子》《淮南子》《战国策》等书中都可找到“三九二十七”“六八四十八”“四八三十二”“六六三十六”等句子。可见早在春秋战国时期，“九九乘法口诀”就已经开始流传了。

现今人们念的“九九乘法口诀”，是由小到大念之，即从“一一得一”开始，到“九九八十一”为止。而在古代，则是从大到小倒过来念，即从“九九八十一”起到“二二得四”为止。因为口诀以“九九”两个字命名，故古人习以“九九八十一”开头，并把它简称为“九九”。大约到十三、十四世纪时，才像现在这样从小到大开始念。

此话被视为另有图谋的主要原因，是人们在念乘法口诀时，往往是念而不出声，在心里默念暗暗计算，故被称为“打小九九”。

得人惜

人们常把那些聪明伶俐、有教养、懂礼节、做人处事得体、讨人喜欢、惹人怜惜的人和行为，称之为“得人惜”，反之，称为“勿得人惜”。常曰：“这小囡乖足嘞，较惯得人惜！”“该小团一眼也勿得人惜。”

中国古代诗词中就有“为人惜”的语句，如杜甫的《古柏行》：“君臣已与时际会，树木优为人爱惜。”杨巨源的《和练秀才杨柳》：“惟有春风最相惜，殷勤更向手中吹。”苏轼的《水龙吟》：“似花还似非花，也无人惜从教坠。”周邦彦的《六丑》：“多情为谁追惜？但蜂媒蝶使，时扣窗槅。”“得人惜”即从此而来。

“得人惜”意谓人心所向，人心所愿，用现代时髦的话叫“人气指数”。而违背这种所向和所愿，舟山话则常在此语前加上一个“勿”字，谓“勿得人惜”，常曰：“该人一点也勿得人惜！”“妖里妖气，有啥好得人惜！”“出啥风头，得人惜啥希！”特别是对那些违法乱纪、弄巧成拙的人和行为，舟山话更是直截了当，恰到好处地在前面再加上一个“介”字，叫“介勿得人惜！”

豆植角落

舟山方言常将不明事理，做事不讲方式方法，不懂装懂，甚至本不需要他去做，却自作聪明为之，且做了错事的人，称为“豆植角落”，也作“豆植旮旯”。常曰：“该人豆植角落，也来插一脚。”“侬人真豆植角落，这回闯祸嘞！”“叫侬莫弄，为啥要豆植角落？”

此话典出农家番薯地里嵌种豆子。传说有父子俩耕好一块山地种番薯，中途父亲有事，吩咐儿子将准备好的番薯藤种好，并叫他把一罐豆子嵌种在番薯边上，儿子应允。第二天父亲往地里一看，发现有一角落未种番薯，问儿子：这一角落为何没有种番薯？儿子回答说：这一角落种了豆子，因刚种下还没抽芽，所以看不出来。父亲听后很生气，说：“豆植角落，好省勿省。”意为豆子可嵌种在番薯旁边，不该单独占用土地种植。这种嵌种方法舟山方言叫“省”。因海岛地少，除了种倭豆外，其他如豇豆、绿豆、赤豆、晚稻大多为嵌种，俗称“省晚青”“省蚕豆”。

后来，“豆植角落”就被引用在日常生活中，常用于指责不明事理、自作主张、自作聪明的处事者。

儿大勿由爹，女大勿由娘

这是一句富有感叹性、结论性、哲理性的常用俗语。句中的“由”表示听从或顺随的意思，意谓儿女一旦长大成人，有了独立的思想和能力，父母便做不了他们的主了。但话中又折射出一种责备和无奈的感叹。

此语由来已久，渗透着时代的烙印和文化的哲理。评析这句俗语的含义和是非曲直，不能单从其中一方面，笼统地一概而论，须从父母及儿女两方面来考虑，方能得出公正的论断。

儿女长大后，自然会逐渐脱离对父母的依附，形成自己的思想观念、生活内容和主张，因此常会对某些事物或问题持不同看法和观点，与父母发生一些争议与分歧，此乃我们常说的“代沟”。如在婚姻问题上，父母的经验教训较为丰富，认为他们是过来人，应该听他们的意见，不能一时冲动、感情用事。而儿女则认为婚姻应由自己做主，他人不得横加干涉，认为自己的观念是民主的，老的观念和意识不能再强加在他们身上。对此，父母常会产生

“儿大勿由爹，女大勿由娘”的感慨。

实际上，这句俗语同时也体现了一种自然规律，句中的“由”字显示出“爹娘”对儿女的控制意愿，而时代在发展，如果“爹娘”们能换一种思维，多给儿女们一个相对独立的空间，儿女们能多思考一下父母的好意和劝告，多请教他们的意见和看法，少走或不走弯路，应为更好。

犯愠

舟山方言常将某人发怒、发火、生气，称为“犯愠”。常曰：“该人犯愠嘞，让让其算了。”“该人会犯愠猛，莫起得罪其。”“侬莫犯愠，有话好好讲。”

“愠”即“含怒”“发怒”“怨恨”。“犯愠”，是一种内省体察，由内心不满而引起“生气”“发作”的外部表现形态。《论语·学而》：“人不知而不愠，不亦君子乎？”《诗经·邶风·柏舟》：“忧心悄悄，愠于群小。”在日常生活中，喜怒哀乐乃人之常情，犯愠实为难免。亲人之间，邻里之间，同事之间，朋友之间，都有不称心不愉快的事。不仅如此，也有言形于色的，民谚曰：“人是铁，饭是钢，侬勿吃，我要愠”。但即使是“愠煞”，亦只形于色而郁于心，体现出某种节制和自省。“犯愠”并非打架斗殴，尚在可掌控范围，但也不能动不动就“犯愠”，凡事要克制，莫狂躁。试想，“犯愠”能解决问题吗？既解决不了问题，又影响身体，最后还得要坐下来心平气和地协商解决。

放马后炮

人们常把事前不说，事后妄加评论，或净做“事后诸葛亮”的人和行为，称之为“放马后炮。”常曰：“该人老是放马后炮！早勿讲晏勿讲，等做好了才讲。”

“马后炮”一词源于象棋，是象棋中的一个术语。在象棋中，“马后炮”是一种极厉害的“煞脚”，即炮位于马后的一种隔山将杀的制胜招数。象棋起源很古，其中有二马、二炮。马和炮的走法各不相同。“炮直行无远近，前隔一棋可击物；前无所隔，及隔两棋以上，则不可击”。而马的行动规律是：

"曲行四路，谓直一斜三"。炮置于马后才能发挥其效用，否则炮没了架子就成了死炮一只。从古至今，"马后炮"都是象棋中常用的制胜招数。

"马后炮"在象棋中是一种极为积极的术语和招数，但为何在生活中却成了消极的贬义词了呢？

"马后炮"发生消极含义的转变源自戏曲中的谐音变化。旧时，"马后炮"在戏曲里是一个隐语，常用来表示调整演出时间的长短。戏曲里有句术语叫"戏码"（即节目单），"码"与"马"是谐音，码（马）前即压缩演出时间，提前结束的意思；码（马）后则是延长演出时间，往后挪戏的意思。每当要延长演出时间时，戏班子的老板就会把"码后"说成"码后跑"，"跑"即"挪"的意思，意思是叫演员们往后挪戏，尽量延长演出时间。

由于"码后跑"是往后挪的意思，又由于"码后跑"往往是不及时提出，常为事后临时决定，且"码后跑"与"马后炮"又是同音，对此演员们就会抱怨："净放马后炮"！后来就干脆把它说成了"马后炮"，成了戏曲界的一句隐语。此话流传到民间，成了事前不及时说，事后妄加评论的一种消极性的贬义词了。

放泼使赖

舟山方言常将做事蛮横无理，行为过分霸道或装疯卖傻的人，称为"放泼使赖"。常曰："该人放泼使赖，一点勿讲道理。""侬该人咋介放泼使赖啦！""该人做事体老是放泼使赖，莫去犯操其耶"。

"放泼使赖"是"泼皮"与"无赖"的合成词。"泼""赖"表示死缠活赖的态度或样子。此话妙在"泼"与"赖"的前面加上"放"与"使"，指其行为甚为放纵、过分，很难对付。但听起来又较"泼皮""泼妇""无赖"程度轻，留有情面。

呒搭头

舟山方言习将做事不能自控，不守信，不实在，不合群，不得利，或二事不可兼得，只能选择其一，否则一无所获的人和事，俗称为"呒搭头"。常曰："该人呒搭头，勿讲信用，凑队勿来。""该东西呒搭头！"

此话源自旧时商店搭卖物品的一种现象。旧时，许多商店有卖紧俏物品要搭卖一样滞销商品的现象。特别是一些猪肉店，因猪的内脏如猪肝、猪脚、槽头、槽二、猪耳朵等，吃的人不多，当顾客买五六斤以上大刀猪肉时，店主都会要求顾客搭买一些内脏。尤其是过年过节，店主总会将一些猪脚、猪头、猪耳、猪舌等搭卖给顾客，并将这些部位冠以吉利好听的美名，如称猪耳朵叫“顺风耳”，称猪脚叫“元宝脚”，称猪头叫“利市头”，称猪舌叫“赚头”，这样一来顾客也乐意接受。唯有槽头肉绝不会再搭什么，因这个部位是杀猪时的进刀处，有槽头、槽二之分，槽二稍好，槽头肉不仅有一股腥味，而且很难煮熟，味差，价格也较便宜，贫困的人才买这种肉，因此就有了槽头肉“呒搭头”之说。此话用于日常生活中，常用来讽喻那些不受欢迎之人，意谓像“槽头肉”一样，不可搭配，没人与其合作。

呒脚色

舟山民间常将游手好闲、勤吃懒做、持家无方、一事无成、赚多少用多少、不会打算的人，称之为“呒脚色”。常曰：“该呒脚色货，每日游手好闲。”“该呒脚色东西，一点勿会打算。”

“脚色”本指古代入仕人员填写的履历表。宋人赵升《朝野类要》载：凡进入官场的“入仕”者，都要填写一份自传式的文书，叫“脚色”或“脚色状”。脚色所要填报的项目和内容，系朝廷统一规定。首先是个人及家庭的基本情况，有“乡贯、户头、三代名衔（即祖宗三代的功名官衔）、家口、年龄、出身履历”等项目。人们称符合上述脚色要求的为“有脚色”，反之则为“呒脚色”。

“脚色”又指舞台上演员扮演的角色，又叫部色，昆曲称家门，通称脚色，也称“行当”。生、旦、净、丑扮啥像啥，当谓好“脚色”。

人们认为，社会也是个大舞台，每个人都在扮演和承担不同的脚色，如父母、子女、兄弟、姐妹、领导、同事、亲朋好友等，人人都有各自的职责、义务和权利，“表演”得好，事业有成，仕途亨通，持家有方，有吃有用，儿孙满堂，当谓“有脚色”，反之，则谓“呒脚色”。

呒数倒账

舟山民间常将估计不足，盲目行事，明知不应这样做而非要这样做，以致把事情做坏了，与实际要求相差甚远，称为“呒数倒账”。也作“呒数乱账”“呒数捣浆”。常曰：“侬咋呒数倒账做出介事体！”“呒数倒账，乱弄三千！”

“呒数”即没有数的意思。“数”在舟山方言中含义很广，有天数、命数、定数、气数、命运之意，指冥冥之中的一种意志、一种规律。人们常把“数”与“天”连用，俗谓：“这事情天数嘞，运道坏足呐！”“这真是数嘞，咋结煞?”“该事情老早就数好了，呒没办法咯。”“数”是一种未知，既有天意，也有人为，始于占卜，后成为一门抽象的学问，变化莫测，却有规律可循，各种运算，加减乘除，最后都有“数”。“数”又是一种因果，有什么因就结什么果，俗谓“数结结”“数好了”。于是，人们常用“有数”一词来回答对方，“有数”即“知道”。当然，为应付起见，嘴上往往说“有数”，心里却“无数”的人也很多。

“倒账”指过去商务上的经济纠纷。旧时，贩运货物、开店开行多为几家合伙做生意，若遇货物中途被抢或在海上遭意外翻船等事故，或遇火灾店铺焚烧，以致造成极大损失，无法经营而破产，许多货物和剩余资产就成了没有准确数字依据的糊涂账。在处理过程中，因没有数据，常会出现赖账、讲倒账等现象，有的成了千年不还万年不理的欠账，人们称这种现象为“呒数倒账”。此话用于日常生活中，并加以拓展与延伸，凡碰到类似事情，都以“呒数倒账”来称之。

高抬贵手

人们常把办事需求人开恩或饶恕时，称为“高抬贵手”。

此话源于古代戏班子的演出收门票。旧时，戏班子到乡间演出，往往先由乡绅出钱，包下戏班子在祠堂庙宇中演出，而后再由他们向民众卖票赚钱，一人一票，凭票入场看戏。

为便于管理，戏场通常只开一扇边门，选一个身强力壮、不分情面的男子把门检票。在无人入场时，把门的往往手托门框，以防无票者溜入戏场。

乡下人很想看戏，但又无钱买票，有的人就常瞅空站在门边，与把门的搭讪、讨好，掌握“火候”。当看到把门的态度好一些时，便趁机央求道：“叔叔、阿伯，请你高抬贵手，把手抬高一点。”把门的有时往往出于一种同情与好心，把手臂稍稍抬高一点，让没票的人趁势从其肋胳肢下钻过去进入戏场。“高抬贵手”就是由此而出。

此话用于日常生活中，语境逐渐扩大，成为各种场合的求情、请人帮助、“开恩”、饶恕的代名词了。

搞啥名堂

人们常将不明不白，不合情理，捉摸不透，不可理喻，甚至有点神秘色彩的事和行为，称为“搞啥名堂”，或谓“有啥名堂”“没啥名堂”。

此话自古代的“明堂”演变而来。“明堂”是上古时期帝王会见诸侯或举行重大典礼的地方。

相传，汉武帝刘彻很羡慕古代帝王，一次他巡游泰山，见到一处上古时帝王举行重大典礼的明堂遗址，便想在遗址上再造一座新的“明堂”，以显自己的威风。文武百官们听后都面面相觑，意为没有这个必要，而且不知明堂是啥样子，应该怎么造。到了京城后，有个善于投机的人叫公玉带，利用汉武帝的心理，依据自己的推测，仿制了一幅富丽堂皇的自称为黄帝时的明堂图。众大臣看了后，都不作声，认为“搞啥明堂”，这要动用多少国库银两啊？但又不敢直说。

有位大臣引用了《孟子》书中的记载，说：“齐宣王建明堂就遭到了许多人的反对，说明那时明堂就已经很不流行了，我们为何还要去建造呢?”于是这事就这样被搁置了。

到了唐代，国势越来越强大，武则天也动了建“明堂”的念头，并动员众臣上书献策，建议明堂应该怎么造。没多久，有位大臣写了《黄帝明堂经》献给武则天。武则天看后很高兴，在广泛征集意见后，准备照此动工。这时大臣刘允沦怕造明堂劳民伤财，遭百姓谴责，写了一篇《明堂赋》，分析了造明堂于国于民的利害关系。武则天看后认为言之有理，于是打消了建造明堂的念头。

但“搞明堂”一事却被人们作为一句俗语流传了下来。因“明”和“名”

同音，而“名堂”又是体现“有名的典堂”的意思，所以，“明堂”一说就慢慢地演变成了“名堂”。

狗咬吕洞宾，勿识好人心

人们常将做事不记图报，好心帮助别人，却被误解是不怀好意，以德报怨的人和事，称之为“狗咬吕洞宾，勿识好人心”。

此话自“苟杳吕洞宾”的音讹而来。相传吕洞宾在成仙之前，是个文弱书生。他与一个叫苟杳的人是同乡又是同窗，俩人关系很好，于是就结拜为兄弟。苟杳读书时，家里很穷，吕洞宾因此经常接济他。在临近赴考前，吕洞宾还把苟杳请到自己家中居住。

一天，吕洞宾家里来了一个姓林的年轻客人，他家中有一妹妹正当待嫁之年，因没有合适人选，家人十分着急。交谈时，他见苟杳才貌双全，便有意将小妹许配给他。

苟杳得知林家小妹貌美，便恳请吕洞宾为他做媒。吕洞宾是个细心之人，生怕苟杳贪恋床第之欢而误了锦绣前程。但是苟杳再三恳求，他只好答应，要求苟杳答应一个条件，说成亲后，新娘须先陪我三天。苟杳听后又惊又气，但又没法，只得答应。

过门之后，吕洞宾把新娘安置在自家的新房中，责令苟杳三天内不许进入新房同居，苟杳只得照办。三天期间，他每夜通宵达旦在隔壁书房里读书。到了第四天，苟杳终于和新娘见了面。新娘感动地说：“郎君真是用功啊，新婚宴尔也不忘读书。三天都是埋头读书至天明，偏让我独守空房！”

苟杳不觉一怔，忙问：“这几天吕兄从来不曾打扰过你?”新娘说：“没有。他说你将进京赶考，叫我不要打搅你。”苟杳听了这才醒悟，原来是吕洞宾以此告诫自己莫因成婚而误读书。于是他更加发奋苦读，不久，终于考取功名做了官。

世事难料，几年后，吕家不幸失火落难，吕洞宾便去找苟杳求助。苟杳只是将吕洞宾留宿在家中，天天设宴相待，却半点都不谈资助之事。一个多月过去了，吕洞宾断定苟杳是个忘恩负义之人，于是气愤地离开了苟杳。

回到家乡，吕洞宾老远就看见自己旧址上竟然新屋耸立，妻子正披麻戴孝，扶棺哭丧。吕洞宾愕然，赶紧上前问妻子出了什么事，不料妻子大吃一惊，问他是人是鬼。后来听妻子细说缘由，他才明白过来。

原来，吕洞宾离家不久后苟杳就派来一群人，不由分说，要为他家盖房。这不，前天刚完工。昨天又来了几个人，抬着一口棺材，说吕洞宾得了霍乱而死，还说不能开棺，要传染，放下棺材就走了，因此哭丧。

吕洞宾大怒，操起利斧，劈开棺材，只见棺材里摆满了银子，里面还有一张纸条，上写："苟杳不是负心郎，棺送金银家盖房。你让我妻守空房，我让你妻哭断肠。"吕洞宾看后恍然大悟，哭笑不得。

此事不胫而走，因谐音缘故，民间将"苟杳吕洞宾"误传成"狗咬吕洞宾"了。

掼锣柱

人们常将为一点小事，或做事发生矛盾而中途洗手不干的人，称为"掼锣柱"。常曰："该人掼锣柱勿做嘞！""有事可商量，咋好半发冷打掼锣柱呀？""事情刚做一半，其要掼锣柱，咋弄弄？"

"锣柱"即打锣的棒槌，舟山方言称锣槌为"锣柱"。在民间，每逢婚丧嫁娶、出会开道或村里开会都要打锣，尤其是演戏，锣是必不可少的打击乐器之一，而打锣的人当为重要之角色。但就在正需要其渲染烘托热烈紧张气氛时，打锣的因受什么委屈或指责，甩掉锣槌不干了，锣声戛然而止，戏也就演不成了。尽管敲锣并非什么绝活，但在这种紧要关头，即使有人顶上去也会造成很大的不良影响，倘若无人顶替，那事情可就闹大了。人们称这种现象叫"掼锣柱"。"掼锣柱"实质上是一种要挟、故意刁难的行为。

此话用于日常生活中，泛指那些为一点小事，或发生矛盾而中途甩手不干的人。并告诫人们，做任何事都要善始善终，生活中难免有各种矛盾和不称心的事发生，倘若老是为一些小事而甩手不干，那就什么事也做不好做不成。有事可商量，绝不能因一些小事而影响大局，否则没人敢跟你合作，千万要不得。

横 对

舟山方言常将不讲道理，不听劝告，一意孤行，倒行逆施，不按规则、规律办事的人，称为“横对”。常曰：“该人勿讲道理，横对！”“该人横对，讲勿灵清。”“侬讲闲话老是横对。”

“横对”有执拗、专横、叛逆、犯规、超常等义。按世人传统思维方式，凡事都有顺逆横竖之分，都有其一定的规则和规律，按照规则办事，方能求和、求全、成事，俗谓“没有规矩，不成方圆”。山脉河川多为东西走向，连海水也有顺逆之分，所谓顺风顺水，否则便为逆流，产生旋涡。顺其自然，按规则办事，安分守己，则天下和谐太平，此乃普通百姓的传统文化理念。

顺与逆为对应，纵与横为对应，纵为顺，横为逆，“横对”则为叛逆、犯规、专横、横行、倒行逆施、卓立不群。生活中，人们常以此来指责那些不讲道理，不按规则办事，一意孤行，倒行逆施的人。同时也告诫大家，做事千万不可“横对”，否则就会乱套，于人于己于事都不利。

齁 煞

舟山方言常将吃东西狼吞虎咽、生怕被人抢去，或做事急急忙忙、迫不及待之状，称为“齁煞”。常曰：“慢慢吃，齁煞介作啥啦?”“侬走介快，齁煞介作啥去啦?”

“齁”，鼻息声，齁声，本义为吃太热、太冷或太咸、太甜的东西，使喉咙感到不舒服、很难受；“煞”，即极、很、非常之义，其组词有奔煞、极力煞、皮煞、快活煞等。舟山方言将“齁”与“煞”结合，意为吃饭、做事极快，迫不及待。此话带有夸张成分，但要的就是这个效果。它同时在警示人们：有些事情没必要“齁煞介”，饭得一口一口吃，路得一步一步走，过分急于求成，急功近利，则往往物极必反，事倍功半。

候眉候毛

人们常将事情做得很准确，或某样物件长短、宽窄一丝不差，安上去后很服帖，称之为“候眉候毛”。常曰：“崭足嘞，候眉候毛正好！”此话与另外几句方言“克眉克毛”“擦眉擦毛”“候缝候卯”有相似之处，只是语境不同而已。“克眉克毛”指的是器物的计算，“擦眉擦毛”指的是物件的间距，“候缝候卯”则指物件的紧密程度。

此话由孩子们一起比身高引申而来。在日常生活中，大人们常会令年龄相仿的两个孩子站在一起比身高。方法是两人对面而立，二头相碰，以眉毛作为裁别身高的依据，看谁的眉毛高过对方。若两人眉毛相平，则称为“候眉候毛”。此话用于日常生活中，语境逐渐扩大，将两件一样大小、一样齐整、一样准确无差，或正好相同相仿的物件，称为“候眉候毛”。

胡说八道

人们常把没有根据、不负责任乱说一气的言论和评价，称之为“胡说八道”。为何把没有根据、乱说一气的话，称之为“胡说八道”?

“胡说”一词关键是语中的“胡”字。“胡”，指“胡人”，中国古代对西、北部少数民族的称呼。东晋之后，鲜卑、匈奴等少数民族统治中原地区(人们称这一时期为“五胡乱华”)。“胡人”尽管文化较为落后，但军事力量很强。因晋王朝腐朽，被他们打进中原，并赶走了西晋统治者。“胡人”主宰中原，给中原地区带来了很大的混乱。由于以前汉族统治者说话、办事都以孔子的学说为依据，即非礼勿言、非礼勿行，而胡人却不管这一套，完全按照自己的意愿行事，而且“胡人”说的话，汉人往往都听不懂，因而，汉人把“胡人”说的话和没有礼法的言论，称之为“胡说”，把“胡人”做的事和没有原则的闹事叫作“胡闹”。“胡说”者，胡人之说也；“胡闹”者，胡人闹事也。后来人们用“胡说”“胡闹”来泛指没有根据的言论和没有原则的闹事。

“八道”一词源于道教。道教追求的是长生不老与得道成仙，但要达到这个目的必须经过八个阶段，俗谓“八道”。“八道”，一为“入道”，进入道门；二为“学道”，学习修道的理论和方法；三为“访道”，对道的研修或请高道大德加以指点；四为“修道”，修炼专研道行；五为“得道”，通过修行参悟，使自己的道行日益高深；六为“传道”，不仅要个人修持还要普度众生进行传道；七为“了道”，通过上述修道终于脱胎换骨完成修道过程；八为

“成道”，就是升入天界成为神仙。

人们将“胡说”与“八道”两词合成，意为“胡人”说的话听不懂，“胡人”讲解的“道经”不可信，泛指没有根据、不负责任乱说一气的言论和评价。

花头百簇

舟山民间常将做事过分讲究，夸张，故弄玄虚，讲话花言巧语，不诚实的人，称为“花头百簇”，也作“花头百出”。常曰：“该人花头百簇，事体咋介多!”“介简单一样事情，弄得花头百簇，介复杂!”

“花头”指花纹，花朵，花招，也指妇女头上戴的装饰品，以及新奇的主意和办法。《全唐诗·撷芳》：“风摇荡，雨蒙茸，翠条柔弱花头重。”苏辙《次迟韵千叶牡丹》：“濮上名园似洛滨，花头种种斗尖新。”叶玉森《印度故宫词》：“花头蛮髻司香女，能作笼鹦鸣咽语。”章炳麟《新方言·释言》：“今人谓人狡狯弄术曰起花头。”“百簇”指众多花朵集成一簇。“花头百簇”谓各种花朵、主意、办法集聚，多得不得了。生活中，人们以此作比拟，指责那些过分讲究，故弄玄虚的人和事。此话与另几句俗语有相同之义，如“花样经介多”“花头多勿过”“花头透猛”“花头朵打朵”等。

还愿心

人们常将做事不认真，心不在焉，敷衍了事，得过且过的人和现象，称为“还愿心”。常曰：“该事体咋弄勒这套啦，还愿心介。”“侬作业介快就做好啦，在还愿心啊。”

此话由拜佛还愿引申而来。舟山民间多信佛，如家遇病痛之人或有为难之事，就会到佛前叩拜许愿，祈求菩萨保佑。许愿后若实现心愿，当去佛前还愿，以示感谢，人们称为“还愿心”，也叫“还愿”。在实际中，许愿时大多比较重视、虔诚，待事情实现后，还愿则比较随便，敷衍了事，不像许愿时那样重视，故有“还愿心”一说。

生活中，人们以此作比拟，埋怨做事不认真，多指小孩做事做作业马马虎虎，心不在焉，意谓只是在替老师或家长做，犹如拜佛还愿一样，了却心愿而已。

晦　气

人们常将遇到不顺心、倒楣或不吉利的事情，称之为“晦气”，或谓“真晦气”“晦气足了”。

“晦气”一词源出一个厨师的名字。传说有个名叫晦气的厨师，烹饪手艺很高，远近闻名，请他去办喜筵的人络绎不绝。晦气见请他的人多了，价格也随即提高，并逐渐养成财大气粗的派头，通常是不管场合或忌讳，遇到稍有不称心的事，就指桑骂槐横加指责，经常闹得人家很不开心。

有一次，有位郭员外的儿子办婚宴，便请他去主厨。郭员外知道晦气有不良习性，特关照晦气说：“如果你把筵席办得称心如意，我将付给你双份工钱。”

迎亲这天，郭家宾客盈门，高朋满座。花轿刚一落地，顿时爆竹齐鸣。没想到爆竹声惊吓了卧在门旁的一只狗，狗就猛地往厨房里蹿，把正在桌下啄食的一只公鸡惊飞了起来，公鸡跳上放满菜肴的案桌，把桌上的菜肴全给打翻了。

晦气一看忍不住了，跑出厨房冲着众多宾客大声叫骂：“这是谁家的丧家犬呀，惊飞了这只短命鸡，把我准备好的一桌菜全打翻了，真是活见鬼啦!”

正在迎亲的亲朋好友们，被他这么一嚷，全都没了兴致，个个目瞪口呆地看着他。郭员外忍气吞声地走到晦气的面前，长叹一声：“晦气呀晦气，有什么话你好好说，为啥偏要说这些不吉利的话？你这个晦气啊!”从此，“晦气”一词就这样流传开来。每当人们遇到不顺心或不吉利的事时，就会说“晦气!”“真晦气!”

虮子里挑骨头

舟山方言常将做事特别爱挑剔，善于精细计算、斤斤计较的人，称为“虮子里挑骨头”，也称“虮子里算出骨头来”。常曰：“该人咋介计较，虮子里挑骨头!”“该人真精明猛，虮子里算出骨头来!”“介好东西，侬是故意虮子里挑骨头！”

“虮子”为虱的卵，极小，通常用肉眼很难看见，即使放在桌子上也不易找到。此话与“鸡蛋里挑骨头”同义，但鸡蛋里有蛋白、蛋黄、蛋清，用肉眼便可看出，当然骨头是绝对挑不出来的。而一粒小到连放在桌子上都不易找到的虮子，还能挑出骨头来吗？连虮子都要挑出骨头来，可见这个人精细计较到了极点。

将息

舟山方言常将休息、调养称之为“将息”。常曰：“这几天旺没事体做，每日在屋里将息。”“侬身体勿太好，要多将息。”“侬将息将息会好咯。”“我最近每日将息大腿啦！”“阿拉是脚娘肚当米缸，将息勿起！”“将息身体，难为肚皮。”此话多出于老人之口。

“将息”即休息、调养、保养，还有珍重、保重之意。身体不好，大病初愈，或心情不好，心烦意乱，都需要好好将息。在人们心目中，将息是一帖良方，对什么病都有疗效，即使没病，调息休整一下也好。但对于普通百姓来说，“脚娘肚当米缸”，一天不干活一天就没饭吃，一点小病也不会因此而将息。而且将息需要时间，得有条件，不愁吃不愁用，温饱有余，才有资格“将息”。无病无痛，无故休息、休养，对于百姓而言，也是一种奢侈，俗谓“将息勿起”。

解手、方便

人们习将上厕所大小便，称之为“解手”，或谓“方便”。常曰：“我去解个手。”“我去方便一下。”

上厕所大小便，为何称“解手”“方便”？此话的由来还有个故事。明洪武、永乐年间，许多省份有地广人稀、地少人多的现象，因此太祖、成祖多次下令，将人多之地的人民，移往人稀之地。但人有安家落户之习性，谁也不愿离开土生土长的家乡，移居到陌生之地重新开疆创业。那时的山西洪洞、临汾、蒲绛等地人口稠密，官府便启动了往河南、山东、河北、陕西等地的移民活动。每次迁移，均以万户计，携家带眷，狼狈不堪，途中每每有人逃亡。为了防范百姓逃走，押解的官吏就把他们的手用绳索捆绑起来，挽结串联，鱼贯而行。旅途漫漫，动辄数月。移民大小便时，就得请求官吏，把捆绑手臂的绳索解开，以方便大小便。便后，再重新捆绑。时间一久，移民要求大小便时，便会向官兵呼叫："请方便一下，我要解手！"自此，"解手""方便"二词就沿用下来，分别成了"上厕所"的代名词。

伽　人

舟山方言习将大人欺侮小孩，人多欺侮人少，或不讲理，以权压人，以势欺人的人和行为，称为"伽人"。常曰："其伽我！""侬伽其。""侬介大人莫伽其。""侬以为人多就好伽人啦?""伽人也勿是这种伽法耶！""侬伽我娘家旡人啊！"

"伽"，形声，从人，加声。"伽"是"欺压"二字的合音字，如把"欺压"二字念快，即成一个"伽"音。舟山方言以"伽"代替"欺压"，不说"欺压"而说"伽"。可见舟山方言的典雅、文明。

纠　作

舟山民间常将性格固执，做事黏黏糊糊，纠缠不休，或打扫卫生、料理家务，称为"纠作"，也作"周折""究作"。此话常出于老年妇人之口。

"纠"，即缠绕，纠缠，纠结，纠集，反复。"作"有撒娇，作刁，作难，折腾，无理取闹之义。舟山方言将"纠作"两字合成，示事态复杂，许多问题纠集在一起，难解难分，不好处理，且反复、没完没了地纠缠某事，欲罢不能。"纠"加"作"，可谓雪上加霜，遇上这等事，当为让人头痛，难以承受和处置。在日常生活中，此话有两种含义，既可作指责训斥解，又可作从事某种工作解。如遇到小孩黏糊不清、纠缠不休的行为时，就会说："小娘哎，侬甮纠作嘞！""该小娘疙瘩婆婆介，拨侬纠作煞嘞！"而遇到家里刚吃完饭，桌上或室内需要清理打扫时，则会说："桌凳上一塌糊涂，我纠作一下。""屋里厢河白烂摊，我再纠作纠作！"都说方言俚而不文，此话则俚而有文，俗而含雅，而且烦中求简，虚中带实，足见舟山方言之特色。

快 活

舟山方言习将没事做，休息，称之为“快活”，也作“快话”。常曰：“最近呒没事体做，每日快活。”“呒没事体做，快活煞了！”

此话出自白居易《快活》诗：“可惜莺啼花落处，一壶浊酒送残春。可怜月好风凉夜，一部清商伴老身。饱食安眠消日月，闲谈冷笑接交亲。谁和将相王侯外，别有优游快活人。”舟山方言“快活”，并非指干活很快，也非指生活过得很快乐、喜悦、兴奋、愉快，而是指休息，没事可做。说是“快活”，实为一种反义，自我安慰，语中存有忧虑、忧愁、烦恼、感叹之义。试想，对于一个“脚娘肚当米缸”的普通百姓来讲，没事可做，每日休息，能快活、高兴得起来吗？有句民谚云：“快活身肌，难为肚皮。”便是最好的注脚。

老大多敲糊船

舟山民间常将做事人杂主见多，七嘴八舌，争强好胜，都要显示自己的能力和主张，没有主心骨，结果把事情搞砸了的现象，称为“老大多敲糊船”，或谓“老大多要翻船”。

“老大”，即船长，渔船上的指挥者；“敲糊”，即“敲碎”“敲破”，船撞礁石或滩横的意思。此话由渔船在海上作业引申而来。渔船在海上抲鱼或航行，所有活动都要听从老大的统一指挥，这已成为一种铁定的纪律和规矩。倘若一条船上有多位老大，那么这些老大们必定各持己见。特别遇到海况复杂区域或台风来临之际，这个要往左，那个要往右，这个要拢洋，那个要撒网，弄不好就会搁礁或翻船，最后导致船毁人亡。

生活中，人们以此惨景和教训作比拟，意谓做任何事，尤其是较为重要或棘手的事，必须要选出一位领头负责人，防止“七嘴八舌”“三爹六主意”，否则就会船毁人亡，达不到预期的目标，把事情搞砸了，甚至会造成严重的后果。

老门槛

人们常将门路广、人头熟，办事很有经验，或对所办之事需从何入手，要通过哪些关隘、手续等都了如指掌、应付自如的人，称为“老门槛”。而对于处世做人经验丰富，出手很紧，从不上当受骗的人，则称为“门槛精”，或谓“门槛贼精”。常曰：“该人老门槛啦！一点勿吃亏。”“其门槛精猛！”“该人门槛贼精！有点啥事体头就缩进。”

“门槛”即门框下端紧贴地面的横木条或石条，也称“地栿”，引申指诀窍或会精打细算占便宜的本领。“老门槛”意指熟悉衙门、官宦、富豪、乡绅家门槛的人。旧时，民间要处理一些事情，都须经官府或地方富豪、乡绅来解决，普通百姓因不熟悉门路没有经验，恐事情处理不当，于是就要委托熟悉这方面，有经验，经常出入这些官衙、富豪、乡绅家门槛的人帮助解决，人们称这种人为“老门槛”。此话运用于日常生活中，语境有了进一步的拓展，泛指那些处世做人经验丰富，出手很紧，从不上当受骗的人。

立逼火急

舟山民间常将一刻也不能耽误，逼着对方立马把事情办妥，或逼着对方有个说法、交代和承诺，称为“立逼火急”。常曰：“该事情立逼火急，叫我有啥办法！”“侬立逼火急等着要，叫我到那里去借介多钞票?”“侬立逼火急作啥？我现在吭没空。”

“立逼”，即站立着逼人办理事情，一点都没有商量、通融的余地；“火急”，即像救火一样紧急，一刻都不能耽误。舟山方言“立逼火急”，意谓这事必须立即办理，刻不容缓。此话通常属于被动状态，往往是出自被逼者之口，是一种无奈情形下的搪塞之辞。在日常生活中，“立逼火急”的事确实很多，大的有以下几种：一是讨债，期限已到必须归还，否则要抢货抢人，以物抵债；二是索租，官府急索租或租期已满，否则要停租或以货物抵租；三是纳税，官府重税或缴税期限已到，否则要没收财物或加倍罚款；四是绑架人质，限多少时间内重金赎取，否则就“撕票”；五是抢险救灾，如不及时救助，就会有生命危险。小的事则比比皆是，当视每个人的性格而定，性情急躁的，无论大事小事，不管什么场合，吵着非要你马上办理不可，也属

“立逼火急”范围。常曰：“该事情侬立逼火急，我一眼呒没思想准备。”“侬立逼火急，逼煞人命介作啥?”

镂根刮髓

舟山方言常将为弄清事实真相，刨根问底到处查找原因，以求彻底明了，或为明白某事，千方百计打听询问该事的缘由，称为“镂根刮髓”，也作“镂根挖髓”。常曰：“该人镂根刮髓，查了介多日子，事情还没弄清爽。”“侬镂根刮髓，查查问问作啥啦!”“该事体呒没必要缕根刮髓查落去。”此话与“刨根问底”有相同之义。

“镂根”，即刨根，掏根，把根系从土里镂出来；“刮髓”，即削刮，刮骨，将骨头里的骨髓刮出来。镂根刮髓，泛指那些刨根问底，千方百计弄清事实真相的人。在日常生活中，此话虽过于夸张，但语意中折射出一种细致、周密、苛刻的程度。同时也提醒人们，有些小事没必要太“镂根刮髓”。

门当户对

舟山民间对男婚女嫁条件的一句俗语，即指男女双方家庭条件、身份、地位都比较相同、合适。常曰：“该两户人家门当户对，相当匹配，好足嘞!”

何为“门当户对”? 其实，“门当”与“户对”是古代大门建筑中的两个重要组成部分。“门当”是指在大门前左右两侧相对而置的一对呈扁形的石鼓，因为鼓声宏壮威严，声如雷霆，人们认为其能避邪；“户对”是指位于门楣上方或门楣两侧的圆柱形木雕或砖雕，由于这种木雕或砖雕位于门户之上，且为双数，有的是一对两个，有的是两对四个，所以称为“户对”。 用木雕刻的“户对”位于门楣上方，一般为短圆柱形，与门楣垂直；而用砖雕刻成的“户对”则位于门楣两侧，上面大多刻有“福禄寿喜”等字样，或以瑞兽珍禽为主题的图案。根据建筑学上的和谐美学原理，大门前有“门当”的宅院必有“户对”，所以，门当、户对常常被同呼并称。又因门当、户对往往刻有适合主人身份的图案，且门当的大小、户对的多少又标志着宅弟主人家境势力的大小和高低，所以，门当和户对除了有镇宅装饰的作用，还是宅弟主人身份、地位、家境的重要标志。

如今，“门当户对”已被引申扩大到双方的家庭经济条件、文化程度、个性爱好、年龄等诸多方面都比较相同、匹配、合适。

磨洋工

人们习将做事消极怠工，出工不出力，敷衍了事的人和现象，称为“磨洋工”。常曰：“侬做事体老是磨洋工。”“该东西等着要用，莫磨洋工啊。”

“磨”即“磨蹭”“拖延”的意思，“洋工”即为“洋人”做的一般工作或工夫。此话源自旧时的房屋建筑，最初并不是指磨蹭怠工的意思。中国旧式的官宦人家房屋建筑，都用砖块垒砌而成，并讲究“磨砖对缝”，这是房屋建筑中不可缺少的一道工序。因此，专门对砖墙进行表面打磨的工人就应运而生。

1917 年至 1921 年，美国用清政府的“庚子赔款”在北京建造协和医院。建筑质量要求很高，外观上采用中国传统的磨砖对缝、琉璃瓦顶形式。由于这项工程是由外国人出资、设计和监工，而国人习惯将外国货称为“洋”货，故将参加这项工程负责磨砖的“磨工”称之为“磨洋工”。此话流传开来，语境逐渐扩大，成为日常生活中消极怠工、出工不出力、敷衍了事的代名词。

拿　话

舟山方言习将聚在一起玩耍、游戏、没事闲聊嬉闹，称为“拿话”。此话与上海话“白相”一词有相同之义。“白相”以说话作游戏解，意为相互说白、游戏。而舟山话则以“拿话”作游戏解，如大人们有事商量，不希望孩子们在身边碍事，常会令孩子到别处去“拿话”，或许多人聚在一起没事闲聊嬉耍也称之为“拿话”。

“拿”字含义丰富，既可作手握物件解，又可作强制之义解，还可作领取、假装、刁难之义解。“话”即说出来能表达思想感情的声音，且每一种话，都有其不同的语气、表情和行为。

游戏是由行为和语言组成的，通过游戏可学习掌握各种知识、技能和体能，故家长们通常都会让孩子通过游戏来提高各种能力。舟山方言将“拿”

与“话”合成一词，以“拿话”作游戏解，比上海话“白相”更富内涵。如“排排坐，搭麦果”“噼噼拍，打大麦”“跌跌扳扳，扳过南山”等游戏，都是“拿”与“话”、行为与说话的结合。可见“拿话”一词的精辟。

男怕入错行，女怕嫁错郎

舟山民间男求职业、女嫁丈夫的一句俗语。“男怕入错行”中的“行”，指行业，也泛指从事的职业；“女怕嫁错郎”中的“郎”，指丈夫。意思是：男人一旦选错了职业，就会影响他一辈子的发展；女人如嫁错了丈夫，就会影响她一生的快乐和幸福，为此都要格外谨慎。

一个人选择什么样的职业，对其一生的影响至关重要。选择一个自己喜欢，又能发挥特长而很有前途的职业，事业就多了很多成功的机会。“男怕入错行”确为至理名言。

一个女人如不幸嫁了一个不肖之子或轻狂之徒，她的一生就会毁掉，永无出头之日。因旧时要求女子“从一而终”，“嫁鸡随鸡，嫁狗随狗”。只有丈夫休妻，不可妻子弃夫。一旦“嫁错郎”，就等于是掉进了深渊，再也难回头。此话可谓中肯、实在。

女大十八变，越变越好看

这句话的一般理解是：年轻的妙龄女子，容貌会变得越来越好看。其实此话的真正含义并非如此，句中的“十八”，不是专指年龄，而是指变化之数，意谓少女面貌多变。但多变为何以“十八”称之呢？

剖析其义和由来，与《易经》中的“十有八变而成卦”的学说有关。传说周文王被囚时发奋专研，将八卦中的两卦相叠，进行组合排列，演化为六十四卦，三百八十四爻，并依此推测自然和社会的变化，证明阴阳的相互作用是产生万物的根源。由于爻卦的相互组合，变化多端，六十四卦中，每卦都有十八次变化，故胡朴安《俗语典》云：“凡事物之多变者，俗并以十八言之。”

由此可见，十八乃是一个套数，一种庄严又微妙的形象，一种非人力所示现的神变。

三个臭皮匠，顶个诸葛亮

这句话的意思是说，把三个普通人的智慧集中起来，共同出谋划策，可以抵得上一个诸葛亮。

此话源自古代做鞋子的过程。古代的鞋子鞋面上常有一道突出的“梁”，俗称“鞋鼻梁”，用以缝缀鞋面。如这双鞋是用猪皮制成的，那这道突出的“梁”就被称为“猪革梁”。无论是新做鞋子，还是旧鞋子，“猪革梁”坏了，鞋子就会裂开不能穿了，这时就要请皮鞋匠去修，或者重新做。由于当时没有专门的鞋厂，通常做一双新鞋或修补“猪革梁”，要经过三道程序，即由三个皮鞋匠才能完成，所以人们称它为：“三个臭皮匠钉个猪革梁”。因“钉”与“顶”同音，“猪革梁”与“诸葛亮”又是同音，后来，逐渐讹变成为“三个臭皮匠，顶个诸葛亮”了。又因为皮革加工所发生的臭味，故称皮鞋匠为“臭皮匠”。

三句话勿离本行

这是一种自然成习惯的现象写照。生活中，当一个人做一项工作时间久了，在日常交谈中就会不自觉地涉及有关本职工作的内容，人们常将这种现象称为“三句话勿离本行”。

此话的由来还有个故事。相传很久以前，一个村子里住着厨师、裁缝、拉车的、撑船的四个能说会道的人。为此，村里如遇到什么纠纷之事，人们就会请他们去调解说和。

一次，有户人家闹分家，便请他们去调解。俗话说“清官难断家务事”，四人意识到此事较棘手，便先到厨师家碰头想法子。厨师先发言说：“我们要快刀斩乱麻，不能锅碗瓢勺的分不清。”裁缝说：“这事不能太偏急，得一针来一针去，针过去了，线才能过去。”拉车的接着道：“其实也不难，前有车，后有辙，别太出格就行了。”撑船的听得不耐烦了，说：“哎呀，别啰哩啰唆了，船到桥头自会直，到时候见风使舵再说吧！”

这时，厨师的媳妇在一旁听罢乐了：“你们几个真是三句话不离本行，买什么的吆喝什么。”她的话刚说完，四人看着她顿时大笑着道：“你说我们三句话不离本行，你自己不也一样吗?”原来，厨师的媳妇是个做小买卖的。

从此，这句话就一直流传至今。

三十年河东，三十年河西

人们常把事物变迁、贫富更替、兴衰无常的现象，称为“三十年河东，三十年河西”。

此话源于古代两个村庄兴衰的故事。从前有两个毗邻的村庄，中间隔着一条河流，河东面的叫河东庄，河西面的叫河西庄。

河东庄是个富村，住的多是富户，深宅大院，日子过得很安逸、富足。有人问他们是哪里人，他们都会自傲地说：“河东庄的!”

河西庄住的多是穷人，他们大多为河东庄打工，住的虽是土房草舍，但很注重对孩子的教育，再穷再苦也要供孩子上学读书。不久，这些孩子中终于有人考中了状元，当上了大官。

村中的河水还是三十年如一日地流着，河东庄的人因骄奢淫逸，变成了穷庄；而河西庄因奋发图强，勤俭持家，做官的做官，做生意的做生意，日子过得红红火火。

一位河东庄的老人目睹了两个村三十年的变化，心中百感交集，由衷地感叹道：“富贵不是常青树，贫穷不能穷到底。三十年前富河东，如今变成了穷河东；三十年前穷河西，如今变成了富河西。真是三十年河东，三十年河西啊!”从此，“三十年河东，三十年河西”这句话就在民间流传开来了。

伤阴骘

舟山方言常把暗地里算计别人，或违背天理常伦，做出缺德或伤天害理的勾当，致使他人因此而陷入困境与灾难，称为“伤阴骘”。

“阴骘”一词出自《尚书·洪范》“惟天阴骘下民”，意谓上天默默地安定护佑下民。“阴”即不光明、不光彩、不宣扬，“骘”即安定、安护、稳定。“阴骘”是“阴功骘德”的紧缩语，反之，谓以“伤阴骘”。

“伤阴骘”在舟山人的日常生活中使用概率很高，如有人做出违背天理伦常的事，旁人就会谴责：“罪过罪过，伤阴骘啦!”“这事体咋可介做？要伤阴骘咯!”“做人要凭良心，勿好做伤阴骘的事!”甚至有人打死了一条蛇，人们也会叹息："唉，罪过啊，伤阴骘啦！"可见人的本性与善良。"伤阴骘"是人们内心的一种谴责和行为的约束，期望多行善少作恶。在人们的意念中，凡事均有因果，违背天理伦常、丧尽天良与阴骘的人一般都不会有好结果，可谓善有善报，恶有恶报。

上轿穿耳朵

舟山民间常将做事不预先准备，临时抱佛脚，未能未雨绸缪，耽误正事的人和现象，称为"上轿穿耳朵"。常曰："该事体咋老早勿准备好，上轿穿耳朵来勿及嘞！"

此话源自旧时女孩的穿耳洞。旧俗中，女孩通常在十岁左右就在耳垂上穿好耳洞，以便长大出嫁时戴上耳环。穿耳洞一般都请福寿双全的老太太来施行，时间大多选择在每年的立夏那天，一边吃蛋一边穿。据说立夏这天穿耳洞，新肉较容易长出来，耳洞不易感染。穿耳洞前，先将女孩的耳垂揉捏软了，穿时叫女孩咬一口蛋，趁着女孩吃蛋分神的瞬间，一针戳穿耳垂，干净利落。说也怪，穿时不觉疼痛，甚至不流血。然后用一根极细小的木条或竹签插入针眼，使耳洞在伤口愈合之中形成。按旧俗，小姑娘在未出嫁前是不能戴耳环的，只有成为他人之妇后，才可以戴耳环。

生活中，人们以此作比拟，意谓做事也要像穿耳洞一样，要预先做好准备，等到了上轿时才穿耳朵，已为时过晚，来不及了。

师父领进门，修行在个人

这句俗语的意思是，要想在学识、品行和技艺等方面学有所成，取得骄人的业绩和成就，除了师父的指导外，更重要的是靠个人的"修行"。

"修行"一词，原是佛教用语，宗教信徒出家，寺院里的师父就会帮助决心出家的人完成剃度，这样就算是把徒弟领进门了，进门后就是诵经礼佛和参禅悟道了。

师父教授徒弟，总是将自己掌握的知识或技艺尽可能地传授给他的弟子，尽到为师的责任。然而，即使有再好的名师，徒弟不好好学习也是无法成为高徒的。所以人们常说"师父领进门，修行在个人"，也就是说要想大彻大悟，修成正果，个人就要努力，刻苦学习，掌握师父教给你的技能和本领。

生活中常会看到这样一种现象：几个人或许多人同拜一个师父，都在同一个师父的指导下学习，但每个人的学习成绩却不完全相同，必然出现优劣之分，高低之别。有的人由于刻苦钻研，不管遇到任何困难，都能不屈不挠，永远不满足于现状，总是精益求精，最后成绩显著，成为佼佼者，甚至是“青出于蓝而胜于蓝”。而与此相反的是，有的人不踏实又不勤奋，结果总是虚度年华，平庸无奇。

出于同一师门，学习成绩却不能相提并论，究其原因，除个人的素质、智力和悟性等因素外，关键在于个人修行的程度，也就是所谓的决心和毅力。常言道：一分耕耘，一分收获；十分耕耘，十分收获。耕耘与收获永远是成正比的。

死马当作活马医

人们常将那些已经没有希望的事，再作一次最后的努力和挽救，寄希望于万一和奇迹出现，称为“死马当作活马医”。常曰：“该事体看来是呒没办法呐，只好死马当作活马医，试试看。”此语出自古代一个有趣的故事。

晋朝有个叫窦固的大官，喜爱宝马，他有一匹骏马，日行八百，神骏异常，他认为天底下再也找不出第二匹这样的马了，为此倍加珍惜，钟爱之至，常常叫下人像服侍老爷一样服侍它。

谁知有一天，这匹马突然病了，窦固整日寝食难安，坐卧不宁，四处请来名医诊治，但最终马还是死了。他痛惜万分，便向下人嘱咐道：“这几天我心里不痛快，谁来拜访我都不见。”

这时有个名叫郭璞的人，擅长投机取巧，听说这件事后，认为发财升官的机会到了，便直奔窦府，说自己有办法医活这匹马，让门卫通报一声。门卫通报进去，窦固说：“马都已经死了，怎么可能医活？这人肯定是个骗子，叫他赶紧走。”门卫告知郭璞，说老爷不想见你，快走吧。他硬是不走，说一定要面见窦固大人。

窦固见郭璞不肯走，便走出来半信半疑地对郭璞说：“死马当作活马医嘛，不妨让他试试。”并问郭璞有何良方医治这匹马。郭璞开门见山地说：

“此去东门外三十里处有座小山，山上树林密布，你叫一帮人到山上敲锣打鼓，到时会撵出一只像猴一样的动物，然后把那个动物活捉来，我就有办法医活这匹马。”

窦固立刻派了几百兵丁照此方法前去捉拿。不到一袋烟的工夫，便将那只动物捉来了。郭璞让众人围绕死马站成一圈，然后放出那猴样的动物。此物一见死马，就立即扑上去吸马的鼻孔，直吸得啧啧有声。不一会儿，地上的那匹马突然一跃而起，完全像没病过一样。众人看了好生惊奇，都前来抚摸这匹宝马，猴样动物趁众人兴奋之际逃走了。

窦固见死马活了过来，又惊又喜，立即重赏郭璞。从此，这件事就在民间传开了，“死马当作活马医”便成了人们广为流传的一句俗语。

台上十分钟，台下十年功

人们习将不辞艰苦辛劳，通过数年不懈努力获得成功的事例，称之为“台上十分钟，台下十年功”。意谓一分耕耘，一分收获，有付出就会有所回报。

此话原是一句戏曲术语，是由艺人的成长过程引申而来。旧时，许多戏曲艺人从五六岁就开始学戏，古人认为这时小孩的经络最软，最容易锻炼。这些小孩跟着师傅学戏，每天从鸡鸣一直练到星斗满天，俗谓“夏练三伏，冬练三九”，无论风雨寒暑，天天都是如此。等到唱、念、做、打、手、眼、身、法、步各种基本功样样俱佳时，才有机会登台表演，而这至少是在十年以后了。所以人们总结出这样一句“台上十分钟，台下十年功”的俗语。

当然，花费这十年的工夫，虽然辛苦，但还是值得的，因为每个演员都不可能是登一次台，以后就不登台了。所以“台上十分钟，台下十年功”还是很有道理的，这“十年功”，换来的是许多个台上的“十分钟”。此话运用于日常生活中，语境逐渐扩大，泛指一切工作都要“练功”，都需从小做起，才能成才，可谓“天道酬勤”“业道酬精”“学道酬苦”也。

抬城隍

舟山民间常将戏弄、开玩笑、恶作剧、互相抬杠、故意起哄的人和现象，称为“抬城隍”，或谓“抬夜城隍”。常曰：“侬抬啥城隍，呒没循规蹈矩!”“抬城隍抬勒呒爹娘监训!”“该人较惯要抬城隍。”

“城隍”，本义是护城河。后来称有水池的城堑为“池”，无水池的城堑为“隍”，通称“城隍”。唐代以后郡县地方皆建立城隍庙，供奉道教神祇，塑像大多着地方官袍服，也有着王侯冠带的。论城隍品级，大抵相当于县令、太守，是一方城邑的最高行政长官。旧时，每个县城都有城隍庙，据民间传说，人死后阴魂先要去城隍庙报到，无论在世人好人坏，一到阴间地府都得挨上一顿杀威棒，只有替城隍神抬过轿的人，城隍神会看在抬轿的份上使其免受棒打。于是在一年一次城隍会庙神坐轿出巡时，就有很多人争抢着替城隍老爷抬轿，争抬的人很多，你挤我拉热闹非凡，于是便有了“抬城隍”的说法。

在百姓的心目中，城隍象征地方的最高权力，具有敬仰膜拜之心。而地方官吏操持着生杀大权，许多官吏贪赃枉法，百姓极为不满，但又不敢正面冒犯，于是便有了“抬城隍”的念头，借“抬城隍”之名，聚众相互戏弄、抬杠、起哄，以示对官吏的不满。“抬城隍”是一种说法，并非真抬，具有“戏狎”轻侮官吏之意，深得民心所愿，于是就在民间传开，广泛引用。

“抬城隍”比较开玩笑更大一点，弄不好会很难堪，造成后果，为一般人所不屑，但抬城隍大多都能引得众人的哄笑和开心。于是，不敢“抬城隍”的人，有时也难免要抬抬城隍。

天要落雨，娘要嫁

这句话意谓做事决心已定，执意不从，怎么劝都劝不住，怎么拦也拦不住，甚感为难和无可奈何。本义是，天要落雨，娘要嫁人，这是谁都阻止不了的事，只能随其而行。同时也告诫人们，无论是做人还是做事，都要遵循事物的自然发展规律，强扭的瓜不甜，有时只能顺其自然，方能得到好的结果。

此话源自一个经典故事。传说古代有个名叫朱耀宗的读书人，他天生聪慧，满腹经纶，进京赶考高中状元。皇上见他不仅才华横溢，而且长得仪表堂堂，便将他招为驸马。按惯例，状元及第又驸马加身，要还乡光宗耀祖告慰父母。临行前，朱耀宗向皇上告假并奏明皇上，说自己幼年丧父，母亲养大自己不容易，请求皇上为多年守寡不嫁的母亲树立贞节牌坊。皇上高兴地应允了他的请求。

回到家后，当朱耀宗把树立贞节牌坊的事告知母亲后，原本欢天喜地的母亲立时露出了为难的神色。朱耀宗大惑不解，惊愕地问："娘，您老哪儿不舒服？"许久，朱母为难地说："儿呀，这贞节牌坊千万不能立，娘要改嫁。"

"改嫁，您要嫁给谁？"

"你的恩师张文举。这么多年来，是他的精心培育，才使你考中了状元。又是他无微不至地关心我，照顾我……"

毫无思想准备的朱耀宗顿时慌了，"扑通"一下跪在娘亲面前，说："娘啊，这可万万使不得，您改嫁叫儿的脸往哪儿搁呀？再说，这欺君之罪是要杀头的啊！"

母亲摇摇头不由长叹一声："那就听天由命吧。"她说着随手解下身上一件罗裙，告诉朱耀宗说："现在你替我把这件裙子洗干净，一天一夜晒干，如果裙子晒干，我便答应不改嫁；如果晒不干，天意如此，你也就不用再阻拦了。"

这一天晴空朗日，朱耀宗心想这事并不难做，便点头同意。谁知当夜阴云密布，天快亮时就不停地下起雨来，裙子始终是湿漉漉的，朱耀宗心中叫苦不迭，知是天意。其母则严肃地对他说："儿呀，天要下雨，娘要嫁人，天意不可违！"

事已至此，多说无益。朱耀宗立马将母亲的婚事禀奏皇上，请求皇上降旨治罪。不料皇上连连称奇，并降旨道："不知者不怪罪，天作之合，由她去吧。"

从此，"天要落雨，娘要嫁"便在民间流传开来，一直沿用至今。

头读拦接

舟山方言常将别人正在有条不紊地工作或处理事务，有人却不问情由、指手画脚地横加评说，或从中插一脚，打乱了别人的工作思路和程序，称为“头读拦接”，也作“头头拦脚”。常曰：“该人晓勿晓得，头读拦接也来插一脚。”“要侬头读拦脚作啥啦，多管闲账！”

此话典出旧时私塾学生朗读课文。每当老师讲完一篇课文后，就会要求学生朗读。当第一个学生开始朗读至课文中途时，老师经常会打断，要求另一个学生朗读，另一学生不是从头读起，而是在头一个学生读到之处接着读，此时老师就会批评指责：“自管自读，头读拦接作啥?”意为从头读起，不要从中拦接。此话用于日常生活中，语境逐渐扩大，泛指不问情由，中途指手画脚横插一杠，打乱别人工作思路和程序的人。

拕人家的手短，吃人家的嘴软

这句话的意思是说，吃了、拿了别人的东西，就会欠别人一份人情，在别人需要帮助时，往往会碍于情面，自己就不能主持公道了。特别是某些掌握权力的人，一旦收受了别人的好处，尤其在一些涉及是非曲直的问题上，就会“理不直，气不壮”，不得不有所暧昧或偏私。

此话源于古代一个送礼巴结的故事。春秋战国时期，鲁国有个相国叫公仪休，人们都知道他平时爱吃鱼，为此，一些别有用心的人都争相送鱼来巴结他。而每次有人送鱼上门时，都被他婉言谢绝了。他的弟子劝他说：“先生爱吃鱼，为何都把他们给回绝了，这也未免太驳他们面子了吧?”

公仪休回答道：“正因为我喜欢吃鱼，我才不能接受别人的馈赠。你想，他们为什么送我鱼，而不送给平时也喜欢吃鱼的张三和李四呢? 因为我是相国，我有权，他们是有求于我才这样做的。哪一天我要是下了台，他们还会送吗?”公仪休继续说：“拿人家的手短，吃人家的嘴软。你要是接受了他们的鱼，在他们有求于你的时候，你就一定会迁就于他们，这一迁就，你就会歪曲法律，会做出违背法律或不公的事情。”弟子听后连夸公仪休想得周到，是自己一辈子学习的榜样。

用今天的眼光看，公仪休的确是个典型的好干部，不“吃”“拿”，不收受别人的东西，能够主持公正，为民办好事。而现实生活中，有些人明明知道这“吃”与“拿”非情非义，只是一种钓饵，却偏偏要上钩，必然就会弄得“手短”“嘴软”，到时候只能被人牵着鼻子走了。

婉　妩

舟山方言常将怕难为情，不好意思，怕害羞的女子，形容为“婉妩”。常曰：“该小娘，介怕婉妩。”“介大人嘞，怕啥婉妩啦。”“该小娘真怕婉妩猛!”

“婉”，本义指身形凹凸有致或虚心待人的女子，引申为柔美、柔顺。“妩”，妩媚、妩丽、妩娇、妍妩，是用来形容女子姿容美好、可爱、柔媚的样子。日常生活中，舟山人在说到“婉妩”一词时，前面总要加个“怕”字。既然是美好的事，为何又要怕呢？通常情况下，怕婉妩的人，大多为情窦初开不常在人前露面的少女，或天真懵懂的小孩，或涉世不深、不善言表的少男。“怕婉妩”实为“怕难为情”。为何难为情？是由于太年轻，缺乏经历、体验和应变能力。这些人大多羞颜未开，且拥有一份青涩、矜持、纯真和含蓄，当遇到既向往又害怕，既想回避又想获得的情景时，生怕隐秘的心理被捅破、被曝光，于是就会满脸通红，显露出娇妩含嗔的情态。此种情景，用“怕婉妩”似乎要比“怕羞”“怕难为情”更为生动而传神。“婉妩”是一种美，“怕婉妩”也是一种美，是一种因为美而感到羞涩的婉妩。此话可谓斯文高雅，颇有古典色彩。

细　碎

舟山方言常将心胸很狭隘，小家子气，凡事总要查查问问，唠唠叨叨，掂斤估两，这也看不惯，那也不顺眼，什么都要管，且什么都做不好的人，称为“细碎”。常曰：“该人细碎猛，拎勿清!”“该人太细碎，凑队勿来。”“该男人像老妘爿介，较惯细碎!”

舟山方言“细碎”，并非指物件的细或碎，而是形容某种人的性格和办事作风。人们以为，物可细碎，但做事不可太细碎，尤其是男人。“细碎”的人看上去很精明，却往往处事不得体，没有大局观，办不了大事。在人们的心目中，精明与细碎有质的不同。精明的人综观全局，有远见，能分辨事物的复杂关系，适时作出对策与反应，细碎的人不看将来，只顾眼前；精明的人胸襟大度，知道利弊得失，甚至可以放弃眼前的利益，细碎的人气量狭窄，遇事总要占点便宜才肯罢休；精明的人算大账，吃小亏占大便宜，细碎的人算小账，贪小便宜吃大亏；精明的人善乘势行事，能办大事，细碎的人爱钻牛角尖，常办坏事。假如是个妇人还好，家务事多，吃喝拉撒样样都得管，“细碎”一点也情有可原。倘若是个男人，则万万要不得，男人一细碎，便办不了大事，被人看不起。俗谓“该人太细碎，做鬼也勿会大”。此话也警示人们，做人勿可太“细碎”，尤其是男人。

闲白食

舟山方言常将无事瞎扯闲聊，遇到正经事却毫无一点办法，光会说或光会吃不会做的人，称为“闲白食”。常曰“只会闲白食，讲起来爹头娘脚样样晓得，死人也会拨其讲勒爬起来。”“快做生活嘞，闲白食介角讲嘞！”“讲讲闲白食，做做眼睛直。”

此话的由来还有个故事。传说有这么三个人：一个风水先生，一个走方郎中，一个游荡闲汉。闲汉没有什么特长，每日好吃懒做，但能说会道，深得风水先生和郎中的好感，于是三人便成了好朋友。是朋友就要聚在一起吃吃饭、喝喝茶，但每次吃完后，闲汉总是抹抹嘴就走了，从来不掏钱，老是吃白食。时间长了，风水先生和郎中就开始讨厌闲汉了，但又拉不下面子赶他走，只好想方设法躲着他。但不管二人怎么躲着吃，闲汉总能找到他们。

一天，风水先生和郎中商议，今天找一个最偏僻的地方去吃，让闲汉找不到。二人来到一个离街较远的小馆子，上好酒菜，快要动筷时，风水先生对郎中说：“今天吃白食的肯定找不到了，不会来了……”话未说完，只见店外一阵风似的走进一个人来，说道：“你们也太不够意思啦，我还没有到，你们怎么就先吃起来了。”说完，入席，拿起筷子就夹菜。二人一看，正是闲汉。风水先生一看，站了起来，用手按住闲汉的筷子说：“别动！今天我们立个规矩。”说完倒了三杯酒，接着说：“今天我来发个令，令中必须有：上下前后左右，有三十六，七十二，不字压底。谁对得上，今天这顿饭白吃，如对不上，这顿酒菜就由他付账！”郎中说：“好！”闲汉不作声。风水先生说：“我先来。我上知天文，下识地理，前有朱雀，后有玄武，左青龙，右白虎，你有三十六种风水，我有七十二种葬法，葬下去坏不坏呢？不！”郎中说：“我来。我上有天竺，下有地符，前有当归，后有陈皮，左心肝，右肺脾，你有三十六种毛病，我有七十二种药方，吃了我的药坏不坏事呢？不！”郎中和风水先生说完，心想，这次闲汉终于被难倒了，这顿酒菜必定由他付了，就对闲汉说：“该你了！”闲汉喝了一杯酒，停了一下说：“好，我来就我来！我上顶青天，下踩大地，前走走，后退退，左张张，右望望，你有三十六种躲法，我有七十二种寻法，寻到了就吃，吃完了出不出钱呢？不！”说完，闲汉大杯喝酒，大口吃菜，酒足饭饱后，嘴一抹就走了。风水先生和郎中呆在那里，你看看我，我望望你，一句话也说不出来。于是，二人为闲汉取了个绰号叫“闲白食”。

“闲白食”也作“闲白舌”“闲白嚼”（闲着白嚼舌头）。舟山方言“食”“嚼”“舌”同音，意思也相同，都是指光会说、会吃而不会做的人。

县官不如现管

泛指官位再高，如自己不在场的话，还不如一个具体的执行者。

此语源于一个传说。古代若想入仕做官，必须要通过考试。有一天，县衙门口贴出告示，说是三月进行乡试，金秋进入会试。告示一出，文人墨客个个摩拳擦掌，想试试自己的运气。

临考前夕，主考的县太爷恰巧病了，便授权给一位叫单涂的主簿行使这一权力。单涂是个贪得无厌的家伙，得到这个差事后，乐得好几天夜里睡不着觉。

开考前，考生们为了取得功名，个个忙着给单涂送钱送礼。

开考那天，一个身穿绸缎、挺胸凸肚的豪门子弟也来报名考试。单涂料定此人是个“铁公鸡”，对那人说：“你是谁，你也不看看这是什么地方？进庙不烧香，菩萨也不会保佑你。现在时限已经过了，明年再来吧！”

那人口气比单涂还大：“你是谁？你又不是县官，你算什么东西！”单涂一下子被激怒了，大声吼道：“我是现管，县官不如现管知道吗？今天老子说了算！滚！”说罢合起花名册，转身就走。

原来那个官豪子弟是县太爷的小舅子，他冲到县太爷家，号啕大哭，把考试的情景向县太爷哭诉了一番。县太爷听了为之愕然，唉声叹气地说：“真是县官不如现管呀！”从此，“县官勿如现管”这句话就在民间流传开来，一直沿用至今。

眼到三快

人们常将做事果断敏捷，争先恐后，眼尖手快，或在众多竞争对手中，争先出手，占得便宜和好处的人，称为“眼到三快”。常曰：“该人眼到三快，活络足嘞！”“做生活要眼到三快，莫磨磨蹭蹭。”“随便做啥事情，都要眼到三快。”此话与“眼快手快”“眼头活络”有相同之义。

此话源自酒席上抢食贪吃的一种不识相行为。旧时，因生活艰苦，平时家里吃的多为粗茶淡饭，很少有鱼肉。每当过年过节或有人办喜酒请客吃饭时，常有这样不识相的人，不讲礼数，不顾别人，只顾自己抢食猛吃，特别是遇见平时吃不到的鱼肉菜肴等，生怕被别人吃光，往往是嘴里吃着一块，筷子上夹着一块，眼睛里盯着一块。俗有“吃着嘴里，盯着碗里，惦着锅里”之说。人们将这种行为视为“眼到三快”，俗谓“吃一落二看三”。

此话在不同的场合有不同的含义，如遇到上述这种抢食贪吃的行为，听似夸奖，实则带有一种讥讽、蔑视、反忤的意味，潜台词为：“若把这种劲头用在做事干活上就好啦！”意谓没教养，当着众人的面，给你留点面子，别太不识相！

若是换个场合，当有人干活做事果断敏捷，争先恐后，眼快手快时，也会用“眼到三快”来形容，可谓“眼头活络，两头把着”，此时则为一种褒奖。

有脚力，旡脚力

舟山方言常将有钱，富裕，有能力，生活条件好，称为“有脚力”，反之则谓“旡脚力”。常曰：“侬介有脚力，啥东西买勿起。我是旡脚力，买勿起。”“该份人家较惯有脚力，吃用勿愁！”“该份人家旡脚力，穷了嗒嗒滴！”“有脚力呒脚力，只有自晓得。”“老嘞，呒脚力嘞！”

此话由人的健康标准之一——脚劲而来。俗话说“人老先老脚”。一个人的身体好坏，可从脚力上看出，脚力健，走路“腾腾响”“脚骨屁轻”，身体就好；走路“踉踉跄跄”“脚骨绵软”“老打脚骨软”，则身体不会很好。民间常有一些问候老人的话：“侬脚骨健耶？”“侬介大年纪，脚骨健足嘞！”“脚骨健”意为脚力好，可见脚力在人们心目中的重要性。对于普通百姓来说，脚力不仅关系到一个人的身体状况，还关系到一户人家的兴旺发达。生活中，事事都需要脚力，挑担凭脚力，拉车凭脚力，耕田凭脚力，河鱼凭脚力，上山凭脚力，走路凭脚力……没有脚力就干不了活，超越不了别人，非但不能为家庭创造价值，而且还会拖累家人，成为家人的累赘。故民间有句俗语叫“顺利脚骨健”。脚骨健则万事顺利，不健则不顺利。事事顺利，没病没灾，当以发财视之，俗谓“顺利发财”。人活着当凭脚力为先，万事以脚力健与不健为前提，有钱没钱，富裕贫穷，有能力没能力，都与脚力有关。脚力就是钱，钱就是脚力，脚力好就有能力赚钱，脚力不好便无能力赚钱。于是，“有脚力”“呒脚力”就成为有钱没钱、富裕贫穷的代名词。当然，这其中也包含权势、智慧和勤奋，这方面因素越大，则谓“比我有脚力”“比其有脚力”。此话折射出了人们对生活的体验和总结，既实际、含蓄，又富有哲理。

有眼勿识泰山

人们常把那些以下犯上，有眼无珠，冒犯上级或有识之士的人和行为，称之为“有眼勿识泰山”。此语中的“泰山”，并非指山东省境内的那座名山，而是指我国古代的一位著名竹匠。

相传，春秋时代著名的木匠鲁班，经常招收徒弟。鲁班十分珍视自己的声誉，每隔一段时期，就要从徒弟中淘汰个别“不成器”的人。鲁班徒弟中有个叫泰山的年轻人，看上去不很灵巧，技艺长进也不大。为了维护“班门”的声誉，鲁班毅然辞掉了泰山。

事隔数年。一次鲁班闲逛集市，忽然发现一货摊上摆着许多做工讲究又精致的竹制家具，顾客都争相抢购。爱才的鲁班很想结识一下这位竹器高手，便向摊主打听这是谁做的。摊主告诉他，这是鲁班大师的徒弟，赫赫有名的泰山做的。鲁班一听忙问："谁的徒弟？叫什么名字？"摊主骄傲地大声说："鲁班大师的徒弟，泰山！""泰山？"鲁班不禁大吃一惊。这时，泰山正拎着几件竹器走来，看见鲁班，忙扔下竹器跪在地上连叫"师父"。鲁班扶起泰山，想起当初错辞泰山的情景，深感懊悔地说："泰山，我真是有眼不识泰山啊！"从此，这句话就在民间传开了。

有钱能使鬼推磨

这句话的意思是，只要有钱，什么事情都能办得到，即使鬼也能帮你推磨。

此话典出南宋刘义庆的《幽明录·新鬼》。传说有一个新鬼刚来到阴间，因没钱得不到食物，饿得他瘦弱不堪。一个老鬼告诉他，只要到人间闹得人们不得安宁，人们自然会烧纸钱给你，还会有许多好吃的东西供奉你。新鬼听后，立马到了一户穷人家。他看到厨房里有一盘石磨，就使劲地推起来，推得石磨"轰轰"作响，他以为这样就能闹得人家惊慌失措，供他食物吃。主人听到响动，赶到厨房一看，却空无一人，只有石磨在不停地转动。他感叹地道："可怜的鬼呀，你以为我有钱，帮我推磨能给你烧纸供食品，可我实在没钱满足你的愿望。钱好哇，有钱能使鬼推磨啊。"从此，这句话就流传开来了。

怨苦绷结

舟山方言常将某事比较麻烦，不乐意去做，却必须要完成，以致心情不好，情绪急躁，牢骚满腹，面露愠色和怨气的人，称为"怨苦绷结"。常曰："侬作啥啦，做生活老是怨苦绷结？""侬怨苦绷结咋啦？勿乐意啊！"

"怨苦"，即埋怨叫苦。"绷结"，有"盘结""纠结""凝结""缠结""溶结""滞结"之意，犹如一团杂乱无绪的丝线盘结在一起，因不易解开理顺，常会叫苦叫冤。"怨苦绷结"，意为事情很难做，很不情愿做，越做越心烦，越心烦则越做不好，于是牢骚满腹，口出怨言。此话同时也告诫人们，遇事必须要心顺、意愿，若心烦意乱只会自找麻烦。许多事情不能太心急，需要静心思考并要有一定的时间与精力，方能做好，怨天尤人、急于求成解决不了问题，反会把事情搞得更糟。

责革论等

舟山方言常将做事过分计较、挑剔、指责、评论，或埋怨别人礼数不周、招待欠好的人和现象，称为“责革论等”，也作“责格论等”。常曰：“该人责革论等，难弄足嘞！”“这人咋介责革论等啦！”“责革论等的事体多足呐！”

此话源自旧时商品交易中一种责革论等的争议现象。在商品交易中，买卖双方对商品的质量、规格、价位等都有事先的约定，但在最终钱物交付时，常会发生一些争执。如接收方觉得货物与事先约定的不符，规格不等，质量不好，等级不一等，这时就会挑剔指责，出现责革论等的话，于是就有了“责革论等”的说法。

“革”在舟山方言中有“艮孤固执”“胡搅蛮缠”“不妥协”的意思，俗有“该人革猛”“该人屙革”“该人老是死革”等之说。在日常生活中，碰到有人过分挑剔、计较、指责和评论，就会用这句话来批评谴责对方。

只许官府放火，不许百姓点灯

这是一句斥责性、感叹性的民间俗语，意思是，统治者可以胡作非为，而老百姓的正当之事却受到种种限制。同时也表明有权有势的人可以享受许多不该享受的特权，而平民百姓却连应有的权利都得不到保障。

此语出自北宋时期一州府元宵节的观灯。北宋时，有个州的太守名叫田登，该人专制蛮横，因为他的名字里有个“登”字，所以不许百姓在平时谈话时说到与“登”字同音的字。否则便要被扣上“侮辱地方长官”的罪名，重则判刑，轻则挨板子。不少百姓和吏卒因说到与“登”同音的字，都遭到鞭打。

每年一度的元宵佳节即将到来。依照惯例，州城里要放三天焰火，点三天花灯表示庆祝。州府衙门要提前贴出告示，让老百姓届时前来观灯。可是告文如何写，却让出告示的官员感到左右为难。写上“灯”字，要触犯太守；不写“灯”字，意思又表达不清楚，让人误解。写告示的小官员苦思冥想，最后只好把“灯”字改成“火”字。这样，告示上就写成了“本州依例放火三日”。告示贴出后，老百姓看了都惊慌起来。尤其是一些外地来的客人，更是丈二和尚摸不着头脑，以为官府真的要在城里放三天火呢！于是都纷纷收拾行李，争相离开这是非之地。当地的老百姓，知道田登的专制蛮横和告示的用意，看了官府贴出的告示，更是气愤万分，愤愤地说：“只许州官放火，不许百姓点灯，这是什么世道啊！”于是，这句话就流传开来了。

致　工

舟山方言常将某件物品工艺很精致，技艺很精细，或某人工作做得很周到，很仔细，一丝不苟，称为“致工”。常曰：“该件衣裳做得致工足嘞！”“该样生活做勒较惯致工！”

此话源自过去女子做针线活。旧时，女子必须要学会做各种“女红”，如做衣裳、做鞋子、织毛衣、绣花等，所做的衣裳、鞋底、花样针织很密，很细，很齐整，很匀称，俗谓“致工”。“致工”体现出这个女子心灵手巧、严谨。此话用于日常生活中，泛指所有工艺做得很精致的活儿，如木匠的七弯凉床、千工轿，石匠的雕刻，漆匠的描龙绘凤，箍捅匠、泥水匠、篾竹匠、铁匠的精密、细巧，以及工作安排得很周全，事体做得很细致、完美无缺，都可称之为“致工”。

尊猛、尊相

舟山方言常将遇事不屑一顾，不予理睬，不愿助人的人和现象，称为“尊猛”“尊相”，通称为“尊”。常曰：“该人尊猛，尊煞介尊啥希？”“该人尊相，勿好打交道。”“介点花头，有啥好尊！”“该人尊足嘞！”

在舟山方言里，“尊”不能作“尊贵”“尊重”“尊敬”来解释，而是相当于“骄矜自负”或“妄自尊大”的意思。称“尊”者，一般需具备两个条件：一是有所凭借，自以为有过人的能力与资本；二是有所表露，对他人的请求不愿施以援助，或不屑一顾、不予理睬。但在旁人看来，“尊”者往往藏在骨子里，并不十分显露，只有熟人或知根知底的人方能察觉。

在日常生活中，舟山人称“尊”者有几种情况：一是有能力有资本却故意不愿助人、不屑理睬者，此谓“尊猛，尊足嘞!”；二是无能力无资本却故弄玄虚、骄矜自负者，此谓“尊煞介，有啥好尊?”；三是有能力有资本却故意摆架子、摆噱头，既不应允也不拒绝，装出一副似乎很热心的样子，不到万不得已不施以援助，让人哭笑不得，此谓“尊相，尊煞嘞!”。这种人可谓“尊”到骨子里了。

做小货

舟山方言常将攒私房钱，做小账，或利用职权从中谋取钱物，瞒着别人做私活，或做错了事不通报的人和行为，称为“做小货”。常曰：“刚才买东西应该还有钞票好找，侬咋勿拨我，想做小货啊!”“该人老是背后做小货!”

“货”，即货物、货款、买卖。舟山方言“做小货”却非指“做小买卖”“做小生意”，而是作“隐瞒”“暗藏”之意解。此话由过去店行交易和妾房暗藏私房钱引申而来。“小货”即小宗货物，常指店行等雇员乘经营之便自贩的货物。旧时，经营店行通常都要雇人，时间一长，有些雇员就会利用交易之便，瞒着老板从中谋取差价和货物。还有旧时大户人家都有纳妾现象，妾在家中没有地位，没有名分，与家长只是奴婢与主子的关系，除了为家长履行生育之职外，在家庭中没有宗法家族地位，不能去宗庙，死后也不被祭，不能私藏珠宝和钱财，即使是陪嫁品也要如数上缴由主子保管。为了今后的生计和子女着想，许多妾就暗地里私藏珠宝和钱财。人们把此种现象和行为称为“做小货”。此话引申于日常生活中，语境语意都有进一步的拓展和延伸。

“做小货”不计数量多少，泛指暗箱操作，中饱私囊，赚不义钱物，做不轨行为。如单位里设“小金库”，行贿受贿“塞暗洋钿”，做买卖“飞货越货”，老公或老婆瞒着对方攒“小货铜钿”，积私房钱，背着别人“做私活”，或隐瞒某事不及时通报等，都属于“做小货”。

三、称谓习俗类

安心

这是一句婚嫁俗称，也是一种习俗。旧时，在婚礼后的第三天，娘家的兄弟要持新娘在家时穿过的衣物和女红工具，来看望刚出嫁的新娘，人们习称这种礼仪叫“安心”。

“安心”有几种含义：一是表示家中父母、兄弟姐妹对新娘的关心和慰问；二是看新娘在生活上是否习惯，若有问题则对新娘进行劝解和安慰；第三，最重要的目的是“探房”，看是否有不正常的现象，特别是新娘是否是处女，对此尤为顾忌，万一说新娘不是处女，必会引起轩然大波，故娘家人一直深感不安。为此，在结婚后的第三天，娘家派人到婆家来探视情况，探问洞房花烛夜的情形如何。假如男方发现新娘不是处女，就会感到不满，甚至会责问舅仔，而且会把媒人找来。如没有发生不幸事故，男家就会热情款待。旧时，“探房”有诸多暗示办法，如兄弟把带来的一支红花献给新娘，若新娘接过花插在头上，说明无事；如新娘不接或不插，则表示有事。

扳罾

舟山渔区对海上捕捞作业的一种俗称，也是海边滩头一种古老而传统的捕捞作业方式。“扳罾”，又称“报罾网”。“罾”即一种用竹竿做成支架的方形渔网，因其是利用罾网垂置海中的方式来扳捞鱼虾，故称“扳罾”。

“扳罾”作业常在海边滩头上进行，其网具是由四根竹竿构成的十字形架子，然后将网片系在四根竹竿内。十字架中心有一根长竹竿悬空高吊，用绳索敷住网窗的四只角。它的操作方式是，操作者站在海边的礁岩上，控制长竹竿，将扳罾网下垂置海中，为了引诱鱼虾入网，在扳罾网中放入一些饵料，每隔几分钟扳网一次，然后捞取落入网中的鱼虾。

板晒

舟山渔区对古老制盐方式的一种俗称。据《岱山县志》记载，板晒制盐实属偶然。相传清嘉庆年间，岱山有一盐民偶见扁担凹处积卤，后经日晒成晶盐，从中得到启发，后就诞生了运用木板晒盐的方法，俗称“板晒”。

板晒制盐法由清嘉庆年间（1796）在岱山发端，道光元年（1821）普及于全舟山。咸丰年间（1851—1861）推广至余姚、萧山及至江苏袁浦、吕泗等盐场。民国时期，板晒已成为江浙盐区的主要制盐方式，从此取代了袭用了千余年的古式“煎煮”制盐法。

板晒制盐有以下几个特点：一是易煎而晒，即把“燃薪煮盐”变为“日晒风吹”，不仅充分利用了自然能源，降低了成本和劳力，且极大地提高了海盐的质量和产量。二是板晒操作较为简单，即一块长方形木板，长约2米，宽1米，四周钉上5厘米高的木条边框。横的称为“帽头”，竖的称“梃子”，两端设有手柄。用这块板替代了煮煎的盐锅，在木板上灌满卤水，经太阳暴晒后结晶成盐。

板晒有“制卤”和“日晒”两个步骤。“制卤”方式与古代的“煎煮”大致相似，但板晒的板面数量可大幅度增大，如民国年间岱西盐场为万亩盐场，以每亩8~10块盐板配制，则有10万块盐板，其所需的制卤量远非灶煮可比拟，其制卤规模和数量远比“煎煮”大得多。

板晒制盐有以下几个程序：一是辟场。择沿海岸平坦滩涂，辟为泥场，每三亩为一单元，俗称“一墩泥场”。泥场四周筑址塍，近浦较高处称浦塘。塘上开缺口，可用闸门启闭，用以引潮排水。二是筑塯。所谓“塯”，即在泥场中筑2~3只土塯碗，其形状为圆形，可容咸泥120~160担。底部有卤槽，斜插小竹管，一头连槽口，一头通卤井（缸）。三是纳潮。即在大潮汛时，利用海水潮位差经浦塘缸口漫入泥场。中小潮时用车水车之。四是耙泥。即把有盐花的泥块用泥耙耙碎，至松细均匀后挑入塯内。五是淋卤。即在咸泥挑入塯后，用脚踏或用木榔头敲实，俗称“整塯”。最后，挑海水灌塯面，待海水浸透咸泥过滤成卤水后，即沥入卤井（缸）。接着就可“板晒”。

在“制卤”挑泥进溜前，要掘出溜内生泥，堆于溜四周。这一挑泥的过程，需要盐民用肩挑，工作量很大。掘开溜边积泥后，又要将泥挑至泥场上摊开铺平，这个工作量也很大。古有“晒盐百斤，须挑泥卤百担”之说，俗称“百斤百担”。而晒盐的旺季，往往都是在“烈日炎炎似火烧”的夏天，头顶烈日，肩荷重担，汗洒如雨，从早到晚往返不绝，辛苦之极。

过了“制卤”程序后，接着就是“板晒”，又称“日晒”，其程序就较为简单了。每当天晴时把盐板在泥场上排开，在板上灌注适量卤水，在日光下蒸晒。通常是早晨开晒，日落收盐。收盐时，把盐晶堆拢至一角，然后用簸箕装入盐箩，沥干卤水后归仓，则制盐成也。

鲍盐带鱼

舟山民间对腌制带鱼的一种俗称。“鲍盐”，即短时间的腌制，“鲍盐带鱼”，即将新鲜带鱼经短时间腌制的一种加工方式。

“鲍盐带鱼”的制作含有诸多独特的内涵和讲究。其制作工艺通常有以下工序：

一是剖。取新鲜带鱼若干，去鳍、尾尖、尖嘴，用刀将鱼肚剖开，挖净内脏和鱼鳃，放在盐水中洗净血胚，切不可用淡水清洗，因淡水起腐蚀作用，会影响鱼的鲜度和品质。再切成八九公分长的段状，沥干。

二是腌。用 1 分盐头（即 10 斤带鱼 1 斤盐的比例），在鱼肚和鱼体上均匀地涂抹一遍，然后双手捏鱼的各个部位，使盐进一步溶化渗入鱼体。然后将鱼块放入甏内，排列整齐，不可留空隙，因空隙会留存盐渍，影响鱼的咸度。最后在顶面撒上一层封盐，加上压石，以保证带鱼挺硬，并避免入卤后带鱼浮起。封盖材料要选用不透气的塑料布，最好在三四层以上，切忌漏气。装好后要放在阴凉干燥处，绝对不能被太阳晒着。

约两小时后即可食用。如要久存则要增加盐量，通常为一分半盐头，即 10 斤带鱼 1 斤半盐。食用时最好先用淘米水或清水漂泡一小时，俗称“氽淡”。这种“鲍盐带鱼”的特点是新鲜度保持完好，且不咸。

背对船

舟山渔区对海上作业渔船的一种俗称，也是一种传统的捕捞作业方式。

“背对船”，也称“背对”，即大型母船上背载子船若干的一种作业方式。

背对船的兴起有两种说法。一说 1930 年前后，虾峙岛渔民因租不到大船，只好在一艘大船上背载两只舢板出海生产，到了洋地后，放下舢板辅助大船作业，由此创造了背对作业。二说 1939 年，枸杞岛渔民用大捕船到海礁去捕淡菜，因船大不能靠岸，就背载两只舢板用小对网围捕海虾获得高产，从而创造了背对作业。

背对船又有“单背”“双背”“三背”之称。背载两只子船的称“单背”，四只子船的称“双背”，六只子船的称“三背”。出海时，母船背载子船，称为渔捞史上的“航空母舰”。到渔场后，母船放下子船，由小船进行对网作业。

背对的人员各有分工，子船负责捕捞，大船负责找鱼群、储放捕捞工具和食物。母船实为“小船之家”，故形象地称其为“鸡娘对”“母子对”。背对船只虽多，但人员并不多，母船一般为 4 人，子船每只为 4 人，远比大对船人员少。再者，大捕船、流网船等大型渔船均可充当母船，选择余地广阔。1970 年前后，因“机对”船的出现，背对船被逐渐淘汰。

避　鱼

舟山民间对婚后怀孕（妊娠）女子的一种俗称，或谓“生避鱼病”“避鱼老妘”。

此话源自孕妇日常饮食的异常反应。因女子在怀孕初期，常会出现厌食、呕吐、慵懒困倦、心情烦躁等症状，特别是对有鱼腥味的食物，反应尤为强烈，闻之便会恶心，故称为“避鱼”。因这种现象非常人所有，被视为一种病态，故又称之为“生避鱼病”。发现怀孕避鱼现象，家人常会买些较为清口和带有酸辣味的食物给孕妇解馋，并在生活中给予特别的照顾和优待。

“避鱼”只是一种说法，其背后却隐含着诸多内涵和习俗。在民间，女子在“避鱼”期间有诸多禁忌，俗称“忌嘴”。如忌吃公鸡肉，认为公鸡会啼，以免婴儿夜里多啼哭；忌吃章鱼，认为章鱼全身无骨，又懒又馋，以免婴儿无骨气；忌吃海蛤蚆，认为海蛤蚆皮肤疙瘩粗糙，以免婴儿多疮疤、生癞头；忌吃葱、蒜和冰冻食物，以免婴儿有狐臭或绝胎；忌吃羊肉羊肝，以免婴儿多厄多病；忌吃兔肉，以免婴儿破相缺唇；忌吃生姜，以免婴儿生六指；忌吃葡萄，以免生葡萄胎；忌吃狗肉，认为狗肉不洁，以免婴儿多疮、心寒或难产；忌喝酒，以免将来孩子淫乱不畏羞耻。提倡鼓励孕妇多吃水果，愿生出的孩子皮肤白皙细嫩；多吃桂圆，愿生出的孩子眼睛又大又圆；多吃芝麻，愿生出的孩子头发又黑又亮。

上述这些习俗并不科学，甚至有些愚味，但都是出于一种良好的意愿，希望生出来的孩子健康、活泼、可爱、聪明。

此话用于日常生活中，人们常把喜欢吃酸吃辣，或吃东西挑挑拣拣的人，喻称为“生避鱼病”“避鱼老妘”。常曰：“侬人咋像生避鱼病介。”“侬该人咋像避鱼老妘介!”

唱蓬蓬

舟山民间用方言演唱的一种曲艺表演名称。“唱蓬蓬”是民间对这种表演形式的一种象声俗称，因其表演时常伴有“蓬蓬”的击鼓声，故谓“唱蓬蓬”。“唱蓬蓬”也叫“唱朝报”“唱新闻”“小热昏”“小锣书”“卖梨膏糖”“舟山新闻”。由上海、杭州“唱朝报”“小热昏”发展演变而来，于清嘉庆年间流入舟山。1949 年后，为区别于他地的“唱朝报”“唱新闻”，改名为“舟山新闻”，但民间还习惯叫“唱蓬蓬”。

所谓“朝报”，即旧时杭州的一份地方小报，卖报人为了招徕顾客，就一面敲小锣，一面念报上的主要新闻，故称“说朝报”。后来，有人结合报上新闻加入民歌小调，自编自演进行说唱，故称为“说新闻、唱朝报”。由于形式滑稽幽默，内容风趣，唱词通俗易懂，唱腔又是百姓熟悉的民歌和小调，故深得人们喜爱。民间所说的“听朝报”，就是由此而来。

所谓“小热昏”，即用吴方言说唱朝、报新闻的一种曲艺谐谑形式。“热昏”是吴方言中的一个普通词，舟山人称发高烧为“说胡话”，称故作胡言乱语的人叫“发热昏”。《中国戏曲曲艺词曲》中谓：“热昏”本义是贬义词，但有时也把故作胡言乱语的笑谈和匪夷所思的笑话称作热昏，不是贬义。关于“小热昏”的由来还有个故事。1905 年，有位卖梨膏糖的街头艺人叫杜宝林，为吸引观众，他把唱朝报形式运用到卖梨膏糖上，一改过去卖糖艺人单纯唱支小曲或说点小笑话的方式，使说唱的内容更具新闻性、情趣性、情节性、人物性、矛盾性和故事性。因演唱的内容大多取材于社会新闻，多数节目表达了对现实生活的不满，经常招致官差驱赶。为逃避追究，杜宝林故以“小”字取艺名为“小热昏”，意谓自己头脑发热发昏说胡话，不必当真。表演形式为一人自敲小锣说唱，以唱为主，以说为辅，故又叫“小锣书”。

“小热昏”演唱形式很简单，一副三角架，上摆盛有梨膏糖的木箱，艺人站在一条长凳上，乐器只有一面小锣、一副三巧板，俗称“莲花板”。一人或二人说唱，以小锣或三巧板伴奏，也有胡琴伴奏的。一般先敲小锣，招徕观众，接着讲笑话，说新闻，最后唱长篇。唱的多是地方戏曲和流行小调，中间插科打诨讲一段笑话。“小热昏”没有固定的演出场所，一般都在闹市街头演唱。演出时间也没有限制，东边唱一会儿，见群众不散，继续唱下去；如果人群稀少，就换到西边再开始演唱。演出地点多在船埠、车站、菜场附近，以及农村庙会、集市、道地之中。演唱前选择一块空地，用白粉洒划一个表演圈，打竹板、敲锣鼓，吸引听众，等人群聚集，便开始演唱。由于言语发噱，唱句通俗，很受群众欢迎。20 世纪 50 年代后，小热昏艺人多半成为滑稽评弹演员，与今天活跃在舞台的独角戏、滑稽戏颇有渊源。

所谓“卖梨膏糖”，即“小热昏”的别名，俗称“小热昏卖梨膏糖”。旧时，很多艺人自制梨膏糖，并用这种说唱形式来推销，俗有“三分卖糖，七分卖唱”之说。

旧时，舟山“唱蓬蓬”多为盲人说唱，也是盲人们的一种谋生之道。在传承曲艺共性的特点外，形成了自己独特的个性艺术特点。一是单口或双口坐唱形式。单口为一人演唱，艺人左手持小锣、竹板，右手持锣片及用软竹竿制成的鼓槌；腿上放置一只小腰鼓，俗称“花鼓筒”，还挂带一只小扁鼓。双口为二人演唱，一人司板、鼓，另一人敲小锣。二是用舟山方言演唱，极为口语化，通俗易懂。三是音乐风格博采众长，丰富多彩，形成了极富口语化的基本曲调。如“短韵调”“长韵调”“单口调”“哭调”“悲词”“赋调”“急赋”“走书二簧”“五顿二簧”“青丝二簧”等。还吸收了甬剧、越剧以及“五更调”“怕老婆调”“沙调”“四季调”“马灯调”“九连环”

“叹苦调”“杨柳青调”“孟姜女调”等民间小调。长期以来，形成了几十部传统保留曲目。

朝外货

舟山民间对女孩的一种别称。人们常将生女孩或女孩子叫“朝外货”。这是旧时男尊女卑的传统观念所致。人们认为，男孩可传宗接代，延续香火，继承基业，女孩长大后就要嫁人，离开家门，故谓“朝外货”。

此话源自民间做催生衣之习俗。旧时，女子怀孕后，娘家要为婴儿做鞋帽、衣服、尿布、肚兜等物品送与女儿，人们习称“做催生衣”。

“催生衣”，即通过催生之衣，寄望女儿早日生养，是外婆家送给外甥的专用礼物。旧俗中，催生衣做好后俗信扎在一个大包袱里，于分娩前送往女儿家中。到女儿家后，俗信将包袱扔到孕妇床上，以作预测。如包袱角朝里，寓生男；包袱角朝外，寓生女。故称女孩叫“朝外货”，成为女孩的一种别称和代名词。

潮　魂

这是一句丧葬俗称，也是旧时舟山渔区一种特殊的传统习俗。在渔区，翻船落水死人是经常发生的事，而在海上遇难而死的人往往找不到尸体，这时，家人常用稻草人代尸，穿上死者生前的衣服，在家中设置“灵堂”。同时，在村外海边，请道士为死者招魂。招魂通常在夜间潮水初涨时进行，死者的亲人于海边呼喊死者的名字，把失落在海里的“阴魂”招回来，招进稻草人中，再进行安葬。因这种仪式须在潮涨时进行，故称“潮魂”。

“潮魂”仪式很凄凉。在海边燃起篝火，搭起一个帐篷，内设一个“蘸台”，台上供有祭品、香烛等，蘸台后放着稻草人，身上竖着写有死者姓名和生辰八字的灵牌。等到涨潮时，道士敲钟击钹，口念咒语。此时，蘸台前有人手扶一杆带根的毛竹，顶梢上挂着一只箩筐，内装公鸡一只，面对大海，随着道士的咒语声，不停地摇晃毛竹。死者家属披麻戴孝，围着毛竹一圈圈地打转，边转边高喊死者的名字：“某某来呀！海里冷冷屋里来呀！”随之，由一孩童或亲属呼应道：“来啰！来啰！”一呼一应，直到潮水涨平，才由道士引魂回家。次日，将稻草人放进棺材，送到山上安葬。为此，海岛渔区有句俗话叫“十口棺材九口草”。

旧时，海岛地区海难事故较多，人死后往往没有尸体，故用稻草人代之放在棺材内，才有了“十口棺材九口草”之现象。为了悼念死去的亲人，人们在“尸骨无归”的情况下，哪怕把死者的阴魂招回来，用稻草人代以安葬，也算是一种莫大的安慰和寄托。

潮　水

舟山民间对各种潮汛、潮汐和潮水涨落规律的一种统称。

“潮水”一词听似简单，背后却蕴含着许多学问与内涵。“潮水”的涨落有其规律，即一昼夜涨落四次，每 6 个钟头涨，6 个钟头落，每天的涨落时间均后延 45 分钟左右，如此周而复始。根据这一规律，渔民对此有各种细分和称呼，如称一个潮期（每 12 个钟头涨落一次）叫“一水”；称每月的朔望前后，阴历初一至初五或十六至二十日叫“大潮汛”，也叫“大水”“大水头”；称每月的阴历初六至十二或二十一至二十五日叫“小潮汛”，也叫“小水”“小水头”；称阴历的十二、廿七日为“起水”，即潮水由此从小到大一天天大起来；称阴历的十八、初三日叫“落水”，即潮水由此从大到小一天天落下去；称潮水涨时叫“涨潮”，潮水落时叫“落潮”；称强劲的潮水叫“健潮”，平稳的潮水叫“宽潮”；称不同向交汇形成的潮流叫“潮夹”；称涨落期间变换方向的潮流叫“八卦潮”。在渔区，渔民对潮水的涨落规律和变换了如指掌，故有“抲鱼人勿懂四书，却晓得大水小水”之说。

潮涨潮落与月亮的圆缺、升落有密切关联，俗有“上半个月月催潮，下半个月潮催月”之谚语。意为上半月月亮出来后潮水才涨，下半月潮水涨起来后月亮才出。对此，人们还依据月亮的圆缺，推算出潮水涨落的测算方法，其测算方法为：用阴历的日子乘以 8，如有积数小数，再把小数乘以 6，算出来的整数就是潮水涨平的时间，小数是分钟。例：农历十五，15×8=12.0，即中午 12 点涨平，0 为没有分钟，12 点钟后就转而落潮，白天与晚上约 24 分钟左右。例：农历二十二，22×8=17.6，小数 6，即是 36 分钟（因每小时按 60 分钟计算），17.6 即是 17 时 36 分。

人们还根据潮水涨落的规律，编制了潮水口诀：

初一、月半昼过平，潮水落出吃点心。

初二、十六，早北夜北。

初三、十七，潮涨日出。

初四、十八，起更爬。

初五、十九，早夜半。

初八、廿三潮，早夜落半潮。

初九、廿四，早晚南水。

初十、廿五，昼夜低。

初七八爬山挖，十八九坐灯守。

廿旺旺两头着，廿一慢算月上更半。

廿五、廿六，潮涨早饭熟。

廿七、十二鸡啼涨，潮到滩头天大亮。

廿九、十四潮水狂，黄冈扯断剩条纲。

上半个月月催潮，下半个月潮催月。

老大勿识潮，晦气伙桨摇。

这一潮水口诀，口口相传，沿用至今，并应用于生产作业和日常民俗活动中。特别是潮水涨落的时间，通常都会计算，因与日常的祭祀、安床、动土、结婚享喜、起屋上梁、做坟、丧事落殓等民俗活动都有直接的关联。人们常说的所谓“良辰吉时”，就是涨潮的时候，认为“涨”即“发”。

吵　房

这是一句婚嫁俗称，也是一种习俗。旧时，在男女婚礼的当天晚上，亲朋好友大闹洞房，俗称“吵房”，也叫“闹洞房”。“吵房”的由来很古，据说是狐狸最爱跟新娘新郎作祟，因此亲朋好友才集聚新婚之夜大闹洞房，以增阳气，借以驱魔避邪。

“吵房”通常在新婚三日内进行。逗新娘花样百出，以哄堂大笑为快。闹洞房乃花烛之喜，此时无论长辈、小辈均可聚于新房中戏闹新人，皆无顾忌，故有“三日呒大小”之说。吵房时，或涂脸扮女，表演滑稽动作，或讲游戏谑浪之语戏弄新人，无所不为。种种言行，出人意料，均以引新娘一笑、作窘为乐。无论如何喧闹，主人均不得发怒，意为“越闹越喜”“越闹越发”。有的还乘新郎新娘不注意时悄悄地把洞房中衣物“偷出来”，向新郎新娘换糖烟钿，有的甚至让小孩早早地潜藏在床底下，待新郎新娘熟睡后，开门让大人进去取物件，次日早上向新郎新娘兑换糖果香烟。

城隍会

这是一句习俗性的活动称谓。旧时，每到三元节（即农历正月十五、七月十五、十月十五），定海城隍庙都要举行盛大的“出会”活动，因其主题都是围绕“城隍神”而展开，故称“城隍会”。

“城隍会”的主要特点是有化装成古代的各种“皂隶”，有装扮成鬼神的“黑白无常”，有身穿红衣、青衣的“囚犯”，有裸露上身、臂上悬挂香炉的“肉身灯”，奇形怪状，争艳斗巧，以媚神邀福。在震耳欲聋的锣鼓声中，人们把城隍老爷的雕像，放在一个特制的彩色“台阁”中，由 8 个披红挂彩的年轻人抬着。“台阁”前有一个用木板车推着的大香炉，炉中燃烧着粗杆檀香，几十米远就可闻到香气。还有一只圆桌般的大鼓，两个人抬着，击鼓声几里外都可以听到。鼓前有两人打着旗锣，为城隍鸣锣开道。另有两位身材魁梧的大汉，扮演开路神（《封神榜》中的方弼、方相），身穿对襟黑褂，披头散发，手执一根大绳鞭，沿途甩鞭，发出“啪啪”巨响，两人一左一右，使拥挤的人群立即让出一条道路。其中还有一支“滚叉”队，表演者身穿对襟黑布镶白边的紧身小褂、黑裤，白布包头。手执 3 尺长、顶端安有三股的铁叉。表演时，叉上洒上煤油，点上火，将叉在双手之间盘旋，或将叉掷向空中，以手接之，边走边表演。

巡游时，大旗在前，继以仪仗、彩亭、台阁、彩幡、龙灯、鱼灯及高跷等，锣鼓喧闹，爆竹横飞。沿途民众设香案茶点，供人们享用。到了晚上，还将“台阁”抬到普慈寺外面的义冢地（现海山公园），意谓让城隍老爷在那里接受处理冤魂的告状，现场审理案件。第二天凌晨再把城隍老爷抬回安置于城隍庙中。

旧时，每年城隍会都要在城隍庙做城隍戏。所演剧目有：“一枝梅”“二进宫”“三夜缘”“四杰春”“五花洞”“六月雪”“七星灯”“八腊庙”“九更天”“拾黄金”等。但中元节期间，有一出戏是必演的，那就是《目连救母》。

吃开口奶

这是一句礼仪性的生育俗称，也是一种习俗。在民间，人们常将婴儿出生后吃的第一口奶叫“吃开口奶”。

旧俗中，婴儿出生一昼夜后，才可吃奶。这第一口奶，通常都很重视，也很讲究。“吃开口奶”有两种情形：一是这第一口奶并非是奶，而是黄连汤。通常都是喝了黄连汤后再喂奶，寓意“先苦后甜”。许多海岛渔区还把醋、盐、黄连、勾藤和糖混拌在一起给婴儿尝，寓意“咸酸苦辣甜”五味俱全。更有甚者，让婴儿先喝一口海水，再喂奶，俗谓“尝咸”，意寓“先咸后甜”，寄望将来孩子长大后不惧风浪，不怕被咸苦的海水呛。二是产妇自身无奶，需向邻近别的乳娘讨奶吃，这种讨奶喂吃的行为也叫“吃开口奶”。

吃上轿饭、抱上轿

这是一句婚嫁俗称，也是一种习俗。旧时，民间俗信在女儿出嫁上轿时，做母亲的要给女儿喂饭，俗称“吃上轿饭”。吃饭时，新娘要把吃的第一口饭，吐到爹娘睡的床头，以示不忘父母养育之恩。

吃过上轿饭后，待迎娶的队伍三次催促后，新娘才可梳妆上轿，上轿时新娘不能独自走出房间，须由其兄抱着上轿，俗称“抱上轿”，以示兄妹的手足之情。如无兄，则可由其他至亲男性扶着上轿，俗称“领上轿”。

出轿时，女家要用茶叶、米粒撒轿顶，俗称“撒福”，并由新娘兄弟随轿相送，但半路须返回，并要把轿内新娘脚下的“脚踏炉”（火熜）灰用红纸包一点回来，意谓“接火种”。此时，新娘须将轿内的火熜灰倒掉，并丢掉抹泪的手帕，禁止啼哭，忌把“灰气（晦气）”带到夫家。

岛与岛之间迎亲不坐轿，多以船代之。娶亲的彩船在船前船后悬挂彩旗、彩带和灯笼，把船打扮成花轿一般。新娘上船时，鸣放鞭炮，鼓乐相送。彩船抵达男方住地码头时，男方迎亲队伍鼓乐相迎，鸣放鞭炮，并请“堕贫嫂”进船舱，导新娘上岸。码头上放一木匠用的“作马”，新娘上岸后须“跨马”

而过，以示“嫁到男方，马不离鞍，鞍不离马，永不变心”。离码头近的人家，由长者背新娘至男家，路途较远的，则再用花轿抬至男家。此习俗至今仍在沿用。

吃相谅盏

这是一句礼仪性的生育俗称，也是一种习俗。旧时，婴儿出生后第三天，即经过“洗床”“祭床公床婆”后，还有个重要的习俗叫“吃相谅盏”。

所谓“相谅盏”，是将两只酒盏覆盖，内盛糯米，米中有“龙眼”或红枣，顶部放点红糖，然后在饭镬里蒸，蒸熟后分享给左邻右舍的小孩们吃。糯米有黏性，“黏”和“义”谐音，即“有义气”之义，“枣”为早日成材之义，“龙眼”为将来下海能壮胆、识破万恶之义。“相谅”两字寄寓孩子长大后与邻居们相商相谅，有事相互理解体谅，和睦相处。

此话常用在日常生活中，如遇饭盛得很满，常曰：“这碗饭咋盛得介满啦，像相谅盏介！”

吃猪肝花油

这是一句婚嫁俗称，也是一种习俗。旧时，民间习称男方结婚时举办的第一餐酒席叫“吃猪肝花油”。在渔农村，婚宴大多在家中操办，男女双方都要在婚礼前一天举办婚宴，女方办的第一天酒席叫“开面酒”，第二天叫“上轿酒”。男方通常有“拢场酒”“正席酒”和“散场酒”三天。每餐酒席的叫法也各有名目，第一天的酒席叫“吃猪肝花油”，第二天的酒席叫“吃正酒”，第三天的酒席叫“吃骨浆”，也叫“吃闯拢羹”。

所谓“猪肝花油”，是一道菜的名称。因这顿酒宴的第一道菜必是由猪肝、猪油渣和萝卜烧成的，故得名。这一名称的由来与传统习俗有关。旧时，举办这餐酒宴时没有肉类上桌，尽管婚家通常都要杀猪、羊、鸡、鸭、鹅等家禽，但这些家禽得先让祖先享用后才能吃，因“享先”都是在第二天凌晨才举行，故这天晚上的酒宴没有肉类，所上的菜肴都是由家禽的内脏烧制而成，故谓“吃猪肝花油”。

所谓“吃正酒”，即婚礼当天中午举办的婚宴，也是规格最高、最为隆重的酒席，而且婚宴礼仪烦琐而讲究，从宾客的桌位座次安排、菜品的组成到上菜的程序、敬酒等，都有一定的礼数，通常要吃几个小时。民间有个传统习惯，即吃正席酒时，“娘舅大石头”须要先落座，俗谓“娘舅勿落座，酒席勿开火”。

旧时，吃正席酒时，有一道菜是必上的，而且大家都比较关心留意，那就是烤芋艿。为何要上芋艿？这其中有特定的含义。一是芋艿与舟山抗倭有关，以示庆贺，已为舟山一种习俗。二是这道菜通常都安排在酒宴的中途才上，预示菜已上了一半，后面还有一半。三是这道菜上来后，暗示大家可以开始闹新娘和伴娘了。许多有经验的伴娘此时就有所防备，喜欢闹腾的宾客们都会把吃下的芋艿皮存放起来，趁机去喂新娘或伴娘，俗称“喂芋艿皮”。尤其是端菜的僮佣，最起劲，机会也最多，防不胜防。他们往往把芋艿皮剥下来，捏在手里，用托盘掩盖着，利用上菜的机会趁机对伴娘下手。甚至会把锅煤或胭脂红粉拌在一起，抹在伴娘的嘴或脸上，弄得伴娘们个个丑态百出，哭笑不得，尤其是长得漂亮的伴娘傧相，目标最大，受害也最大，而此时往往会引来哄堂大笑。

席间，新娘须在“堕贫嫂”的陪同下向各桌宾客敬酒施礼，并多次换装。每次施礼，“堕贫嫂”都会高叫“新娘子换装作揖”！最后一次改叫“谢装作揖”。敬酒时，每桌的宾客多会出些题目或小节目让新郎新娘即兴回答或表演。如回答表演不了，则以罚酒或糖烟换之。

所谓“吃骨浆”“吃闯拢羹”，即婚礼第三天举办的酒席。届时，大多数客人都已回家，这餐酒席的对象多数为重要亲戚、邻居、族人和帮衬僮佣。因这餐酒席肉类基本都已吃光，剩下的都是各种猪骨头、羊骨头、鹅骨头等，厨师将这些骨头分别做成各种骨浆或羹汤，故谓“吃骨浆”；同时，还有前两天吃剩而混闯在一起的菜肴，俗称“闯拢羹”。

出　会

这是一句习俗性的活动称谓。旧时，每逢佛道重大节日，民间都要举行盛大的巡游活动，俗称“出会”，也叫“行会”“行城”“巡城”。“出会”是旧时最热闹也是最受民众欢迎的活动形式。

“出会”是庆祝某一节日或纪念某一神像的活动形式，其用意是祈福祉，佑平安，庆盛世。“出会”时队伍都比较庞大，少则几百人，多则上千人，前后有数里地，穿街走村，且走且演。每至重要地段，都要停下来，舞乐一番，谓之“爵献”。届时，人们携老带小，上街争相观看。沿途，人们都会自发把家里的茶水、糕点拿出来，摆在路边免费供“出会”人员享用，意为“接财”“纳福”，以祈福祉，得到菩萨的保佑。吃饭也是一样，事先都安排妥当，到了哪个村庄，就在哪个村庄就餐。通常每户人家一桌，多的几桌，都为自愿免费，且各家都会把家中最好吃的东西拿出来招待“出会”人员，认为招待“出会”人员，能得菩萨的庇佑。

“出会”的表演内容丰富多彩，形式不尽相同，技艺风格各有特色，各乡、各村都有自己的表演社队。出会巡游时，先导为大纛旗（也叫头旗、大旗），继而是抬阁、仪仗、耍龙灯、舞狮子、踩高跷、划旱船、跳马灯、跳蚤舞、打连厢、舟山锣鼓等各种表演。

旧时，舟山各地有许多“出会”习俗。这些出会活动，因所奉的会神各异，会名会期也各不相同。有迎东岳神的叫“东岳会”，在农历三月十五前后举行，俗称“三月半会”，规模最大，几乎涉及舟山本岛所有城乡，历时一星期；有迎都神的叫“都神会”，在农历二月十三至十五举行，俗称“二月半会”，活动范围在定海城区；有迎城隍神的叫“城隍会”，一年之中有正月半（或清明）、七月半、十月半三次会期，活动范围在定海城区；还有沈家门举行的“盂兰会”；桃花岛举行的“稻花会”；紫微、盐仓、岑港、小沙、大沙等联合举行的“老红会”；马岙、干览、白泉、皋泄、洞岙等联合举行的“白会”；大展、小展、北蝉等联合举行的“小展红会”；金塘岛举行的“太平会”“八仙会”；长峙岛举行的“从兴会”等。各庙会又以地区行当行分会，多以会的形式或神明、仪具而命名。

船关老爷

舟山渔民对船上神像的一种俗称。“船关老爷”，即渔船上供奉的菩萨，是庇护渔船的“船神”。在舟山，渔船上所供奉的大多为关公神像，故称“船关老爷”，也叫“船官菩萨”。

在渔区，每条渔船上都置有一个圣堂舱，内设一个专供船神的神龛，供奉的多为关公神像，也有供奉妈祖的。神像在打新船前要先供奉在庙宇里，待新船打好后，船主才可敲锣打鼓，非常隆重地把船神请到船上，安置在圣堂舱内，俗谓“请神入船”。在请船神的过程中，有两点特别讲究。一是圣堂舱的布置。通常，圣堂舱神龛的门额要挂红绸或黄绸制成的幔帘，横额上用彩线绣“船官菩萨”四字，条幅上绣“风轻浪平”“顺风得利”等吉祥语。在安置船神的两边置有两尊木雕的海神，一尊为“顺风耳”，一尊为“千里眼”，俗谓船神的侍者神，含有“眼观六路，耳听八方，知风识鱼，确保丰收平安”之义。二是要举行请神入船仪式。请神前先要把圣堂舱和船上打扫干净，神龛内要用雄黄酒喷洒，以驱虫逐毒，同时在神像前摆上香案，燃烛焚香，供奉礼品和指南针。当船神请入神龛时，船上鼓乐喧天，鞭炮齐鸣。船主高举香烛，祈祷叩拜，并高呼“船神入住，万事顺利，船注神灵，百无禁忌”等吉语。船神入住后，新船即有了主心骨，船上的一切全委托船神做主和庇护，从此，船上“香火永不间熄”。

船魂灵

舟山渔民对船上代表生命象征物的一种俗称。所谓“船魂灵”，即安置在渔船上的“魂灵”，为渔船赋予灵魂。“船魂灵”通常安置在盛淡水的水舱梁头上。

给渔船安置魂灵，这是因为渔民视船为“木龙”，认为船是一条有生命、有灵魂的充满朝气和活力的龙。船行于水，龙亦行于水，为“木龙”注入“灵魂”后，才能呼风唤雨，运行自如。否则，便成了一条死龙。

“船魂灵”，事关出海航行的安宁和吉祥，是一件非常神圣的事情，故渔船上都要安置“船魂灵”，而且在打造新船时，对“安船魂灵”这道工序十分重视，通常要拣日子，要用鱼肉、糕点等物品供祭、祷告，仪式十分庄重。

“船魂灵”，实是船的生命象征物。通常是用一块长一尺、阔四至五寸的小木条，中间挖个圆形的小孔，用女人的一束头发缚在铜板、铜钱或银圆上，放入小孔内，然后把它安置在盛淡水的水舱梁头上。“船魂灵”之所以选用铜钱、银圆和女人的头发，这不仅是因为水舱储水，铁器容易生锈，还因为铜钱或银圆能镇邪避灾，尤其是一些古钱币或银圆，铸有“金龙”或古代帝王的年号，更显尊贵与威严，并与木龙相吻合。之所以用女人的头发，是因为在渔民的传统观念中，女人洁净如水，且头发不易腐烂并充满灵气，又具避邪的作用。

串　网

舟山渔区对海上捕捞作业的一种俗称，也是陷阱式的一种古老而传统的捕捞作业方式。因其是利用潮水涨落的原理用渔网串拦鱼虾的方式，故称“串网”。

“串网”作业一般在海湾的滩涂中进行，它的特点是，在海湾里打篱笆似的插上竹竿，竹竿上挂上网片，形同敷设的“网墙”。当潮水上涨时，海水就会淹没竹竿和网片，待退潮时，鱼就会随潮游，然后便挂在敷设的网片上。串网作业常年 3~5 月和 8~10 月为旺汛。

“串网”作业古已有之，唐代诗人皮日休在以《沪》为题的诗中曰：“波中植甚固，磔磔如虾须。涛头倏尔过，数倾跳鯆鱼孚。不是细罗密，自为朝汐驱。”唐代陆龟蒙也曾有诗赞道：“万植衔洪波，过半随潮落。”诗中生动地描述了这一作业方式的特点。

催　生

这是一句礼仪性的生育俗称，也是一种习俗。在民间，新娘子过门后如久不怀孕，婆婆便会采取一系列的措施，促使其早日生育，人们称这种行为叫“催生”。

顾名思义，“催生”即采用各种措施，催其生子。在民间，“催生”的方法有多种：一是“拜佛催生”，即婆婆领着媳妇到普陀山朝拜送子观音，祈求早日怀胎生子。二是“领子催生”，即婆婆托人从辈分相当又多子的同族家中，挑选一个男孩回家领养，俗谓“领子得子”。如若凑巧，媳妇也怀身孕，自然为“领子催生”之功；倘若生下个女孩，好歹也有个交代，慰称“先开花，后结子”。三是“打懒催生”，认为媳妇不孕是其疏懒之故，通过“打懒”，以惊醒“懒神”早日怀孕。方法为：婆婆倒持一把缠有红线的扫帚，乘媳妇不备之际，连打其腰间，并责问：“侬生勿？侬这只懒虫！”这时，媳妇意会地含羞回答：“我生，我生！”四是“打鞋催生”，行为与第三种相同，只是文明了些，生怕惊吓媳妇。方法为：婆婆在门口吊一只草鞋，手持扫帚边打草鞋边责问："侬生勿？侬生勿生啦？"闻此情形，媳妇常会在房内大声回答："我生，我生嘞！"五是"打孙催生"，认为媳妇不孕是孙子老赖在娘肚子里不出来之故，通过"责打"，以惊醒"胎神"早日怀胎。方法为：婆婆倒持扫帚，乘媳妇不备之际，连打其腰间，边责问："侬生勿？侬这只小懒虫，看侬还躲到啥辰光？"媳妇意会地回答："哎，生嘞，我晓得嘞！"

打 暴

舟山民间对气象、气候变化的一种俗称，人们习称刮大风叫"打暴"。

"暴"，即一种大而突然、猛而急的风暴。《尔雅》曰："日出而风谓之暴。"民间俗有"暴头暴尾""暴前暴后"之说。"打暴"一词听似简单，背后却蕴含着许多科学与规律。在人们心目中，一年四季有几十个暴期，并在长期的生产实践中，总结编制出一套暴期口诀，口口相传。全年暴期有：

正月初八上八暴，十三上灯暴，十五三官暴，十八落灯暴。

二月初二小亨暴，初六六亨暴，初八八亨暴，十九观音暴。廿三土地暴，廿四青蛙出洞暴。

三月初三阎王暴，十五月半暴，十九落羊暴，廿三回马暴。

四月初八牛王暴。

六月十二彭祖暴，十九观音暴。

七月十五一公暴。

九月初九重阳暴，廿七暴。

十月初五暴，廿五太子暴，廿七官星落山暴，三十梨星落地暴。

十一月十六拖山暴，廿四猢狲暴，冬至暴。

十二月初五乌龟暴，十三沙和尚过江暴，廿三掸尘暴。

这些暴期，往往都很灵验，每到这一时期，常会刮起大小不一的风暴。结合暴期，渔民还把风暴后出海捕捞到下一次风暴来之前这一阶段称为"一风"，并以"风"作为产量生产的计算单位，每"风"生产时间通常为3~4天或6~7天不等。同时，还将风暴来之前出海抢捕的叫"暴头鱼"，风暴过后出海抢捕的叫"暴尾鱼"。因暴前暴后鱼群较为密集，此时出海捕鱼往往事半功倍，但风险也很大。

打连厢

舟山民间一种艺术表演俗称。“连厢”也叫“连响”“打花棍”“铜钱棍”，是流行于舟山民间的一种传统艺术表演形式。每逢迎神赛会或庆典活动，人们都会用打连厢前来助兴。

“打连厢”，起先是丐人乞讨时表演的一种歌舞说唱形式。据说乞丐有九种“卖艺求乞”形式，“六为打响，以手棍棒作打肩、打膝、打手等七种不同动作之表演”。“连厢”既是表演时的一种道具，又是伴奏乐器。它是用一米长、核桃粗的竹棍，按节等分距离，将竹节镂空，用铁丝套穿窟窿眼铜线，嵌入竹管，表演时按音乐节拍连续敲打自身的手、臂、肩、腿、背或脚上，竹棍就会发出清脆的金属撞击声，故谓“打连响”。有的还在花棍表面涂以红、黄、蓝等色漆饰，棍两端系扎若干彩色绸布细条为穗，以作装饰。

表演者可多可少，少则几人，多则几十人，成两行队列，边打边唱边舞，可不断变换队形。表演时，动作声响起落一致，整齐划一，很有节奏感和可看性。其曲调唱词不固定，可唱民间小调，也可唱新词新曲。现今，打连厢已被列入市级非遗保护名录。

大纛旗

旧时出会时的一种旗帜名称，形似古代军队里的帅旗，是出会时的开路先锋，古称“大纛旗”，也叫“头旗”“大旗”“令旗”。据说，大纛旗所到之处，能保一方平安。

大纛旗是旧时民间为祈望五谷丰登、国泰民安而产生的一种风俗形式，常被排在出会的最前面，以示声势显赫，地位高居。

大纛旗通常高 10 余米，旗面宽 100 厘米左右，上下两边有齿牙边，分红黄绿白黑五色，齿牙边有与旗同色和不同色两种。旗心绣飞龙等图案，也有绣字号的。旗边绣回纹或火焰纹，上有飘带，可作行进及列阵表演。

大纛旗由一人表演，表演者手扶旗杆亮相，双手将旗杆拎起托在腰间，最后发力单手将旗杆挺起。然后将旗杆放下、落地反复同样动作。几个回合后再换人表演。由于旗高易吃风斜倒，表演时必须在旗顶上拉 4 根绳索，由 4 名男子分别站在四边拉紧，同时根据表演时旗杆的晃动不停调整手中绳索，使旗杆始终保持垂直稳定状态。

大纛旗重约50~70斤，加上四周绳索的拉力及风力，举旗时重量约有百余斤。表演者力大的多举几下，力小的少举几下，举得越多，招来的喝彩和掌声越热烈。表演者不需多少技巧，只要有力气，稍加指点即可。

大对船

舟山渔区对海上作业渔船的一种俗称，也是一种传统的捕捞作业方式。

“大对船”，也称“大对”，即大型渔船的对网作业方式。始于明洪武十九年（1386），由鄞县东钱湖渔民在湖内双船拖网法的基础上创造而成，距今已有600多年历史。作业渔船分“偎船”“网船”两艘。偎船即主船、指挥船；网船即副船，船体较小，一般长6米左右，俗称“丈八河条”，后在左右两舷加装了一根或两根肉肋，俗称“单拦河”和“双拦河”。起初船头没有船眼装饰，称为“瞎眼龙头”，直至大对作业盛行，船体逐渐扩大，有了甲板和其他较为先进的装置，才有了船眼装饰，舟山的渔船才逐渐定型。大对船之所以称为“大对”，一是船大，二是船结对，这才有“大对”之名。其中因船的“梁头”宽狭，又有“大、中、小”对之分；又因船甲板和后舱比例差异，产生了“老式”和“新式”大对的区别。

大对船的船员有明确分工和称谓。偎船上有老大、多人、头多人、拖头猫7~8人，网船上也有老大、多人、出网、出袋、拖下纲、拔头片等7人。网船上的船员以网师和起网人员为多，因网船负责放网、起网等事项，并装载渔网和渔货，而煨船则负责带偎工作，故两船的人员配备和技术专长有所区别。

大对作业具有传统的渔场和捕捞对象。旧时，大对作业的捕捞对象为小黄鱼，渔场以沈家门为基界，沈家门以南海域为南洋渔场，以北为北洋渔场。南洋渔场为洋鞍渔场和鱼山东北首一带，旺汛期为春分至清明，约半个月，俗称“南洋旺汛”。北洋渔场为嵊山渔场、佘山、吕泗洋一带，旺汛期为清明至谷雨，常有一网下去可装满两船的盛况。过了立夏，大对作业开始转入岱衢洋捕大黄鱼、乌贼等，俗称为“洋生市”。

大对船的作业惯例：一为放网。放网时采用顶风顶流方式，以中速或慢速行驶，待偎船从右舷相对方向和网船相遇时，即将右翼曳纲和支纲抛给偎船，系于偎船尾部后，网船开始下网。下网后，网船慢车，投出左曳网纲系于偎船的相对位置上，然后进行拖曳，俗称“来回放网”。还有一种放网方式是，网船定位后，偎船从同一方向行驶，向网船靠拢放网，俗称“平行放网”。二为拖曳。拖曳时，一要注意船舶能力、两船间距、拖曳方向等；二要注意潮流、风向等特征；三为起网。拖曳到一定时间后，网船就开始起网，起网的最大特性是带偎，即网船起网时，偎船用带偎绳将网船横向拖开，以便于网船右舷起网，使网形继续维持正常状态，以免起网时发生其他事故。

大拖风

舟山渔区对海上捕捞作业的一种俗称，也是一种传统的捕捞作业方式。

所谓“大拖风”，即一种大小鱼类均可捕捞的作业方式。因其网具大而眼细，且从海底大面积布网拖捞，犹如刮风一般，可将大小鱼类统统拖进网内，故谓“大拖风”，也称“海扫帚”。

“大拖风”作业于1959年从广东引进，由于其网大眼小，把幼鱼都捕杀了，属于一种灭绝性的捕捞，故于1969年被禁止。20世纪70年代中期改为机帆船作业，但网具做了改进，只允许在禁渔线以外的海域作业。渔法类似对网作业，但曳网时间长于对网。捕捞鱼汛为春夏汛3月至6月，秋冬汛11月至次年1月，捕捞鱼类较杂。

担双身

舟山民间对怀有明显身孕女子的一种俗称，或谓“双身阿姆”。

此话源自孕妇异常的体态形象。因孕妇腹中多了一个胎儿，可谓“双身人”“四眼人”。“担双身”只是对孕妇异常体态的一种描述，此话的背后却隐含着许多规俗。

在民间传统观念中，“双身人”是特殊之人，因此，被给予格外的照顾和礼让，并有诸多禁忌，要求孕妇自觉遵行，否则便会受到谴责。一忌参与喜事，人家婚嫁，不能做伴娘，并铺床、吊蚊帐、搬弄家具等，不能进入新房或在婚床上坐卧，否则会导致新娘不育或新婚夫妇不和；二忌参与丧葬活动，认为“生人”与“死人”要冲犯，会导致胎儿发育不正常、难产、怪胎等。三忌参与工艺性制作活动，认为五行八作均有行业神，忌孕妇面对面观看或参与劳作，否则会冲犯行业神，为工艺制作带来损害。四忌观看木偶戏，认为木偶都是用布制成的，看了木偶戏，就会生下怪胎无骨儿，俗称“软骨头”。五忌跨越牛绳，认为牛马的产期为 12 个月，跨越牛绳，孕妇的产期就会延长至 12 个月。六忌跨越秤杆，旧时的秤是 16 两为一斤，跨越秤杆，孕妇的产期会延长至 16 个月，同时，因秤杆上刻有“北斗七星”“南斗六星”和“福禄寿”三星，谓之天象，孕妇跨越秤杆，认为是对天神的不敬。七忌用针或钻子戳东西，认为要惊动胎儿，将来会生出瞎眼儿。八忌用绳生火，认为用绳生火，会使婴儿不断垂涎。九忌站立于用刀砍东西人的面前，认为会惊动胎儿，导致婴儿破相。十忌进寺庙烧香拜佛，认为要冲犯神灵。同时禁忌孕妇吵架、杀生、搬重物或进行剧烈运动和刺激性较强的活动，认为会惊动胎儿，导致流血、流产，影响胎儿的正常发育与成长。

上述规俗与禁忌，虽非科学，但许多事例极富关联性与想象力，目的都是希望未来的孩子健康、活泼、可爱、聪明。

此话用于日常生活中，人们常把体态肥胖、挺着大肚子的人，戏称为“担双身”，或谓“双身阿姆”，常曰：“该人肚皮大得像双身阿姆介。”

淡菜干

舟山民间对晒制淡菜的一种俗称。“淡菜”，学名“贻贝”；“淡菜干”，即新鲜淡菜煮熟后用太阳晒干的一种加工方式。

淡菜干是舟山传统的加工习俗，是高档干水产制品，享誉国内外。其制作技艺通常有以下工序：

一、烧煮：先将大锅水烧开，把采集来的淡菜装在竹篮里，放到大锅中煮，煮到八九成熟时捞出。

二、取肉：用小刀将淡菜肉一只只从壳中取出。

三、二次煮：把剥出来的淡菜肉装在竹篮里，放在已烧开的水中再煮一次，时间不用太长。

四、晾晒：将完全煮熟的淡菜肉取出，晾在通风处，沥干水分；再把淡菜肉一个个放在岩石或竹席上，在太阳下暴晒，直至晒干为止。一般晒至三五天就可干。

稻花会

这是一句习俗性的活动称谓。旧时，每逢五月小满时节，桃花岛都要举行盛大的“出会”活动，因此时正值稻穗开花时节，故名“稻花会”，现改名叫“桃花会”。

桃花岛历史悠久，在秦汉时期就有人在岛上开展生产活动。宋朝以来，文人墨客已在岛上留下墨宝。到了明清时期，岛上佛教盛行，建有圣岩寺、顶首庵、白雀寺等，其中有一座茅山庙，是为纪念治愈明朝皇帝朱元璋皇后之病的名士张茅山而建。据传，张茅山心好侠义，文武兼优，精通医术，平生淡泊仕途名利，深受百姓爱戴。张公逝后朝廷追赠敕封“惠孚侯王”。当地百姓为纪念张公建了茅山庙，并于每年五月廿三举行隆重的“出会”活动。因此时正是稻穗开花的时节，故名“稻花会”。

“稻花会”以庆丰收、祈太平为宗旨，巡游队伍阵容庞大，气势浩荡，多时达 100 余支，队伍长达几公里，足迹遍及桃花岛的村村岙岙。参与人员除本岛百姓外，还涉及六横、虾峙、登步、蚂蚁等临近岛屿。出会期间，江浙、福建、上海一带的客商、游客也纷至沓来，观看、经商，呈现一派欣欣向荣的景象。

现今，“稻花会”改名为“桃花会”，规模和内容都比以前有所扩大深化，已成为桃花岛旅游业发展的一项亮点品牌活动。

东岳会

这是一句习俗性的活动称谓。旧时，每到农历谷雨三月半时节，定海都要举行盛大的“出会”活动，因其中心和主题都是围绕“东岳神”而展开，故称“东岳会”。

“东岳会”是旧时舟山规模最大的“出会”活动，历时七天，范围几乎涉及定海本岛各乡镇，此会旨在祈求东岳大帝消灾免疫，风调雨顺，五谷丰登，国泰民安。民国《定海县志·风俗》：“东岳会俗得之‘三月半（会）’，间数岁行之。先于初十日预赛，谓之‘迎袍’，至十三、十四、十五三日则为正赛，雨则延至十六日或十七日……赛会之时舁东岳及五灵官木像出外游行，导以仪仗、彩亭、抬阁、龙灯、高跷，争奇斗胜。迷信者或沿途仆仆礼拜，或饰为囚犯著红衣者曰红犯，著青衣者曰青犯，或裸露上体，陷勾于肩下悬香炉，曰肉身灯，以媚神邀福，奇形怪状不可偻指，通宵达旦，灯烛辉煌，观者途塞。”

洞　房

舟山民间对结婚新房的一种别称。人们习称结婚新房叫“洞房”，如“洞房花烛”“洞房之夜”“入洞房”“闹洞房”等。为何称结婚的新房叫“洞房”？

此话的由来还有个典故。传说，这一称谓乃我们祖先轩辕黄帝之规定。黄帝战败蚩尤，平息了战争，建立起部落联盟，并采取一夫一妻制，以结束野蛮走向文明时代。但过惯了群婚制的人们仍为抢婚发生打架斗殴事件。因此，矛盾逐渐激化，部落之间又发生新的分裂。黄帝为此经常愁眉不展。一天，他在巡察群民居住的洞穴是否安全时，突然发现有户人家住着三个洞穴，为了防止野兽，周围用石头垒起高高的围墙，只留一个人能进出的门口。黄帝看后很受启发，当晚他就召集所有大臣，说：“我有个制止群婚的想法，不知行不行，请大家商议。”黄帝说：“今天我看了群民居住的洞穴，为了制止群婚以防分裂，唯一的办法就是实行一夫一妻制，今后凡配成夫妻的，都要举行结婚仪式，让部落的群民们聚集在一起，吃酒庆贺，载歌载舞，宣告两人正式成婚。然后，将夫妻两人送进事先准备好的洞穴（房）里建立夫妻感情，学会烧火做饭，学会怎么过日子。今后，凡是成婚入了洞房的男女，就算正式夫妻，再不许抢婚。为了区别已婚与未婚，凡结了婚的女子，必须把蓬乱的头发在后面挽个结。人们一看，就知道这女子已结婚，其他男子均不能再打她的主意，否则依法论处。”

黄帝讲完，众臣一致赞成，并叫仓颉写了法规。法规公布于众后，得到了各部落的支持拥护，人们都争着为自己的儿女挖洞穴（房）、垒高墙，凡儿女们婚配后，就把他们送入洞房。从此，“洞房”一词就这样流传下来。

都神会

这是一句习俗性的活动称谓。旧时，每逢春分二月半时节，定海城关都要举行规模盛大的“出会”活动，因其中心和主题都是围绕“五都神”而展开，故称“都神会”，历时三天。

“都神”，舟山民间称“五都元帅”，也称“五大瘟神”，是专门降除瘟疫的神明，民间建有专门供奉的庙殿，名为“都神殿”，位于定海城关东南城墙脚跟（今解放东路北侧）。此会旨在祈求都神赐福，消瘟免祸，无病无灾，护国佑民，迎接春耕的到来。出会时，有专门供奉都神塑像的“台阁”，以及各种表演队伍，浩浩荡荡，甚为热闹。行会队伍绕城一圈，沿途居民争相观看。

度蜜月

舟山民间对结婚度假的一种美称。结婚度假为何称“度蜜月”？

此话的由来还有个传说。相传黄帝战败蚩尤后，建立了部落联盟，并采取一夫一妻制，以结束野蛮走向文明时代。但也有一些群民仍过不惯一夫一妻制的生活。有一对狩猎能手，男的叫石磝，女的叫木苗。两人举行婚礼后，双双被送入洞房。过不了多久，两人都产生不愿过一夫一妻制的生活。一天夜里，两人越墙逃跑了。

两人逃进了大森林。几天后，又迷了路，两人只好相依为命，靠采野果、野菜充饥度日。一天，他们又饥又累，双双躺在一棵大树下，不料一群黄蜂把两人蜇得鼻青脸肿。石磝发现黄蜂是从树缝里钻出来的，就用火把对着树缝把蜂窝烧毁。这时，有一股蜂蜜从树缝间渗流出来，芳香扑鼻。石磝不知是什么东西，用手蘸了一点，用舌头一舔，非常香甜。断定无毒后，他们用树皮把蜂蜜全都盛起来，以采野果、蜂蜜充饥，就这样在大森林里整整待了一个月。后被黄帝手下狩猎能手发现，才把他们救了回来。

小两口在大森林里经过一个月的生死与共后，谁也离不开谁了，感情越来越好，这才真正体悟到爱情的滋味。当人们问及他们去了哪里时，回想起吃蜂蜜的经历，两人就会神秘地回答：“在度蜜月。”从此，“度蜜月”一词一直流传至今。

对　网

舟山渔区对海上捕捞作业的一种俗称，也是一种传统的捕捞作业方式。所谓“对网”，即两只船并对共捕一张网的捕获作业方式。

“对网”的特点是：以两条船结对为一个生产单位，同时，网具是由翼网和取鱼部或网囊构成，酷似两只“裤脚”，俗称“裤脚网”。“对网”以捕捞大小黄鱼为主，兼捕带鱼、鲳鱼、鳗鱼和其他鱼类。

“对网”作业的渔期长的有十个月，俗称“长船”，当年八月出海，到次年五月回洋，秋汛捕小黄鱼，冬汛捕带鱼，春汛捕小黄鱼，夏汛捕大黄鱼，历四个鱼汛。短的八个月，俗称“八月短”，当年八月出海，到次年三月回洋，历秋、冬、春三汛。最短的，正月出洋，三月回洋，专捕春汛。

“对网”是一种统称，又分小对作业、中对作业、大对作业、背对作业和机对作业。凡“对网”作业的渔船，其网具和捕捞方法大致相仿，只是渔船大小而网具规格不一而已。

堕贫嫂

舟山民间对结婚伴娘的一种俗称。旧时，每当有人结婚办喜事，常能看到为新娘绞面、换装、梳理、端茶，搀扶新娘迎见宗亲长辈，犹如新娘贴身侍从一般的成年女人。她们的态度特别谦卑，脸上总是挂着职业化的笑容，不论别人怎样取笑她，捉弄她，她都不会发火。人们习称她们叫“堕贫嫂”，也叫“堕民嫂”“大平嫂”。

“堕贫嫂”是堕民家的妇女。据《定海县志》载，“四民之外有堕民，谓之丐户。相传为宋将焦光瓒部属以叛宋投金被斥。又传为太祖恶宋将之投元而兵斥。及定户籍扁其门曰‘丐’”。又据《辞海》：“堕民亦作‘惰民’，俗称‘堕贫’，相传其始皆宦家，因遭被杀而籍其家属为堕民”。长期来，堕民的生活、就业有种种严格限制，不许当公吏，不许乘马牛，不许与其他阶层的人通婚，不许应科举考等。堕民中的男子只能从事社会上最低贱的职业，如抬轿、吹打、剃头、打铁、补锅、卖锡、塑土牛土偶等。堕民中的女子只能当伴娘（送娘），所以旧时的伴娘大多是堕民嫂。

早期，定海城区的祖印寺旁有一条弄堂叫“吉庆里”，弄口有一座木牌坊叫“吉庆坊”，城内的堕民就集中居住在这里，俗称“四十间头”。谁家需要雇轿子，请堕贫嫂做送娘，请吹鼓手庆寿治丧，都会到这里来找。这里的房子外砌碎瓦泥墙，内用竹笠隔间，十分简陋。

旧式的婚礼繁文缛节很多，姑娘出嫁没人陪侍和指点是无法应付的，故堕贫嫂就成了不可或缺的人物。每当她们当过某个新娘子的伴娘后，这户人家就成了她的终身之主，结下了不解之缘。每逢主人家有婚丧等大事，她就会前来祝贺，并帮他们做些杂活，讨取些施舍回家，而且对主人的家庭成员、亲戚朋友都十分了解。通常，一个堕贫嫂有很多家主人，她们把主人的家视作自己的产业，主人家的产业越丰、越富裕，她们索取的东西就越多。

风带鱼

舟山民间对风制带鱼的一种俗称。“风带鱼”，即新鲜带鱼经风吹燥晾干的一种加工方式。

“风带鱼”的制作有诸多独特的技艺和讲究。通常有以下工序：

一是剖。取新鲜带鱼若干，去鳍、尾尖、尖嘴，用刀将鱼肚剖开，挖净内脏和鱼鳃，放在盐水中洗净血胫，切不可用淡水清洗，因淡水起腐蚀作用，会影响鱼的鲜度和品质。然后在10:1的盐水里（10斤海水1斤盐）浸泡半小时，取出后沥干。

二是“风”。“风”是一道很重要的工序。“风”即将鱼吊挂在晒不到太阳的通风处，让西北风吹燥晾干。先用细绳从鱼鳃板穿进，往鱼嘴通出，打个死结，用竹竿将多条带鱼串成一排，然后悬吊在屋檐下及太阳晒不到的通风处，让西北风将鱼自然吹燥晾干。“风”的时间一般为两天，鱼体外干内软即可。

“风带鱼”也可不加盐水浸泡而直接风燥晾干，但只能在入冬以后方可加工，因为冬天天气寒冷，西北风猛，鱼体容易干燥，脱水快，不易变质。如气温高，不经盐水浸泡，带鱼就会发油、变色，影响品质。

风带鱼“风”的时间不宜太长，也不宜久存，要及时食用，时间长了一要干，二要发油，三要失去鲜度和变味。同时，“风”时绝对不能被太阳晒着，否则鱼体会形成棕黑色的油脂，食用时会产生“麻涩”的口感。

风　鳗

舟山民间对风制鳗鱼的一种俗称，是一种将新鲜鳗鱼经风吹晾燥而成的鳗鱼成品。

“风鳗”亦称“鳗筒”，其加工技艺大致与“鳗鲞”相同，所不同的是剖的刀法不一样，“风鳗”是从腹肚剖开，而“鳗鲞”是从背部剖开。“风鳗”的制作技艺，通常有以下工序：

一、先用稻草或粗糙布块擦去鳗鱼表面的油腻之物。

二、用刀从尾部经腹部剖至头部，取出腹中内脏，然后用干布抹去鱼体水分及血渍等物。切忌用淡水清洗，不然会影响鱼的品质且不便于保藏。

三、把鱼体脊背朝下平摊于案面，用盐在嘴部、腹部、鱼体上涂抹一遍，盘在桶内盐渍数小时（盐渍时间根据主人咸淡口味而定），让盐分充分渗入鱼体内。

四、取出鳗鱼，沥去湿卤，用数根竹片撑开鱼肚，悬吊于屋檐、阳台及晒不着太阳的通风处，让西北风吹晾干燥，切忌用太阳晒。一般四五天后，鱼体外表干燥即可食用。

在渔区，还有两种制作方法，一种叫“扎鳗”，一种叫“撞鳗”。“扎鳗”的制作工艺大致与上述相同，不同的是，不用竹片将鱼肚撑开，而是涂完盐后，将腹部合拢，用细绳从尾部到头部呈螺旋状将鳗体扎紧，悬吊于晒不到阳光的通风处。注意鳗体在被风吹动时不要碰到其他物体。

“撞鳗”的制作加工一般都在渔船上进行。其特别之处是盐渍的过程。因渔船上多的是老酒埕，渔民就用酒埕来盐渍风鳗。即先在空酒埕内灌满掺有盐的海水，再把刚捕捞上来的活鳗直接放入酒埕内，活鳗就会在盐水中不断乱撞，其血液奔散全身，直至撞死盐透，然后悬吊于船上风晾干燥。

凤冠霞帔

凤冠霞帔是一种服饰称谓，也是古代贵族女子和受朝廷诰封的命妇装束。旧时，舟山女子出嫁时盛穿这种服饰，以此来显示荣耀与富贵。

凤冠，是古代贵族妇女所戴的礼冠。明清时期，一般女子盛饰所用彩冠，也称为凤冠，多用于婚礼时。帔子，出现在南北朝时期；到了宋代，将其列入礼物行列；明代时，自公侯一品至九品命妇，皆穿着不同绣纹的帔子，因其形美如彩霞，故名“霞帔”。

霞帔形如一条长长的彩色挂带，穿着时绕过脖颈，披挂在胸前，下端垂有金或玉石的坠子。舟山女子为何在出嫁时可享受这等至高无上的殊荣呢？这一传统习俗还流传着一段动人的故事。

相传北宋靖康年间，番邦兴兵侵犯中原，康王赵构不敌金兵弃城逃到了舟山。他刚弃舟登岸，金兵也尾随追来。他沿海边一路奔跑，忽见前面有个村庄，村头的破庙前有一位村姑正在晒场上扬谷。康王飞奔过去，向村姑拱手作揖，要求救援。村姑听后抬头一看，果见远处尘土飞扬，马蹄声声。村姑见他生得眉清目秀，顾不得许多，叫康王藏在箩筐里。箩筐太浅，康王的半个头还露在外面，村姑灵机一动，解下身上的牏身布襕，往康王的头上一盖，又将一结稻草朝上面一遮。自已仍若无其事地扬起谷来。

当金兵追到问村姑时，村姑不慌不忙地说，向东边的方向逃去了。金兵信以为真，便挥戈跃马向东边方向追去。这时，村姑的嫂子也来帮忙扬谷，她偶然掀开箩筐，吓了一跳，箩筐里竟藏着一个眉清目秀的书生，暗想：姑娘十八不可留，何不牵线做红娘。于是，嫂子笑眯眯地对康王说：相公若有爱慕之情，我做嫂子的做主，将小姑许配给你。康王见这位姑娘用巧计瞒过了金兵，使自已躲过了这场杀身之祸，使他绝路逢生，万分感激。便满口答应，并说明了自己的身份，当即向村姑许诺，若有重登皇位之日，遣人迎亲，封姑娘为“娘娘”，戴凤冠、披霞帔、乘花轿，吹吹打打，喜庆三日。并指着眼前的村庄和小道说：此庄赐名“紫微庄”，此道封为“逃君弄”（意为“君在此弄里逃过”）。指着路边菜地被其踩踏过的“软菜”说：此菜赐名“君踏”（意为“被君踏过”）。说罢匆匆上路，与村姑依依惜别。直到现在，“紫微”仍为定海的一个地名。如今，紫微一带的百姓，仍称“软菜”为“君踏”。

自康王去后，一别数载，杳无音讯，村姑相思成疾，不久竟一病不起。忽一日，庄上传来康王登基接位的消息，村姑以为康王朝三暮四，忘恩负义，病上加气，一时想不开，竟悬梁自尽了。康王登基后，并未忘却村姑，只因百废待兴，一时忘了迎亲报恩。等他降旨往紫微庄迎娶村姑时，不想村姑已命赴黄泉。康王闻知，悲恸万分，便传旨：凡今后舟山女子出嫁，都要戴凤冠、披霞帔、坐花轿，享受三天的“娘娘”待遇。从此，舟山女子出嫁时，就有了戴凤冠、披霞帔、坐花轿的习俗，并有“新婚女子三日王”一说。

缚手脚

这是一句礼仪性的生育俗称，也是一种习俗。旧时，婴儿出生后，俗信将婴儿的手脚连同衣服一起用红丝绳捆绑起来，人们称这种行为叫“缚手脚”。

在民间，婴儿出生后缚手脚已成一种习惯。这种捆绑，一是为了避火驱邪；二是一种巫术行为，说是捆过手脚的婴儿，长大后手脚会规矩，不会乱摸乱动或干出偷盗之事；三是因为婴儿幼小体弱，捆住手脚后，可确保其不受伤害或进风受凉。故婴儿出生后大多要捆绑。

缚手脚之俗至今仍在沿用，并引用于日常生活中。如遇某一孩子手脚不停、多动，甚为顽皮，常会说：“该小囝皮足嘞，小辰光手脚呒没缚过!”

供老三大人

这是一句礼俗性的称谓。在民间，每逢供祭祖先做羹饭时，必附带在自家院子里用小桌子供上香烛饭菜，人们称这种仪式叫“供老三大人”，也叫“做老三羹饭”“请老三大人”，是专门供祭“小鬼”，或无辈无属野鬼的礼俗羹饭。

“老三大人”，也称“老三伯”“老三人客”，是舟山民间对三类死鬼的一种传统俗称。何为“老三”？一是指怀中堕胎的死鬼，二是指出生后夭折的小孩，三是指未结过婚的男女死鬼。因为这三类死者一般都不能上堂立牌位。为尊重这三类死鬼，但愿他们不随意作祟，庇护家人安全、顺利等，故要另行供祭。并冠以“老”“伯”“人客”尊之，故谓“老三大人”“老三伯”“老三人客”。“老三大人”属于阴间小鬼，因不能进屋与祖辈同桌开食，故要另行供祭。

“供老三大人”有三种类型：

一是逢年过节供祭羹饭时，必附带做“老三羹饭”。供祭时须在太阳落山后这段时间，故称“做夜羹饭”。相传“老三大人”是阴间小鬼，难见阳光，活动于夜间，且不能进屋与祖辈同桌开食，所以都于夜间供祭。供祭的摆设及程序比较简单：在院子的一角，用小桌子或在地上用米筛、脚桶翻面当桌面，点上三支清香，摆上三杯酒、三双筷、几碗菜肴（必须有鱼肉）、三碗饭，或几盆糕点水果即可。参拜形式与其他羹饭一样，待一支香后，要焚烧经箔。

二是一年之中，凡家庭人员，碰到有麻烦不顺利，或身体不适，久病不愈等事宜，认为是“老三大人”在作祟，或冲犯了他们，则要单独供祭，愿能得到他们的庇佑。形式、程序与上述相似。

三是殡礼之中，在念伴道士做施食超度时，也要附设供祭“老三大人”，俗称“摆地摊”。但场面比较大，区别于上述两种类型。其供祭地点通常都是在“灵堂”屋外道地，即“观音高桌”旁边的地上，铺上一块晒谷用的篾竹簟，在竹簟朝“灵堂”大门边沿上放两副蜡烛台，中间摆香炉。在竹簟三围边沿上摆二十四双筷、二十四杯酒、二十四碗饭（三边均分）。在篾竹簟中间放上五盆素菜（具有“金木水火土”象征的菜肴），五盆糕饼，五盆荤食。供祭结束后，焚烧经箔纸钱。

海　钓

舟山渔区海上捕捞作业的一种俗称，也是一种传统而古老的作业方式。

所谓“海钓”，即利用鱼蟹的贪食性，以饵诱其上钩的一种作业方式。海钓作业较为古老。早在新石器遗址中就出土许多骨鱼卡和骨鱼钩，可见用钩钓鱼的作业方式早在远古时代就开始了。“海钓”是一种统称，根据钓具结构及作业习惯，大致分为三大类：

一是“竿钓”。所谓“竿钓”，即用竹竿垂钓的作业方式。通常是用一根竹竿，竿的顶梢系缚一根钓线，线的顶端系有针钩，钩上挂着鱼饵，线上串有若干浮沉子，这就构成了竿钓的渔具。竿钓的渔法有两种：一种是人站在海边礁岩或堤岸上进行，一种是随船在海中垂钓。竿钓的鱼汛主要在5~9月，主钓鲈鱼、鳓鱼、马鲛鱼、白果子等。也可常年在海礁边垂钓其他杂鱼。在海岛渔区，竿钓被视作一种闲散时的副业，俗谓“钓鱼搿蟹，添米加柴。”

二是“手钓”。所谓“手钓”，即没有竹竿，直接用线系钩挂饵进行垂钓的一种作业方式。其渔具由钩、锡锤、钓线、旋围圈、绕线筒等组成。垂钓的主要对象为石斑鱼。作业时一般随船在海上进行。船为木质的小舢板，船上备有活水舱，以便钓上的鱼在活水舱内暂养。

手钓的渔场大多在中街山列岛和嵊泗列岛海域。钓期旺汛大多在 6~9 月的起水和小潮汛。其作业程序是：一为鱼饵。鱼饵必须要新鲜，以泥鳅、蓝圆鲹鱼为佳。装鱼饵时，要保持针体平直。二是放钩。小船抵达作业地后就可放钩。放钩时，船应逆流而行，钓者将钓具抛出后，应不时牵动和调节钓钩的高度。三是放线。钓时若饵被鱼咬住，手牵的钓线会产生突然的增重感，此时应猛拉钓线一次，以使钓钩牢牢扎进鱼嘴，以防鱼逃脱，然后慢慢收线，以确保石斑鱼成活。上钓后，脱去针钩，并进行刺鳔放气，再将鱼放入活水舱内暂养。

手钓除主钓石斑鱼外，还钓鳗鱼、鳓鱼、鮸鱼、黄鱼、蟹等。按渔区惯例，手钓作业通常在秋季淡汛时进行，因大黄鱼汛期过后，石斑鱼身价就会提高，故手钓石斑鱼为主要目的。

三是“延绳钓”。所谓“延绳钓”，就是钓绳可不断延伸，且一根绳上装有数枚钓钩的一种垂钓方式。其钓具由干线、支线和钓钩等组成。延绳钓多为随船出海钓捕。因渔船、钓具及钓捕的鱼类不同，其钓法和名称亦各有不同。如按渔船分，有母子式和单船式两种。所谓“母子式”，由一艘大型渔船即“母船”和若干小船即“子船”组成。“子船”通常在四只以上，俗谓“大钓”，二三只的俗谓“中钓”，单船一只的俗谓“小钓”。“小钓”又称“乌郎鼓”，因小钓船航速快，能抗风浪，且肚大酷似河豚，故称“乌郎鼓”。

如按钓具敷设的水层分，有“轻钓”“重钓”两种。“轻钓”即浮延绳钓，“重钓”即底延绳钓。若按饵料分，有“空钓”“蟹钓”“冷钓”三种。“空钓”即一种无饵料的钓法，也叫“拉钓”，专钓鲨鱼，俗称“鲨鱼钓”；“蟹钓”是一种有饵无钓钩的钓法，主要钓捕梭子蟹。“冷钓”即用木碇将钓具敷设于海底的一种钓捕方式。按作业方式有定置作业和流动作业两种。若以鱼类分，有带鱼延绳钓、鳗鱼延绳钓、鳓鱼延绳钓和河豚鱼延绳钓等。舟山渔区都以带鱼延绳钓为主，俗称“钓带”。

带鱼钓的渔场大多在大陈、披山渔场，鱼汛为每年立秋至冬至后，俗称“钓秋带”。带鱼钓的程序有以下几个特点：一是预备。即在钓捕前先要做好切饵、装饵工作。为避免钓线混乱，须把装饵的钓线盘放在竹篮里，并配好浮标、沉石、碇或锚。二是放钓。船到渔场后，要低速行驶。母船放下子船，子船上一般有 3~4 人，一人摇橹俗称“橹手”，一人站在船首称为“前手”，一人站在船尾称为“后手”，站在船中的一位叫“三手”。由子船“橹手”操作船位和船速。先由“后手”抛出浮标和沉石，随之“前手”依次放钓钩。放完一筐后再与下一筐相接，并接上浮标与沉石，直到抛完。三是起钓。当全部钓线放完后，随即到第一钓筐的浮标处进行起钓。起钓的分工大致为：“前手”负责起钓上船，“后手”负责摘鱼和换饵，并重新将钓钩抛入海中，“三手”负责切饵及协助“后手”工作。

带鱼钓均为漂流式的作业方式。若是黄鱼钓、鮸鱼钓、河豚鱼钓、鲨鱼钓等，均为定置式作业。即利用木碇或铁锚将钓具固定在海底，选在缓潮时起钓，并要将渔具全部收上后再放钓。而蟹钓因钓钩装置不同，起钓时须用抄网捞取。

合八字

这是一句婚嫁俗称，也是一种习俗。旧时，男女双方经媒人做媒提亲、初步认可后，男方要备果品礼物，择吉日去女家询问姑娘的芳名及年庚八字，并将男方名字及生辰八字的红帖交给女方，俗称“合八字”，也叫“请庚帖”、“问名”。

所谓“八字”，即一个人的出生年、月、日、时配以相应的天干地支，每项两字，四项共八个字，故谓“八字”。然后根据这八个字推算一个人的命运，预测两个人是否相合。

旧时，“生辰八字”是决定男女婚姻的主要因素。特别是女方，许多做父母的在女儿出生之后，赶紧请算命先生给自己的女儿找个好的生辰八字，以免将来长大后合婚时合不成，故旧时很多女性的出生年月日是假的，许多是伪造的，俗有“男命无假，女命无真”之说。

在民间，人们的阴阳等信仰观念极重，有五行相生相克之说，又有属相相合相冲之说，一事不合，婚事就难以成功。比如，木命碰到火命、水命，谓火焚木、水淹土，相克；水命碰到土命，谓土掩水，相克。又如属相中的龙与虎，谓“龙虎相斗”；鸡与狗，谓“鸡犬不宁”；虎与羊，谓“羊落虎口”；蛇与鼠，谓“蛇吞老鼠”等。

总之，如男女双方年庚相配，生肖无相克，生辰无相冲，就可基本确定婚姻关系。

贺 郎

这是一句婚嫁俗称，也是一种习俗。旧时，在男女婚礼的当天晚上，民间俗信要组织亲朋好友围坐在厅堂里，庆贺新郎新娘结成秦晋之好，人们称这种仪式叫“贺郎”。“贺郎”是舟山民间婚礼中独具魅力和特色的、深受群众喜爱和欢迎的一项重要形式。每当“贺郎”时，厅堂里灯火通明，人声鼎沸，热闹非凡，笑声连天。

“贺郎”有一套较为严谨的程序。晚宴后，在大堂里用三四张八仙桌拼成一长方形台面，四周摆放凳椅，桌上放有香烟、各色水果、糖果、糕点和菜肴冷盘等。上横头坐新郎新娘，下横头坐两位能唱会道的“郎头傧”，两横围坐男女嫔相，四周围坐贺郎朋友及看客。

“贺郎”仪式主要有以下内容：一是“开场”，即由“郎头傧”唱一曲“贺郎调”开场，请出新郎新娘就位；二是“看袄”，即由“郎头傧”根据新娘身上穿戴的服饰，编词唱曲，从头到脚唱下来，唱一样，看一样；三是唱“敬酒词”，共为 12 杯酒，以敬酒掌控时间，唱完为结束；四是“唱盆头”，即每敬一杯酒后，“郎头傧”根据桌上摆的盆头编词唱曲，现编现唱，唱一盆吃一盆，如唱到黄鱼时，即唱：“鱼汛黄鱼咕咕叫，新郎捎鱼出早潮，捎来黄鱼红烧烧，新娘吃了眯眯笑。”这时，新郎要用筷子夹桌上黄鱼，要求新郎新娘对嘴尝鲜；五是穿插请新郎新娘即兴答题、趣味活动和互动节目，如答不上或表演不了，则罚酒或表演模仿滑稽动作及小节目；六是“收场”，即由“郎头傧”唱“收场曲”结束。

“贺郎”的气氛全凭“郎头傧”掌控，好比“节目主持人”，整个气氛、节奏、高潮都由他来调节、营造。许多时候需要即兴发挥。

红房、红人

这是一句避讳性的生育俗称。在民间，人们习称孕妇生产后一月内的产房叫“红房”，称产妇叫“红人”。常曰：“该是红房啦，莫进去。”意谓非侍值人员不能进入，须回避。

此话源自产妇生产时大量出血，故谓“红房”“红人”，有不洁不净之义。旧俗中，人们对“红房”“红人”有许多讲究和禁忌：一忌外人进入“红房”，如不小心进入，则一月内不可进寺庙烧香拜佛，否则要冲犯神灵；二忌老人或长者进入“红房”，认为婴儿过早见到老人或长者，会“折福减寿”；三忌在“红房”周边发出剧烈的响动或惊吵，以免影响产妇休心养息。因此在日常生活中，人们常用“隔壁有生母娘啦，轻一点”这句话来提醒大家，不可大吵大闹、大喊大叫。

划旱船

舟山民间一种艺术表演形式的俗称。“划旱船”，也叫“跑旱船”“调彩船”，是流行于舟山民间的一种舞蹈表演形式。每逢迎神赛会或庆典活动，民间都以划旱船前来助兴。

关于划旱船的来历有两种说法。一说歌颂大禹治水。相传当时洪水横流国中，尧命禹一面治水，一面大力制造船筏，拯救灾民。洪水退后，船筏便搁在陆地上。农民每于耕作之暇，在空场上推船玩耍，叫作“跑旱船”。不料这个游戏被尧的儿子丹朱看到，丹朱傲慢地坐在船上，经常逼着老百姓推“旱船”供他取乐。为了统一步伐，只得喊出号子。后世在玩这项活动时，嫌木船太笨重，就改用布帛或彩纸糊船。

二说蔡状元监造洛阳桥。相传蔡状元领工建造洛阳桥时，由于资金缺乏，无法按期完成，但自己贫穷，又拿不出银子，心里焦虑不安。有一天，观音菩萨路过桥梁工地，见蔡状元领工修桥，方便大众，想助他一臂之力。于是暗中变化为一个民间女子，貌若天仙，体态妩媚，向蔡状元当面说明，想在人多众广的桥梁工地择婿，自坐船舱漂游水面，让愿为婿者以金银为弹打彩，朝她身上掷去，打中者即婚配不悔。所掷船舱金银一律归民工造桥花费。蔡状元喜出望外，亲自组织选婿活动。告示贴出后，当地公侯世子、员外富翁纷纷云集河岸。谁知三日内竟无一人打中，却积攒了数以万计的金弹银丸。此时女子却不见踪影，随风而去。众民工瞠目惊恐，后来得知原是神女下凡资助。如今民间在表演划旱船时，船内的主人都是女性，只有撑船的艄公才由男子扮演，即由此而来。他们的关系也因地而异，有些是“父女关系”，有些是“夫妻关系”，也有反映“兄妹关系”的，其服饰、化妆均按人物关系的差异而有所不同。这项民间舞蹈活动有广泛的群众基础，人们喜闻乐见。就表演来看，生活性很强，一系列水上动作，使人有身临其境的真实感。

船是舟山人生产生活及交通的必需工具，是舟山人的命根子，由此形成了划旱船的习俗。划旱船有单船、双船、群船之分。船身通常由篾竹制成架子，四周围彩布，上扎花朵、彩带、明镜、浪花，船体下方裙幔拖地。每只彩船由一人或二人掌握，有的还做假脚搁于船面，似人坐在船舱上。表演者身穿彩服或戏剧装扮，手持木桨作划桨动作，将船身带动作水上飘逸之状态。有的船前由一武功较好者扮演船工导航，开场前先要一套拳脚，接着再进行群体表演。

黄花闺女

民间常把还没有结过婚的年轻女子叫“黄花闺女”。黄花闺女代表着女子的清白与贞操，是未出嫁年轻女子的代名词，特别受人们的珍惜和爱怜。

为何称未出嫁的年轻女子叫“黄花闺女”呢？这一称谓的来源可追溯到南北朝的宋武帝时代。

相传，南朝宋武帝刘裕的女儿寿阳公主在一年的正月初七（人日），与宫女们在宫廷里嬉戏，躺卧在含章殿檐下。这时花香扑鼻，腊梅盛开，一阵微风吹来，将梅花吹得翩翩起舞，有几瓣竟吹落到了她的额头上。拂去花瓣后，她的额头上留下了斑斑花痕，竟使寿阳公主更加妩媚动人，宫女们都大为赞赏。从此以后，她便经常摘几片梅花，粘贴在额头上，以助美观，宫女们也都跟着效仿起来，成为宫女的时尚，人们把这种打扮称为“梅花妆”，简称“梅妆”。又因为此种装扮起源于寿阳公主，也有把它叫“寿阳妆”的。

由于腊梅有季节性，不能经常使用，于是她们便采集其他黄色花粉，做成涂饰粉料，代替腊梅，长期使用。人们便把这种粉料称之为“花黄”“额黄”“鸦黄”或“蕊黄”。

这种妆扮不久便在民间流传开来，特别是那些富家大户的女孩以及歌妓歌女，更是争相仿效。《木兰辞》中的花木兰“当窗理云鬓，对镜贴花黄”，在当时人们看来，不贴花黄，就缺少了女性特征。于是用黄颜色在额上或脸上两颊画成各种花纹已成为年轻少女的一种装饰。但少女出嫁以后，就要改变这种贴黄的装饰，另作一番打扮。这样，“黄花闺女”就成了未出嫁年轻女子的代名词了。

这种贴黄习俗一直沿袭到金、元以后，才慢慢消失。女孩虽然不再贴黄花了，但人们仍习惯地把没有出嫁的女子称为“黄花闺女”。另外，据古文献载，“黄花”乃菊花，因菊花傲霜雪耐严寒，所以人们常用以比喻人有节操。这样，富有女性特征的“花黄”与喻人节操的“黄花”都统一在年轻少女的身上，称“黄花闺女”，表明闺房中或未结婚女子的清白与贞操。

黄鱼鲞

舟山民间对晒制黄鱼的一种俗称，是新鲜黄鱼经太阳暴晒而成的一种黄鱼成品。黄鱼晒鲞历来是名贵海产品，并被历代朝廷列为贡品，现已被列入省级非遗保护名录。

“黄鱼鲞”的制作技艺非常讲究，其中有诸多独特的工序：

一是剖鲞。剖鲞即剖杀鲜鱼之方法。剖鲞以清晨为宜，剖法讲究“三刀”，俗称“三刀鲞”。第一刀剖在背鳍下方和侧线中间，自头鳃骨上方直至肛门上方，刀口深度切至脊骨。第二刀剖在鱼体另一面的胸鳍下面，剖开肌肉。第三刀在肛门附近，切至脊骨并使刀口稍倾斜。然后从第二刀口处掰开鱼体，取出内脏。内脏取出后切忌用淡水洗净，因淡水会起到腐蚀作用，会影响鱼鲞的品质和保藏。

二是上盐。即把盐撒在鱼体内。撒盐时，把鱼体平放在鱼堆上，鳞面贴盐，肉面朝上，两手捧盐，撒于肉面，并用力紧压自头部推向尾部，使盐嵌入鱼体中。撒盐必须均匀，用盐量根据气温和鱼体鲜度一般在20%~25%。

三是落桶。用一只圆形木桶，将鱼鲞放于桶内。落桶时，将鱼头朝桶壁，鱼体朝上，背鳍稍向上倾斜，肉边砌在上面，顺次堆砌，排成圆形。中央空隙部分，同样要排砌填满，切忌留有空隙。一是因空隙处留有空气，会影响鱼鲞的品质和质感；二是空隙处会存积大量盐渍，影响鱼鲞的咸淡适度。每砌一层，撒2%~3%的隔盐。满桶后，上面再加一层5%的封盐。撒隔盐时，要下层稍稀，上层稍浓，以便盐粒逐渐溶化下沉，使上下浓度一致。

四是加压。盐渍2~3天后，在鱼鲞上盖个竹笠，上面压上大石块，一是使盐分充分渗透于鱼体内，二是保证鱼鲞的挺硬和质感。

五是出桶。落桶后一般盐渍四昼夜，就可出桶。出桶时，再仔细观察肉面。如鱼肉呈淡黄色且均匀，表明盐分渗透适度。若个别部分呈青灰色，则表明用盐过多。若呈红色或暗红色，则表明盐分不足，须再补盐，延迟 1~2 天再出桶。

六是漂洗。出桶后，把鱼鲞放入清水中漂洗，除去盐渍。并将布块将附在鱼体上的血块、污腻、油质，特别是头部油质除去，以提高质量和延长保藏。洗净后的鱼体，若鳞片已松，表示鱼体表面肌肉组织松弛，这是脱盐适度的标志。若鳞片仍紧贴鱼体表面，说明脱盐还不够，还需浸泡一定时间。或者用手推摸鱼体，若感觉光滑，便是脱盐适度；若感觉粗糙，便是脱盐不够。总之，“腌要腌咸，洗要洗淡”，这是鱼鲞制作的要诀。同时，洗净后要用易吸水的毛巾将水渍擦干，一是因淡水会影响鱼鲞的品质和保藏，二是易于缩短暴晒时间。

七是晒鲞。将鱼鲞平摊于竹簟上面在太阳下暴晒。出晒时，要掀开鱼鳃盖，肉面朝上，排列整齐。先晒背，后晒腹，每隔 2~3 小时翻晒一次。如阳光不强烈，可将竹簟铺在地面上暴晒，以借助地面的热气。如阳光强烈，可使竹簟离地 60 厘米左右，以便上下通风。第一天午后翻晒时要整形一次，即把鲞片尾部轻轻向肛门压弯，使鲞体成圆形，增加美观。太阳落山后收鲞入屋，上盖草席，待次日再晒，一般晒 5~7 天后，可充分干燥。

八是入库。库房储藏处的四周要用稻草围护，形成“桶墙”，以防潮和通风。出运时，先要晒一天，再装入篰篮，并在篰篮的四周填以稻草，以防返潮，然后上盖加封。

机对船

舟山渔区对海上作业渔船的一种俗称，也是一种传统的捕捞作业方式。

“机对船”，也叫“机对”，即有机器动力的机帆船从事对网作业的一种捕捞方式。机对船有“小机对”和“大机对”之称。“小机对”即小机动船对网作业，是由小对作业发展而来，每船 12~13 人，以捕大黄鱼和带鱼为主。“大机对”是由大对作业发展而来，每船 26~32 人，以捕大小黄鱼、带鱼、墨鱼“四大家鱼”为主。它的主要特点：一是机器动力操作，不受潮汐风向所限，并在船型、网具、渔法上均有改进，即航速快，抗风浪能力强，可常年生产；二是作业技术基本上袭用了传统对船的操作方式，易为广大渔民所接受和掌握，故一经推广，得到了普遍的欢迎和迅速发展。

祭 海

舟山渔区一项习俗活动的俗称，也称“祭龙王”。

在渔民的心目中，海龙王是大海之神，它能上天入海，呼风唤雨，神通广大，喜怒无常，既能赐福人类，又会给人类带来灾难，故渔民对它具有敬畏之心，并把自己的命运寄托在海龙王身上，于是形成了“出海祭龙王、拢洋谢龙王、求雨靠龙王”等一系列有关龙的崇拜和信仰习俗。

“祭海”是渔民在鱼汛开捕前供祭龙王及海上诸神的一种祭祀仪式，其目的是祈求龙王保佑，海不扬波，平安无事，满载而归。据舟山古志书记载，早在南宋时期，就有官方公祭龙王庙的活动。宋乾道五年（1169），宋孝宗下诏在舟山公祭东海龙王。嗣后，每年六月初一为公祭龙王日。据清光绪《定海厅志》记：“龙王祠，在城南天后宫东，每年六月初一致祭，春秋两仲又合祭灌门、桃花、岑港龙神于祠内。”并记有钦颁祭文。民间祭龙王虽无记载，却更频繁，每逢鱼汛开洋、谢洋时，渔民均要举行祭海仪式，俗称“谢龙水酒”或“行文书”，所祭所谢的都为龙王。

传统的祭海，多为每年的农历立夏，起先设在龙王宫（殿），后移至海边滩头或渔船甲板。仪式隆重庄严，通常有以下形式与程序：

一是立图腾。以龙王神位为“图腾”，通常为一长方形黄宣纸，俗称“祃”，上书“东海龙王”或“四海龙王”，置于供桌上位。

二是竖旗幡。一般为五种旗型，插于祭坛周边或扛于巡游队伍中：第一种是“龙旗”，用红绸或黄绸制作的绘有龙形的旗帜；第二种是“令旗”，专从普陀山寺院请来的写有“令”字的黄色三角旗；第三种是“船旗”，都为红底黄字，上书船东或船老大姓氏；第四种是“五色旗”，由红、黄、蓝、白、黑五色组成，表示多个自然岙同盟；第五种是各色“彩旗”，上书“一帆风顺”“满载而归”等字样。

三是备祭器。通常为元宝桌、八仙桌、华桌相拼（上铺桌帏）。盛器用大小祭盘，红、蓝花碗，红、蓝盆子；另备“五序香宝”、拜伏凳、金箔等。

四是上供品。通常为三杯茶，六杯酒，五牲（全猪或猪头、全羊、全鸭、猪肝、猪肚），六荤六素（意为“六六大顺”）或十荤十素（意为“十全十美”。供品忌鸡，因“鸡”与“欠”谐音，以为不吉利。素菜都用金针或木耳封顶），六盆水果，六盆冷盆（必有生盐、豆腐、黄糖），六盆各色糕点，六盆干果。酒水必用黄酒，渔民戏称海中捕鱼是与龙王赌博，黄酒颜色混沌，以示龙王爷喝了后眼睛看不清而推“倒庄”。

五是竖“洋桅”。“洋桅”是渔民海中溜网作业时的一种标志性桅杆。作业时插于渔网边的棕绳上，周边扎上各种菜花，然后让杆子根部伸入磉子间固定，上部随网漂浮在海面上，以便识别渔网位置。

六是诵祭文。祭文内容通常为：“维神德洋寰海，泽润苍生。允寰水土之平，经流顺轨。广济泉源之用，膏雨及时。绩奏安澜，占大川之利。涉功资育物，欣庶类之蕃昌。仰借神庥，宜隆报享。谨遵祀典，式协良辰。敬布几筵，肃陈牲币。”

七是敲响器。通常为铜锣两面，每次连敲数响。敲锣很有讲究，供品出门时，敲数响；沿途巡游时，隔时敲数响；进入祭坛时，敲连响；摆供品燃烛时，敲连响；三巡敬酒时，每巡由轻至重敲连响；祭毕后，由轻至重敲特响。同时，在出门、沿途、上祭台、三巡酒及祭毕时要鸣放鞭炮。

八是设乐舞。通常有民乐队奏乐，并有舞龙、舞狮、跳马灯、划旱船、跳蚤舞等助兴表演。

九是设祭者。通常设主祭 1 人（老大或船东），辅祭或陪祭若干人（船东亲属朋友），轮祭数人（同船或同岙渔民）。

十是行三献礼。一献香烛：主祭在辅祭、陪祭的陪同下至祭台前，手执点燃的三炷高香，面向龙王神位（图腾），跪于中间拜伏凳上拜祭，辅祭（陪祭）跪至主祭两侧或后排。在司仪三叩首的号令中逐一行礼。二献菜肴（俗称“献菜”）：由祭者从执事者手中接过酒菜，端递至头顶放置于供桌上。三献黄酒（俗称“垫酒”）：由主祭向龙王敬酒三巡。

祭毕后，主祭把祭桌上所有祭品每样用小刀割少许放于一酒杯中，随“祃”、残香一起抛向海中，俗谓“撒福”，以慰海中游魂野鬼。此时对锣长鸣、鞭炮连响、乐舞大作。

按旧俗，祭祀时均为男性，女性勿拜，整个过程虔诚、庄重、肃穆。休洋后，许多船东老板还会请戏班子唱庙戏，以答谢龙王，同时犒劳诸渔民伙计、父老乡亲。

2005 年，岱山县政府为弘扬龙的精神和民俗遗风，在渔民“休渔”期间，重新恢复了“祭海”习俗，并在后沙洋新建了“海坛”，作为固定场所，每年一届，内容有所拓展，保留了粗犷、纯朴的原生态祭海遗风。该项目已被列入国家级非遗保护名录。

嫁出去的囡，泼出去的水

这是一句婚嫁俗称，也是一种习俗。旧时，女儿出嫁上轿时，家人俗信要在轿子停放过的地方泼一盆水，意谓“嫁出去的囡，泼出去的水”。

嫁出去的女儿为何叫“泼出去的水”？这是民间的一种比喻。认为女儿出嫁后便永属外姓人家的人了，不会像儿子那样承续香火，为娘家创造价值。封建礼教要求女子遵守“三从四德”，其中的“三从”是指：在家从父，出嫁从夫，夫死从子。女子无论在娘家或夫家都没有自己的权利和地位。女孩子虽然也是父母的亲生骨肉，但出嫁之后，尽管表面上还保留着固有的血缘关系，但实际上已渐渐地走向疏远，就像水一样，泼出去了永远不能再收回。当然，这水也寄托着父母的心意，寄望女儿不必多顾及娘家，希望女儿夫唱妇随，荣华富贵。

见大小

这是一句婚嫁俗称，也是一种习俗。旧时，新郎新娘经拜堂后，要举行拜见长辈仪式，人们称这一仪式叫“见大小”。

“见大小”实是向长辈敬茶。为何要敬茶？这不仅是一种古老的传统仪式，而且有着重要的含义。这是因为，茶树只要种下便能生长，一旦移植就会死亡。新娘以茶为礼，旨在其像茶一样无转移，从一而终。同时，除了意在“锁定”女方的心意外，还有另外的意思。一是以示感谢父母多年来的养育之恩，以及对长辈的尊重；二是敬了茶，可以改口叫对方的父母“爸”“妈”和尊长了，随意改口不隆重，有了仪式感，改口便显得正式。于是，这道茶又有“谢恩”“认亲”的意味。

在民间，“见大小”仪式很隆重也很受重视，一是显示尊长面子和礼数，谁都不愿错过；二是新娘和长辈们都是第一次见面，是个相互认识的机会，且新娘第一次开口叫尊长，很难得；三是可看到新郎的长辈多少，了解主人的家族和地位；四是也是最关注的一点，且看长辈们谁的“拜见钿”最多。

“见大小”通常都由“堕贫嫂”陪同，逐一拜见。受拜见的对象和程序有一定的规矩，对象均为新郎的宗亲长辈，程序为先男后女（先敬男人后敬女人）；先内后外（先敬新郎父母及宗亲长辈，如伯父伯母、叔父叔母、姑丈姑母等，有师父的先敬师父师娘，以示敬重，所谓“一日为师，终身为父”；后敬新郎母亲的至亲长辈，如舅父舅母、姨丈姨母等）；先敬当代，再敬隔代(即先敬新郎父亲的同辈宗亲，再敬新郎父亲的上辈至亲)。许多地方也有先敬舅父舅母的，俗谓娘舅“大石头”，以示女士优先，尊重母亲。

敬茶时，被敬者均须送红纸包成的茶钿，俗称“拜见钿”。拜见钿多少也有严格之分，师父母一般最多，否则有失面子。舅舅、姑丈、姨丈，俗称“洋酒客人”，按旧俗，这些尊长有议定婚事和分家产的权力，既要送礼金和老酒，又要送拜见钿，拜见钿要比内亲叔伯多，否则也会失面子。拜见时由总管先生司仪，按对象、程序逐一通报就座。堂中央摆两把太师椅，分男左女右，新娘敬茶时先男后女，由“堕贫嫂”指引，告诉新娘长辈尊称，新娘照礼逐一称呼。长辈喝完茶掏出“拜见钿”放于茶盆上，说上一句“早生贵子，早得福”“夫妻恩爱，白头偕老”等祝语。每位尊长所送的拜见钿，总管先生都要拆开后高声通报：“某某某送大洋多少块！”也有家境富裕赠送金银首饰的，这时总管先生会额外通报：“某某某外加金戒指一只！”然后由账房先生一一记录在案。

开　荤

这是一句生育俗称，也是一种习俗。旧时，婴儿出生后，随着时间的推移，食量逐渐增大，除了吃奶、奶糕、米糊外，还可以吃一些鱼肉之类的荤腥食物，以增加营养。民间称小孩第一次尝荤食叫“开荤”。

“荤”即荤食，“开荤”即开始吃荤食。但这里的“开荤”，并非让小孩真的吃鱼吃肉，而是一种象征性的表示，具体时间没有规定，做法也因人而异，各地存有差异。普遍的做法是：取公鹅头上的红色冠瘤或酒肉，涂抹于小孩的嘴唇上，以示让孩儿尝腥、开荤。取公鹅头上的冠瘤，意为日后孩子跌倒后，会像公鹅一样将头高高昂起，不致面部受到损伤、磕破。

此话常引用于日常生活中，人们如遇某顿饭菜有鱼有肉，常会说：“今末总算开荤嘞！”或曰：“今末拨�童开荤嘞！”

开面、吃开面酒

这是一句婚嫁俗称，也是一种习俗。旧时，新娘子出嫁前夕，民间俗信由“堕贫嫂”用棉纱线给新娘绞去脸上的汗毛，俗称“开面”，也叫“修面”“绞面”。当晚，女方要设宴邀请亲朋，俗称“吃开面酒”。

“开面”即用棉纱线绞新娘脸上的绒毛。按旧俗，女子除非结婚，平时绝对不可拔掉脸上的汗毛。唯独在结婚前夕，也就是在“上头戴髻”之前，才能开始人生的第一次“修面”。方法是请一位有经验的“堕贫嫂”，手持一根棉纱线，用两手使线呈两角交叉状，紧贴在女子的脸部上，然后用手一弛一张，就可以绞掉脸部上的绒毛，使脸部更加光洁明净。

“开面”之后，女方当晚要设宴邀请亲朋，俗称“吃开面酒”。

拦开门纸包

这是一句婚嫁俗称，也是一种习俗。旧时，在婚礼当天“享先”结束后，男方要派媒人、堕贫嫂、轿夫、吹鼓手等去新娘家迎娶新娘。轿到女家时，女家往往闭塞墙门，或组织人员在路口用门板、竹席等设置障碍，把迎亲队伍拦在门外不让入内，索讨“上轿钿”，俗称“拦开门纸包”。然后经媒人或两方代表讨价还价兑现后，迎亲队伍方可进入女家大门。有的还采用“叫门”的方式，即女方代表（嫔相）在门里，男方代表（或新郎）在门外，一问一答，通过问答索要“开门纸包”。这种“叫门”方式，没有固定模式，许多是即兴发挥，因人因情而定，情景甚为热闹，常常会引来哄堂大笑。此俗至今尚存。

撩 捕

舟山渔区对海上捕捞作业的一种俗称，也是海边滩头一种古老而传统的捕捞墨鱼或海蜇的作业方式。“撩”即“捞”“掏”的意思，是用竹片或铁圈制成圆形架子，将网片系在竹片或铁架内，形成一个“撩兜”，并在撩兜上安置一根长竹竿作为手柄，因其是利用“撩兜”撩捕海中鱼虾，故称“撩捕”。

“撩捕”作业常在海边滩头上进行，每年农历小满至立夏期间，墨鱼就会从外海集群洄游到近海礁岩上产卵，民间用“小满上山，立夏下蛋”来形容墨鱼的产卵现象。其作业方式是，操作者站在海边礁岸上，将“撩兜”插入，并沿着礁岩慢慢移动，黏附在礁岩上产卵的墨鱼一旦触着“撩兜”，便会往外窜动，落入“撩兜”中被捕获。同时，每年夏至至白露期间，海蜇就会浮在海面上由南（洋）面随风随潮缓缓北上，此时，就可将“撩兜”插入海中捞取海蜇。

溜 网

舟山渔区对海上捕捞作业的一种俗称，也是一种传统的捕捞作业方式。

所谓“溜网”，是一种以网具随潮漂溜，用网衣挂敷鱼蟹的作业方式。它的特点是单船作业，以船体大小分大溜、中溜、小溜和机溜。捕捞按鱼类分有鲷鱼溜、鲳鱼溜、鳓鱼溜、黄鱼溜、蟹溜、鱼溜等9种，形式多样，操作内涵丰富。

据《浙江省水产志》记载，溜网作业已有近千年历史，以定海金塘大溜网最负盛名。清嘉庆十五年（1810），镇海澥浦五里牌毛氏渔人徙居金塘沥港，引入大溜网作业。起初，渔场在北方，光绪十六年（1890）独辟南方渔场。至此，金塘大溜网作业北自青岛外海，南到温州外海、台湾、琉球群岛，纵跨12个纬度，渔场从此基本定型。光绪二十四年（1898）创兴安公所，民国二十五年（1936）为金塘大溜历史的鼎盛时期，有大溜网渔船270艘，渔民2100余人。

同时，岱山县为溜网作业的重点地区，在捕捞史上享有盛名。岱山的大溜网作业亦由镇海澥浦传入，民国二十六年（1937）有溜网船580艘，为浙江渔区数量之最。1955年溜网船达768艘，产量占全县渔业总量的42%。当时不仅在外海深水层溜网试验中取得了很大的成功，并在高亭鳓鱼溜、蟹溜和长涂黄鱼溜作业打造了品牌。

溜网船的特点，一是吃水深，稳定性好；二是后舱长，船首高，不易进浪；三是船首宽大便于操作；四是水密设备佳。另外，遇有大风可把船桅放倒后自行漂流，甚至可拆装后舱，另作他用。

溜网的网具分中上层和底层两种。中上层的叫“轻网”，底层的叫“重网”。并根据不同的捕捞对象设置不同结构、规格的网具。

溜网作业一般都在大潮期进行。船抵达渔场后，先要观察风向、流力和渔场状况，然后确定放网的方向和网片的长度。放网一般选晨昏缓潮时，以顺流横风式作业，先投入沉石和浮标，后于右舷放网。放网后，溜网在海中随风随潮漂流，时间按渔场可漂面积和鱼类密度而定。大溜一般漂流6~8小时，夜网10~12小时，中小溜多的6~8小时，少的1小时。起网时，木帆船顺风操作，机帆船顶风缓车操作。如蟹溜，要先拉网上船再摘蟹，鲳鱼溜则边起网边摘鱼。

因所捕的鱼类不同，形成了溜网作业不同的渔场和鱼汛。如蟹溜作业的渔期为春夏与秋冬两汛，旺汛为5~6月和9~11月，渔场在嵊山、泗礁和洋鞍一带，主捕三疣梭子蟹。鲳鱼溜渔期在4~6月，渔场在佘山至鱼山一带，主捕银鲳、蓝尾鲳等。鳓鱼溜渔期在4~7月，渔期在江浙沿海各地。《东海鱼谚》云：“五月十三鳓鱼会，日里勿会夜里会”“鲜白鳓鱼呒肚肠，一夜流过七爿洋”，生动地反映了鳓鱼溜的特点和鱼发盛况。

笼 捕

舟山渔区对海上捕捞作业的一种俗称，也是一种传统的捕捞作业方式。

所谓“笼捕”，即利用鱼蟹喜欢钻洞穴的特性，引诱其进入笼形渔具的一种作业方式。

“笼捕”作业起源很古。《尔雅》中所载的“篧”，即为古代笼捕的最原始渔具。《苏州府志》中云：“以竹为鱼罩，其形如鸡罩，渔人以之仰按于水中而取鱼。”宋代吴江知县张达明在“渔具图”中也专门列有“虾笼”一节，并说“织筏为逆须而笼之以取虾也”。可见笼捕作业早在唐宋时已相当普及。

传统的笼捕作业方式，有蟹笼、乌贼笼、鲚鱼笼、章鱼螺笼等。如乌贼笼，其笼具特征为腰鼓形，两端开口，开口处装有倒须，使鱼进去后不能出。作业时，通常一船 3 人，选择乌贼产卵的礁岩旁放笼，落潮时起笼。又如章鱼螺笼，以螺壳为笼，利用章鱼喜钻螺壳的特性，把螺壳串起来，抛于海中以诱捕章鱼。

上述笼捕作业，有些因破坏资源而被禁止。笼捕作业中影响最大、产量最高的当数“蟹笼”作业。“蟹笼”作业有两个特点：一是笼具为圆柱形，高 25~27 厘米，直径为 60 厘米。用钢筋制成上下圆形框架，外包黄色乙纶网衣，横侧有 3~4 个开入口，为避免蟹进笼后逃脱，在侧口处装有单向网门。二是利用梭子蟹喜钻笼和觅饵的特性，特将笼制造成“穴”的假象，并在笼内置有饵料盆，以引蟹入笼。“蟹笼”作业的汛期为夏、冬两汛，以冬为最盛。俗谓“秋风响，蟹脚痒，浪打船舷虾作墙”。

笼　裤

舟山民间对渔民所穿裤子的一种俗称，也是旧时舟山渔民服饰中最有特点的服饰。因这种裤子裤腰宽松，裤脚较短，裤筒较大，形似灯笼，故叫“笼裤”。

“笼裤”的制作很有特点：一是单裤，用土布制成，质地厚实，耐磨耐穿，经济实惠。二是直筒大裤脚，形似灯笼，而且，裤腰宽松并左右开衩，前后叠皱成纹，在腰的开衩处缝有四条带子，便于穿时束缚，不仅十分简便，更显紧身干练。尤其是冬天，渔民在海上劳作时，把棉背带往裤腰里一塞，四条带子一系，两只裤脚管缚紧，风丝不透，且十分暖和舒服。三是裤裆宽大，双腿下蹲上抬不受阻碍，显得很灵活。还有，当冬天手冷时，双手往裤腰衩里一插，既暖和又可挡风御寒，一举多得。正因如此，旧时舟山渔民普遍喜穿这种裤子。

笼裤之所以被渔民钟爱，还有一个深层次的原因，这就是装饰美。一是色彩的多样性。有印花土布深蓝色和玄青色的，有栲皮染成棕红色和酱黄色的，色彩十分丰富而美观。二是图案和纹饰的装饰性。“笼裤”的衩口两旁，绣有各种鸟鱼花草等图案，以表示吉祥和喜庆。还有的在笼裤两侧插袋，用丝绣上两个如意葫芦瓶。在渔民的心目中，葫芦是原始的载人渡水工具，能泛水而永不下沉，而且还是多子、多福的象征，具有一种神灵性的乞吉、辟邪的功能，以表达对平安和丰收的祈祷和企盼。同时，舟山渔民对笼裤的钟爱还有一个特殊的原因，“笼裤”又叫“龙裤”，传说是南宋皇帝赵构在舟山遇难而脱险后赠予渔民的御裤，因是皇帝真龙天子御赐的裤子，又因其裤形像龙灯中的筒式龙体，故名为“龙裤”。

在海岛，笼裤是男子必穿的裤子，故女子都要学会制作笼裤，这是海岛女子最基本的针线活。为此，还形成了一种习俗，凡未过门的媳妇，都要为未来的丈夫和公公制作一条笼裤。因笼裤的制作工艺比较复杂，通过一条笼裤就可显示该女子的聪明才智和手艺，故海岛女子个个都很重视，从小就要学做笼裤。

总之，笼裤的款式、色彩、工艺及其图案装饰不仅体现了舟山渔民的审美观念、价值观念，更有其深刻的寓意，令人玩味。

螺　酱

舟山民间对腌制海螺的一种俗称。“螺酱”，即用新鲜辣螺剁烂后经盐渍腌制而成的一种加工食品。

“螺酱”的制作颇为独特和讲究。其制作技艺通常有以下工序：

一、敲壳：先将螺壳敲碎。敲辣螺是一门技术，既不能将其敲得粉碎，把壳都去掉，也不能只敲一点点，留壳太多。要做到碎壳不伤肉，壳中带肉。

二、漂洗：把碎螺放在竹筲箕里，用海水漂洗，将碎壳完全洗净，但时间不能太长。

三、制酱：将漂洗后的螺肉盛入盆里，倒入适量的食盐、黄酒、味精、白糖、姜末，用专用的竹棒轻轻搅拌，切不可用平常用餐的竹筷，搅拌至泡沫出现又完全消失为止。

四、储藏：将搅拌后的螺肉放入玻璃瓶或甏里，将瓶口扎紧封盖，不可漏气。一个星期后即可食用。存放的时间越长，螺酱的口味就越香浓入味。

买柴病

“买柴病”即疟疾，舟山方言称这种病叫“买柴病”，或谓“发买柴病”。此病由疟原虫通过蚊子媒介侵入人体所致，定期发作，即冷即热，有每日发作的，也有隔日发作的。发作时，患者浑身寒冷发抖，继以高温。若久发不愈，则会引起贫血等并发症，甚至会有生命危险。前人有咏疟疾小曲云：“冷来时冷得在冰凌上卧，热来时热得在蒸笼里坐，疼时节疼得天灵破，颤时节颤得牙关挫。”

为何叫“买柴病”？这一病名似乎与病状毫不搭介。但如果仔细揣摩此病的情景，就会觉得此名既实际具体，又形象生动。顾名思义，生这种病大抵有发冷发热现象。每当病情发作时，患者就会感到浑身寒冷而发抖，即使穿上棉衣、盖上几床厚被也都无济于事。若想患者感到舒服不觉寒冷，唯有去买更多柴火，用大量的柴火炙烤取暖方能为患者祛寒。根据这一实际，故取名叫“买柴病”，意为买柴取暖去病也。尽管此名听起来有点夸张，但仔细想来，特别是在旧时贫困渔农村缺医少药、不了解医学知识的前提下，可谓既生动又形象。

现在，生这种病的人少了，但“买柴病”这一说法还在民间广泛使用。在日常生活中，若遇感觉寒冷而发抖者，旁人就会取笑戏谑说：“侬咋啦？刮刮抖抖，发买柴病啦。”

鳗 鲞

舟山民间对干制鳗鱼的一种俗称，是一种将新鲜鳗鱼经西北风燥晾而成的鳗鱼成品。

“鳗鲞”的制作技艺非常讲究，其中有诸多独特的工序：

一是剖。先用稻草或粗糙布块将鱼体表层的黏液擦去，鳗头朝人，鱼腹朝下放在木板上，用铁钉将鳗尾钉住，以免滑动。用利刀从鳗尾部沿背脊直至嘴端缓缓剖开，剖时鱼体的腹部与嘴唇部必须保持完整，以保证鱼体的看相。再从头部沿着背脊另一边向尾部缓缓剖开，剔出脊骨。其作用是使鳗鲞整体同时干燥，而不致因这个部位肉质肥厚影响整条鱼的质量。然后取出内脏，用干燥毛巾或布块擦去腹内的血胚等物。切不可用淡水清洗，因淡水起腐蚀作用，会影响鱼的鲜度和品质。

二是“风”。先用数根竹棒将鳗体一道一道撑开，悬吊于屋檐下或晒不到太阳的通风处，让西北风吹燥晾干，一般三五天即可食用。

上述这种加工方式为淡鳗。如加工成咸鳗，则将剖开的鳗鱼进行盐渍，加盐量根据各人咸淡口味而定。风晒时切不可被太阳晒着，否则鱼体会发黄变质，影响鲜度和口味。

毛　病

舟山民间习称有病或生病的人叫“生毛病”，甚至把得了病的动植物和有问题的事物都冠上“毛病”一词，如：“该只猪有毛病。”“该株树生毛病嘞。”“该样事体肯定有毛病。”“毛病”成为有病或有问题事物的代名词。

为何把得了病和有问题的事物称作“毛病”？这话听起来有点不着边，很不可思议。“毛病”这一说法，与古代相马的毛色有关，是由“马的毛色有病”演变而来。

古时候，马在人们的生活中占有很重要的地位，所以，人们对马的要求特别高、特别严格，一匹马的好坏首先是看马的毛色如何，是否有不足的地方，通过毛色可以看出这匹马的好坏。明代的《相马经》有“所谓毛病，最为害者也”的说法。其意是说，看马的好坏主要看毛色，卷曲的马毛，有好有坏，位置生得不好说明马有病，这样的马生命力不强，如果主人骑的话，就会有害处。于是，人们把“马的毛色不好有病”简称为“毛病”。

后来，随着马在日常生活中作用的下降，使用的频率也逐渐减少，“毛病”一词也不再专指马有病的意思了，但“毛病”这一说法却一直被沿用了下来，并泛指不正常、有问题的人和事物上。

媒　人

舟山民间对男女婚姻介绍人的一种俗称。在民间，男女成长到婚嫁年龄时，习惯托媒人为儿女介绍对象，即要经过媒人的说合才能成亲。所谓“天上无云不下雨，地上无媒不成婚”。“媒人”有专门以营利为目的的，俗称“媒婆”，婚姻是否成功，多凭媒人说合，其中也有“谎报虚情”的，以致常有悲剧发生。“择亲不如择媒”，媒人请得好否，对婚姻起着十分重要的作用。

“媒人”一词最早出现于《诗经》：“匪我愆期，子无良媒”。意思是说，不是我托期不嫁，是你没有聘好媒人来。“媒人”之称源于一个传说，远古时期，有两个村庄，一个叫东山庄，一个叫西山庄。东山庄有个聪明的小伙子叫赵景，西山庄有个贤惠的姑娘叫阿彩。两人经一位好心的老汉牵线搭桥后成了亲。婚后，小两口相亲相爱、情投意合，日子过得非常美满。一天，小两口想去答谢这位热心的老汉，可不知道老汉去了哪里。为纪念这位老汉，夫妻俩想出了一个办法：用米粉为老汉塑了一尊塑像，把它供奉在家里。但由于天长日久，天热潮湿，那米粉人竟浑身发了霉，夫妻俩不禁叹惜地称这尊塑像为“霉人”。从此以后，人们就把为青年男女牵线搭桥、促成婚姻的人称之为“霉人”。后来，人们又觉得“霉”字不雅，便把“霉人”改作“媒人”，一直沿袭至今。

庙 会

这是一句习俗性的活动称谓。旧时，每当佛道重大节日，民间都要举行盛大的文娱庆典活动，因这些活动都是以庙为中心而展开的，故称“庙会”。

“庙会”起源有两种说法。一说与佛教寺院的宗教活动有关，以纪念佛祖之神威，故庙会期间时往往要举行“出会”祭神仪式，如“神像抬阁”活动，把寺庙中的神佛塑像搬出来装上彩饰“台阁”，用数名壮汉抬之在城乡巡游，俗称“抬阁”。也叫“行城”“巡城”，意为菩萨巡游、检阅百姓。

二说源于闹社火的演变，春秋时期就有孔子观社火的记载。民间还流传着这样一个故事。相传远古时代，我们的祖先没有房子住，只好住在树林或山洞里。那时候，天天都有野兽出来吃人，特别是进入冬季逢年过节的时候，由于天气寒冷，山上没了小动物，地里没了庄稼，那些野兽就更凶，见人就吃。时间久了，人们慢慢地发现，那些凶猛的野兽也有强弱之分、内部争斗。只要狮子、老虎、豹子一吼，别的野兽就吓得四处逃奔；只要凤凰一叫，所有的鸟就像吓破胆似的，连翅膀也不敢张。于是，人们就开始模仿狮子的吼声做了一面锣，模仿老虎的啸声做了一面镲，模仿豹子的叫声做了一只鼓，模仿凤凰的鸣声做了一支笛。每当逢年过节，人们就将锣、镲、鼓、笛拿出来，吹吹打打，又蹦又跳。飞禽走兽一听，以为自己又闯入了狮子、老虎、豹子和凤凰的地盘，无不吓得狼狈逃窜。后来，一代代传下来，就形成了“庙会”的习俗。

“庙会”是集祭祀、娱乐、社交、交易为一体的综合性文娱活动，内容丰富多彩，群众参与性很强。每逢佛道重大节日，各大寺庙都要举行盛大的庙会活动，是旧时节日期间的一种特殊现象，通常有出会、摆灯祭、猜灯谜、做庙戏、文娱游艺、土特产集贸等。

庙　戏

这是一句习俗性的活动称谓。旧时，每逢佛教重大节日，特别是元宵节期间，各庙宇都习惯请戏班子做戏，因这些戏都是在庙里演出的，故称“庙戏”，也称“灯头戏”“菩萨戏”。

做庙戏有一定的规则：正剧开演前，通常要加演“福禄寿三星”“财神送元宝”“八仙庆寿”“蟠桃会赴宴”等开场小戏，俗称“帽子戏”。且各庙宇都会根据各自供奉的神明，选择演出剧目。如定海的关帝庙，以演关公戏为主；火神庙的开场戏必演《水淹七军》，以祈火神休来造访，消灾保平安；干大圣庙首场必演《渭水河》（因该庙供奉的是元时昌国州同知干文传，这位父母官在舟山任职时声誉很好，为了纪念他，建了干大圣庙），这是一出反映周文王访贤，拜姜子牙为相的惠政戏，以此来称颂干文传的贤德和惠政；金塘柳行的金井庙首场必演《卸甲封王》，这是一出歌颂唐朝功臣郭子仪的戏，因该庙供奉的是郭子仪；金塘山潭的广德庙首场必演《班超劝农》，因该庙祭祀的是东汉名将班超；定海烟墩花岩庙则严禁演严嵩戏，因该庙供奉的是明朝宰相夏言。据说夏言遭严嵩陷害致死，其后代为避祸逃到舟山，并为其祖先建造了此庙。严嵩是夏言的冤家对头，故在花岩庙禁演严嵩戏。届时，定海城关的都神庙、上荣庙、城隍庙等，都会相继安排戏班子进行表演，演出的剧目由出资者挑选，叫“拣戏文名”，通常都选择大团圆、结局完美的吉利剧目。

木屐拖

旧时舟山民间对木制拖鞋的一种俗称。“木屐拖”，即用一块木板锯成脚底形状，在脚掌两边钉上一条横带，其形状酷似现在的拖鞋，因其由木所制，故叫“木屐拖”。旧时，舟山民间普遍穿用这种木屐拖，一是简约凉快，二是洗刷方便，三是晴雨通用。有句俗语叫：“衣裳呒没棉花裹，鞋爿呒没木屐拖。”

木屐的发明和使用还有个古老的传说。据记载，晋文公多次请隐居于绵山的功臣介子推出仕，但都没有成功，便下令三面举火以逐介子推下山，然而大火未能动摇介子推。大火过后，人们发现介子推和他的母亲已被烧死在一棵大树下。晋文公既悲痛又后悔，就用那棵树的木料制成了一双木屐，每天穿在脚上，以表示对介子推的怀念。《庄子·异苑》载：“介子推抱树烧死，晋文公伐以制屐也。”从此，人们为纪念介子推，都以木屐当鞋。

如今，穿木屐最多的当属日本人。由此，许多人认为木屐是日本人的传统服饰和习惯，其实，木屐是在唐朝时从中国传到日本去的。

木　龙

舟山渔民对渔船的一种尊称。龙崇拜是海岛渔民一种独特的文化现象。在渔民心目中，龙是神圣不可侵犯的，人的喜怒哀乐、生生死死都与龙王息息相关，故渔民出海要祭龙王，拢洋要谢龙王，遭遇旱涝要求龙王，并把渔船打造得像条龙，尊称为“木龙”。同时，渔民们认为，船是一条有生命、有灵魂的充满朝气和活力的龙，以祈渔船像“龙”一般能呼风唤雨，运行自如，无所畏惧。

“木龙”一词不仅文雅，背后还有许多寓意。渔民们不仅把整条船尊称为“木龙”，还把船上的重要部件和装置都冠以“龙”的称呼。如称船头叫“龙头”，称船尾叫“龙尾”，称船底正中纵向凸起的主木架叫“龙骨”，称整条船的大小支架叫“龙筋”，称船头上两块三角形的大木板叫“龙牙头”，称船头两侧用以绕缆绳的大木柱叫“龙王柱”，称船头两侧的船眼叫“龙眼”，称船上的铁锚叫“龙爪”，称抲鱼的渔网叫“龙衣”，称船桅上的船旗叫“龙旗”，称渔民穿的大脚管裤子叫“龙裤”，称渔民穿的厚袜子叫“龙袜”，称渔民穿的长筒靴叫“龙靴”，称渔民穿的蒲草鞋叫“龙蒲鞋”，称渔姑渔嫂戴的头巾叫“龙巾”，称船上挂的灯笼叫“龙灯”等。

除船上各种带“龙”字的称谓外，生活中，海民们的龙崇拜、龙信仰现象相当普遍和突出，充满着神权的意象和信仰理念。

木 鱼

“木鱼”是佛教中的一种法器名称，是一种用硬木制成，中心挖空，表面刻有鱼纹状，敲击时会发出“咯咯”清脆声音的圆形法器，寺院里的和尚在诵经时惯用木槌敲击它，人们习称这种法器叫“木鱼”。“木鱼”并不是用木头做的鱼，它是一种用硬木制成的圆形法器，大小不等，大者置于佛殿，小者置于佛案。

和尚诵经时为何要敲木鱼，这种圆形用硬木制成的并不像鱼的法器为何称“木鱼”？其除了便于和尚掌握诵经节奏与调整音节外，还有更深层的宗教含义和内涵。和尚诵经敲木鱼，叫作“自警”。因为“鱼昼夜未尝合目，亦欲修行者昼夜忘寐，以至于道”。这里说得十分明白，佛教徒在修行中的这种“警众”与“自警”（即昼夜不寐），就是他们之所以敲木鱼的原因所在。

相传，曾经有个好事之人问一位很有修养的高僧：“木鱼是用来做什么的？”高僧道：“是用来召集众僧的。”那人又问：“为何称之为木鱼，而且非要把它制成鱼纹状，其他动物或形状不行吗？”高僧又道：“鱼是从来不合眼的，把它刻成鱼纹状称之为木鱼，是为了启示我们出家人要像昼夜不眠的鱼一样，专心于佛道修行。又因为鱼生活在水中，我们不可能时时见到、想到，所以又用木槌敲击鱼身，让僧民们都能听到声音，以起到督促的作用。”

满 月

这是一句礼仪性的生育俗称，也是一种习俗。在民间，婴儿出生 30 天后，俗称“满月”。“满月”是新生儿进入人群的礼仪，即从“满月”起，新生儿开始融入社会人群中，被社会认可和接纳。为此，仪式格外隆重。

“满月”一词，源自月亮“满月”而来，即月球与太阳的黄经相差 180°时的月相，一般在每月的 15 日。此时，月球正面完全被阳光照明，从地球上看，月球像一个明亮的圆盘，故谓“满月”。民间借以“满月”之相，称婴儿出生满30天为“满月”，赋予完满、满足、满意、美满、满载而归之意。

在传统习俗中，满月当天，通常都有以下内容和礼俗：

一是外婆家要送礼贺喜。送的是虎头鞋、狗头帽、银项圈、银手镯、银锁片等含有吉祥意味的衣帽和饰物。其中有一样是不可缺少的，那就是“长命锁”，或用彩线编织而成的“长命线”。“长命锁”可谓婴儿的“护身符”，被认为有压惊辟邪、驱鬼避灾、祈祷福寿的神奇作用。旧时，尽管有些人家不甚富裕，但做父母的还是会省吃俭用，为孩子配付手镯和锁片，上面镌有“灵珑宝锁”“长命富贵”等字样，佩于小孩颈上，祝愿孩子吉祥如意，长命百岁。

二是为婴儿剃头，即为婴儿剃第一次头，俗称“剃满月头”，或谓“去胎发”。剃头时还有许多讲究，俗信在给婴儿滠头的脸盆中放置3块卵石、几文铜钱、一根葱、若干个染红的鸡蛋。滠好头后，习将红蛋轻轻地往婴儿头上敲几下，取意“红顶”，寓意将来升官吉兆。然后取出蛋黄与葱汁混合，涂抹于婴儿头上，意为使头发去垢，又因“葱”与“聪”谐音，取意聪明活泼，卵石和铜钱各取意为健壮、财气，最后将剃下的头发与石头包在红纸里，放入屋顶。

三是为婴儿脱去襁褓，穿戴上外婆送来的新衣、新帽、新鞋等，里外一新，俗称“穿满月衣”。许多海岛渔区俗信要抱着婴儿和“褓瓶”到海边与龙王“攀亲”，与大海“结缘”，俗称“褓瓶攀亲”。其方法是：将婴儿换下的“襁褓”，装进一只瓶子里，俗称“褓瓶”，然后抱着婴儿和“褓瓶”到大海边戏浪浴海，重点是将“褓瓶”放入海中，让它随波逐浪漂在海上，意寓与龙王攀亲，与大海结缘，让孩子从小与大海相亲相爱，长大后，驾船驱浪习以为常。同时让龙王看看小孩模样，熟悉后也算认了亲，以后在海上敬请龙王多照应。

四是家中要祭祖设宴，宴请至亲朋友，俗称“办满月酒”。办满月酒通常都比较隆重。古人认为，婴儿出生后存活一个月就是渡过了一个难关。这个时候，家长为了庆祝孩子渡过难关，通常都要举行满月仪式，邀请亲朋好友参与见证，为孩子祈祷祝福，以表“家有后人”“添丁之喜”“足月之喜”。至亲朋友都要送贺礼，俗称“满月钿”。旧时，吃满月酒也称“吃满月蛋”，主人家通常会将染成红色的鸡蛋作为伴手礼送给各位来宾。这种习俗至今仍在沿用，出现了很多种红鸡蛋的表现形式。

五是新生儿要在家中祭祖拜祖、见过众亲，然后由舅父或舅母抱着“走街访友”，俗称“兜喜”，或谓“寻老妘”，女孩叫“寻老公”。

六是为新生儿取名字。满月当天，民间习惯要为婴儿起名。旧时，取名很讲究，含义深广。一般都由长者、祖父、父亲和有文化、有声望的人为婴儿取名。取名讲究咬文嚼字，内含文化心理和风俗习惯，体现出一种无形的规则和制约。

男左女右

这是一句礼俗性、次序性的生活俗语。在民间，无论是男女拜堂、男女拍照、男女戴戒指、男女手相、男女排座、男女厕所的坐落，甚至两夫妻睡在一张床上，都习惯以“男左女右”为序，不可颠倒，否则就被认为是没有规矩，没有礼数。人们习称这种现象叫“男左女右”。

为何会形成这种次序性的习俗？相传这是由盘古开天辟地而来。盘古开天地之后，其身便化为日月星辰、四极五岳、江河湖泊及万物生灵。《五运历年记》认为：中华民族的日月二神是盘古的双眼所化，日神是盘古的左眼所化，月神是盘古的右眼所化。民间流传的“男左女右”之说，就是由此而来。根据我国古老的阴阳之说：日为阳，月为阴；阳者刚强，则为男，阴者柔弱，则为女；人的性格，男子性暴刚强属于阳，于左，女子性温柔和属于阴，于右。同时，我国古代认为左为上，右为下，依据古代男尊女卑的封建思想，就形成了“男左女右”的习俗。

年　糕

年糕是舟山民间的一种食品名称。旧时，每逢年关时节，家家户户都要做年糕，这已成为舟山人的一种传统习俗。年糕谐音“年高”，含有“年年高升，岁岁兴旺”的意思。俗有“年糕年糕年年高，今年更比去年好”的民谚。年糕几乎成了过年家家必备的应景食品。

为何叫“年糕”？关于年糕的来历，民间还有两则动人的传说。一曰与古代的“年”兽有关。相传远古有一种叫“年”的怪兽，头长尖角，凶猛异常。“年”长年深居海底，但每到过年除夕之夜，就会爬上岸来吞食牲畜，伤害人命，天亮时又返回海底，年年如此。后来有个叫“高氏族”的部落想出了一个办法，用粮食搓成一条条食物放在门外，然后闭门点灯躲在家里。“年”来到后找不到东西吃，便把门口的食物吃了，吃饱后便走了。人们看“年”离去，纷纷出门相互祝贺，庆幸躲过了“年”的一关，故后人称过年叫“年关”。这样年复一年，这种避“年”的方法便一直传了下来。因为这种食物是高氏族所制，于是就把“年”与“高”联在一起，称作“年糕”。

二曰与春秋末期吴国大夫伍子胥有关。相传伍子胥在宁波慈城作战，他临死前对部下说：“如果国家有难，百姓断粮，你们到城墙下挖地三尺可得到粮食。”伍子胥死后，吴军被越军包围，城中断粮，饿死不少人。这时有人想起伍子胥的话，便去挖城墙，挖到三尺处，果然挖出了许多一条条用米粉做的“城砖”（年糕），结果打了胜仗。原来是当年伍子胥在慈城督造城墙时，已做好了屯粮防饥的准备。从此以后，每逢过年，家家户户都要做年糕，以纪念伍子胥。因为这种形如城砖的糯米糕是过年时吃的，人们就把它称为“年糕”。

铺床、压床

这是一句婚嫁俗称，也是一种习俗。旧时，男方从女方家中搬回嫁妆后，就要布置新房，俗称“铺床”。“铺床”，即铺设新人的眠床，按旧俗，铺床要选择吉时，并要举行祭祀仪式。当晚，男家要从至亲中选择几位爹娘齐全、聪明活泼的“全福男孩”，入夜睡在新床上，叫作“压床”。

在民间，结婚铺床很讲究，因为床是夫妻同床共枕的卧具，所以从古至今都很重视为新房铺床，铺床习俗从内容到形式都充满了吉祥的色彩。“新床”所用的被头、毛毯、枕头等床具必须是新的，以此象征着新生活的开始。被头从料子到件数都有讲究，如被面要用“绸子”做成，取其谐音“求子”，忌用“缎子”，因与“断子”谐音。床上用具必须都是双数，两铺两盖或四铺四盖，象征“成双搭对”。为新床铺床的人必须请一位“全福”的中年妇女。“全福”指上有父母，下有子女，夫妻和睦。这样预示着新人将来也能像铺床的人一样，夫妻恩爱，儿女双全，父母长寿，家庭美满。铺床时，“全福”

人边铺边念祝语：

东一搂，西一搂，小囝小娘一大窝。

东一掸，西一掸，养儿育女传万代。

呛　虾

舟山民间对呛制海虾的一种俗称。“呛虾”，即将新鲜活虾放在盐卤中进行短时间浸泡腌制的一种加工方式。

“呛虾”的制作加工有特别的要求，一是虾的质量要好，必须是活的，最好选用活皮虾；二是盐卤的咸度要适中，不可太咸；三是浸泡的盐卤要事先调匀，须用冷开水浸泡。其制作过程，通常有以下工序：

一、挑选鲜活、个头均匀的活皮虾若干，洗净后晾燥，备用。

二、用一只容器，倒入开水，将盐一点一点放入水内，边搅拌边放盐，盐和水的比例一般为 1 斤水放 0.5 斤盐，搅拌成熟盐卤。搅拌的工具必须是干净专用的竹棒，切不可用平时用餐的竹筷，因竹筷油腻，会起腐蚀作用，影响虾的品质。搅拌时要顺时针方向，切不可倒搅搅、顺搅搅，直至盐溶化调匀为止。

三、将晾燥的虾放入盐卤中，轻作搅拌，勿让虾露出盐卤，要使虾全部浸泡在盐卤中，然后封盖，一二小时后即可食用。

呛　蟹

舟山民间对呛制海蟹的一种俗称。“呛”，即用盐卤进行短时间浸泡，“呛蟹”，即将新鲜活蟹放在盐卤中进行短时间浸泡腌制的一种加工方式。

“呛蟹”的制作加工有特别的要求：一是蟹的质量要好，必须是活门蟹（即雌蟹），最好是深秋、冬季时生胶的门蟹；二是盐卤的咸度要适中，切不可太咸；三是浸泡的盐卤要事先调匀，而且必须是冷开水浸泡。其制作过程，通常有以下工序：

一、先将活门蟹洗干净，挖掉蟹肚脐后晾燥，备用。

二、用一只容器，将开水倒入其中，然后将盐一点一点放入水内，边搅拌边放盐，盐水咸度一般为 1 斤水放 0.5 斤盐，搅拌成熟盐卤。搅拌的工具须是干净专用的竹棒，切不可用日常用餐的竹筷，因竹筷油腻，会起腐蚀作用，影响蟹的品质。搅拌时要顺时针方向，切不可顺逆倒搅。直至盐溶化调匀为止。

三、将晾燥的门蟹放入盐卤中浸泡，放时要蟹壳朝下，蟹腹朝上，以使盐卤更好地渗入蟹内。将蟹一只只、一层层整齐地排列于容器中，勿让蟹露出盐卤，将蟹全部浸泡在盐卤中。这样，两天后即可食用。

三鲍鳓鱼

舟山民间对腌制鳓鱼的一种俗称。“三鲍鳓鱼”，即用盐渍将新鲜鳓鱼进行三次腌制而成的一种加工方式。

“三鲍鳓鱼”的制作工序颇为复杂，技术要求高，通常多为家传。它的特点是“腌而不咸，色泽金黄，口味醇香，营养丰富，干燥挺硬，久存不腐”，堪称舟山盐渍腌制海产品中的名菜之一。其制作技艺通常有以下工序：

第一次盐渍，俗称“一鲍”，有三道工序。第一道工序是先用一根竹棒从鱼的鳃孔插入，通过腹腔直达肛门。这一程序，一为通气，二为灌盐，为卤汁进入鱼体开掘通道。通鱼时，谨防把鳓鱼的下巴骨弄断，以防伤手。第二道工序，一是把鱼摊平，用左手掰开鱼鳃板上骨，用中指从内部将鱼眼挖破，放出眼中液汁，以防眼部腌不干。挖时谨防挖破眼膜，影响鱼体美观。二是将右手四指放开，自鱼尾部逆鳞向头部抄盐推擦至鳃部，擦盐时既要把盐均匀地塞进鳞甲内，又不能损坏鱼鳞。推擦力度完全凭感觉和经验，如掌握不当，会影响鱼的咸度，也会损坏鱼体美观。三是用大拇指顺着竹棒捅过的鱼腹洞口，向内塞盐 2~3 次，用盐量根据鱼体大小而定，且雌雄鱼用盐量很有讲究。四是将鱼翻过来，用盐推擦另一面鱼体，方法同上。“一鲍”用盐量一般为 10:1，即 100 斤鱼 10 斤盐。经过上述两道工序后，将鱼搁置一段时间，这时鱼会流出血卤，待血卤排尽后，方可进入第三道工序。第三道工序，一是先在腌鱼的缸或桶内均匀撒盐，以防鱼体受盐不匀而生黑斑。二是将鱼头朝里，菊花形堆砌在缸（桶）内，堆砌时鱼体要半条压半条互相侧叠，斜度要适当，厚度要均匀，不能留有空隙。三是堆砌一层后，在鱼堆上撒上一层隔盐，砌一层撒一层，直至装满。然后铺上一块木板，用双脚踏在木板上将鱼压实。使用木板是防止双脚直接踏在鱼体上使鱼受热，影响品质。四是堆砌完毕后在鱼堆上撒上封口盐，然后盖上竹簟，上压石块。2~3 天后，盐渍就会淹满鱼体，即可进行“二鲍”。

第二次盐渍，俗称“二鲍”。先将盐渍过的鱼取出，倒掉缸内血卤。然后与“头鲍”工序相同，进行二次盐渍。“二鲍”后的卤水入缸保存即成高档佐料。

第三次盐渍，俗称“三鲍”。约一周后将二鲍鳓鱼取出桶，再与二鲍工序相同进行第三次盐渍。约一个月后即为成品“三鲍鳓鱼”。

“三鲍鳓鱼”制作时间前后需三个月之久，对腌制的各种器材，如桶、缸、竹片、石头等都很有讲究，必须都是先前盐渍过留存下来的，连压鱼的石头也应是经过海水长期浸泡过的。每一环节，每一器具，稍有疏忽就会影响鱼体的质量。

三鲍泥螺

舟山民间对腌制泥螺的一种俗称。“三鲍泥螺”，即用盐渍将新鲜泥螺进行三次腌制的一种加工方式。

“三鲍泥螺”的制作技艺甚为复杂，技术要求高，通常为父教子学，言传身教，代代相传。其制作技艺通常有以下工序：

头鲍：先将新鲜泥螺放在桶里平摊，厚度一般在 10~15 厘米为宜，不要太厚，如泥螺多将装不下，须分桶装。然后将 10%的盐卤和海蜇卤，或含盐量 30%的咸菜卤倒入泥螺里进行搅拌。搅拌的工具须用专用竹棒，并要顺时针方向搅拌，拌匀后马上在上面撒几滴淡水。这时泥螺因受盐水腌渍都伸出头来吃淡水，并会把泥胫都吐出来。这时千万不能去惊动它们，让它们尽可能地把泥胫吐干净，如果一动，泥螺的头就会缩回去，不再伸出来，这样的泥螺泥胫很多，吃时又不易去壳。放置 2 小时左右，待泥螺舌尖呈迷醉状态时，再加少量咸菜卤和食盐，继续拌和，促使泥螺舌尖伸出至壳的两倍左右，舌尖似开口而完全迷醉，手触泥螺，泥螺毫无感觉时，再放泥螺总量 5%的食盐慢慢搅拌后，放置 40~60 分钟，使泥螺完全渍死。

二鲍：将渍死的泥螺倒入密眼竹篮里，沥出泥螺分泌的涎液，用海水冲洗一下。千万不可用淡水漂洗，否则泥螺会复活，再次腌渍后质量就会变差。洗净泥螺涎液后，倒入大木桶，放入泥螺总量 5%的食盐，用手充分拌匀，放置约 1 小时。搅拌时要做到尽量不擦破泥螺壳和肉。

三鲍：方法同二鲍，沥尽汁后，倒入缸或瓶，放入泥螺总量 12%的食盐拌匀，然后封盖，使泥螺充分沉浸在盐卤中，过十来天盐渍成熟。

食用时，用冷开水洗去盐渍，浸泡淡化，沥水加佐料即可。

三矾海蜇

舟山民间对矾制海蜇的一种俗称。“三矾海蜇”，即将新鲜海蜇皮经过三次矾制盐渍的一种加工方式。

“三矾海蜇”的加工技艺比较复杂，技术含量高，通常有以下工序：

一、刨海蜇：将新鲜海蜇用竹刀把头和皮割开，俗称“开膛”，再把蜇皮和蜇头连接的颈根肉割掉，俗称“开顶”。在割、刨时厚薄要均匀，避免破损。接着用竹刀刨去蜇皮表面的红衣，同时擦去蜇皮背部的白色黏液，用海水清洗干净。

二、打头矾：按 100 斤新鲜海蜇皮用半斤明矾（碾成粉状）的比例，将海蜇皮平摊在木板上，用手将明矾粉均匀地揉在海蜇皮上。揉时要均匀，注意前多后少或前少后多。揉第二张海蜇皮时将其叠放在第一张上面，以此类推。待叠至五六张后，一同装入已准备好的缸或桶内，装时要一张一张平摊整齐，不可有折叠。注意，这道工序不能用食盐。过 12 小时后，把海蜇皮一张一张取出来，翻个面放在亮眼蔀上。此时海蜇皮会有大量的矾水流出来，过 6~7 个小时后，矾水可沥干。这时的海蜇皮肉质变硬，加工成品率为 60%。头矾海蜇皮可食用，但不能贮存。

三、打二矾：先将食盐和明矾均匀地拌和在一起，盐和矾的调制比例为每 100 斤盐拌明矾 0.25 斤，海蜇皮和盐矾的比例是每 100 斤海蜇皮拌盐矾 18~20 斤。加工时，置一块长板，把海蜇皮摊在板面上，用手将盐矾均匀地揉在皮面上，第二张叠在第一张的上面，以此类推，层层叠上。叠到三四十公分高时，将其放入专用的缸或木桶中。装桶时，也要一叠一叠平整放入，直至放完为止。然后封口。过 5~7 天后，就可称为二矾海蜇皮了，其成品率为头矾的 70%，可正常食用。现在市场上在卖的都属这一种。

四、打三矾：三矾海蜇皮的加工方法与二矾相似，所不同的是，这一次不再用明矾，单用食盐即可，用盐量一般为每 100 斤蜇皮 15 斤食盐。加工程序是：先把海蜇皮一张一张取出来，再翻面把海蜇皮一张张平摊在亮眼蔀上。这时又会有很多矾水流出来，大约 24 个小时左右，矾水就可沥干。待沥干后，将食盐再一张张揉在蜇皮上。揉时要注意检查，如发现蜇皮上仍有红色薄膜，应小心剥掉。如蜇皮部分地方较厚，应用刀将其割薄，使每张蜇皮厚薄均匀，呈微透明色。最后将蜇皮装入缸或桶内，腌渍一个月后，就成为三矾海蜇皮。其加工成品率约为二矾海蜇皮的 25%，从新鲜海蜇皮加工成三矾海蜇皮的成品率是 10%~20%。三矾海蜇皮不腐烂、不臭，能长时间贮藏，几年不变质。

在加工三矾海蜇皮的过程中，要切记三个细节：一是绝对不能有淡水滴入海蜇皮上，哪怕是一滴也不行；二是香烟丝或烟灰及其他油腻杂物等不可进入海蜇皮，要远离作业区；三是装海蜇皮的缸或桶须清洗干净，并在太阳下晒燥。

晒　盐

海岛渔区对海盐制作的一种俗称。“晒盐”即人工制盐技术与方式。制盐技术或盐田的发生和形成可追溯到远古时代。这是因为每当海潮退却后，海滩上会留下一片水渍，这些水渍经烈日暴晒，就会变成一层晶莹的粉状物质，尝之则咸，这便是盐的原始发端。

盐乃生活之必需品，没有盐，人将无法生活和生存。同时，大量的鱼类加工都需要通过腌渍方式进行。据清康熙《定海县志》载，从元代开始，鱼汛时令各船户按船只大小，配销渔盐。舟山群岛除渔民、农民外，还有一定数量的盐民。据《岱山县志》载，1914 年，岱山岛有盐场 39 处，盐田 3.6 万亩，盐板 22.29 万块。其中，专业盐民 4404 人，占全岛总人数的 1/10。此外，从唐乾元元年（758）始，海盐一直是官收官卖，并运销到大陆各地。

舟山真正形成盐田规模并有史记载的始于唐代。《定海县志》载：“唐代，定海已成为全国 9 个海盐产区之一，盐民编称‘亭户’，免杂役，专司制盐。”从唐代乾元元年始，海盐实行官卖，寓税于价。北宋时期，舟山的盐业发展迅猛，声誉鹊起。其中，以定海晓峰岭盐场最为著名。担任该盐场的盐监为北宋著名词人柳永，并著有名闻遐迩的《煮海歌》。期间，北宋宰相王安石也到过定海，并写下著名诗篇《收盐》。此后，舟山的盐场逐步向普陀诸岛和岱山岛扩展。

舟山的制盐业历经唐、宋、元、明、清、民国直至新中国成立，盐田规模、经营模式、生产习俗都发生了重大的变化。至民国时期盐田规模扩展到29个岛屿，有盐田1768.82公顷。其中，岱山的岱西盐场规模最大，有“万亩盐场”之称，为两浙34个主要盐场之一。经营模式更是变化繁杂。舟山的制盐业及其方式与习俗，在漫长的历史过程中发生过三次大的变革或阶段：第一阶段从远古时期，历经唐、宋、元、明、清，至1820年以前，均为古式的火力煎煮炼盐法。第二阶段为清嘉庆年间以后，至1958年流枝滩试验成功之前，古法煮盐改为板晒。第三阶段为1958年至今，板晒改为滩晒。

三个阶段中的第一阶段的时间最长，历经一千余年，运用的是“张羽煮海”式的古式火力煎煮法。从中可看出晒盐技术发展之缓慢和低下。其次是板晒，其沿用了162年，晒盐工艺大跨步推进。再次是滩晒，仅60余年时间，但制盐工艺以及产量和产值，得到了跨越式的发展，并迅速推广，普遍使用，成为海岛目前唯一的制盐方式。

商　人

舟山民间对做生意人的一种通称。为何称做生意的人叫“商人”？它的由来还有个典故。

其实，“商人”一词原初并非指做生意的人。经商的现象古已有之。在原始社会后期，就出现了以物易物的交换活动。到了夏朝，在社会上就分离出一部分专门从事商品交易的人。公元前1000多年，黄河下游的商族首领王亥聪明多谋，很会做生意，经常率部族的人到黄河北岸去做生意。到了商族后裔汤的时候，商族的手工业就已相当发达。汤为了削弱夏的国力，便组织妇女织布纺纱，换取夏的粮食和财物，把贸易作为政治斗争中的武器，最后灭了夏代的统治者夏桀，建立了商朝。

后来，周又灭了商建立了周朝，商族人的社会地位就十分低下，成了周朝最底层的人。商族人为了过上好日子，便纷纷重操旧业，到处以做生意为生。久而久之，便在周族人的心目中形成了一个概念，即做生意的人都是商族人。周族人便将做生意的商族人简称为“商人”。从此，“商人”变成了做生意的人的代名词，一直沿袭至今。

尚方宝剑

舟山民间称皇帝御赐可以先斩后奏的剑叫“尚方宝剑”，也叫“上方宝剑”。很多老人在讲故事或传说时，常会说到这种剑，说某某钦差大臣手里有把“尚方宝剑”，可以先斩后奏。在民间传说中，最典型的人物要数包公，他手里就有皇帝御赐的“尚方宝剑”，见到贪官污吏可以先斩后奏。在人们的眼里，持有“尚方宝剑”的人权力很大，要杀谁就杀谁，说是皇帝封的。直到现在，还有人把“尚方宝剑”当作上级指示的代名词。那么何谓“尚方宝剑”呢?

“尚方宝剑”就是“尚方”铸造的剑。“尚方”是古代皇宫里掌管皇帝及皇室衣食住行的衙门少府中的一个部门。这种部门开始设立于汉朝，在秦朝是叫“小府”。《后汉书》中就有记载：“尚方令一人，六百石。掌上手工作御刀剑诸好器物。”可见，尚方是一个铸造各种刀剑的作坊，从尚方里铸造出来的剑，就叫“尚方宝剑”。但它究竟有没有“先斩后奏”的权力呢？这也许在特殊的情况下有，许多是民间夸大了的，或是出于一种美好的愿望，希望能把天下的贪官污吏都杀光。但从历史的记载来看，皇帝一般是不会把这样大的权力轻易交给别人的。

耍龙灯

舟山民间一种艺术表演俗称。“耍龙灯”，也称“舞龙灯”“舞龙”，是流行于舟山民间的一种传统艺术表演形式。每逢年节或集会庆典，民间都以舞龙前来助兴。

龙乃四灵之首，舟山人对龙敬而且畏。龙是中华民族的图腾，是一种精神、一种企求、一种寄托、一种祝福，是华夏民族勤劳、勇敢、奋进、坚毅、拼搏精神的象征。早在汉代，就有杂记记载了这样的壮观场面：为了祈雨，人们身穿各色彩衣，舞起各色大龙。渐渐地，舞“龙”成为人们表达良好祝愿、祈求人寿年丰必有的形式，尤其是在喜庆的节日里，人们更是手舞长“龙”，表达着欢快的情绪。

舟山人崇尚龙，把龙作为吉祥的象征。在人们的心目中，龙是祥瑞的灵物，具有呼风唤雨、消灾除疫的功能。而舟山地处海岛，面对海洋，风险大，特别希冀得到龙的庇佑，由此形成了舞龙耍龙灯的习俗。

龙灯由篾竹扎成龙头、龙身、龙尾，上糊纸或白布，再画上色彩。龙身有许多节，节数可多可少，但必须是单数，每节安一手把，由一人掌控。龙头、龙身各节均装有灯盏，夜间舞动时特别漂亮，如流光穿梭。也有不装灯的，表演时尤为欢跃，好似波涛翻滚，气势雄伟非凡，别有特色。舞龙时由龙头率领集体舞动，浑然一体。

抬　茶

这是一句婚嫁俗称，也是一种习俗。旧时，在婚礼即将结束时，主人通常要向帮衬们敬酒致谢，并向厨师、媒人、总管、司仪、账房等分发红包，俗谓“谢帮衬”。最后，新娘要端茶向诸位帮衬敬茶致谢。在新娘敬茶之际，帮衬们就会趁机嬉闹新娘和公婆，民间称这种形式叫“抬茶”，“抬”即“闹”“抬城隍”的意思。在民间，婚礼期间除了闹新郎新娘外，还要闹公婆。公婆闹得好孬，被视为婚礼热闹、成功的重要因素，俗谓“越闹越发”。

“抬茶”活动通常都是把公婆化装成丑态百出。这种“抬茶”“闹公婆”的风俗，很难说清源起何时，但却不难理解产生的原因。在民间传统观念中，还有什么能比儿子结婚更令父母高兴的呢？所以儿子结婚这天，也是父母最快乐、最幸福的日子，同时也是人们祝福和羡慕的对象。他们自然也希望前来参加婚礼的宾客们都能同样开心，于是装扮“丑角”，给大家提供更为充足的笑料，就成了公公婆婆最好的选择。当然，采用这种方式并非他们“完全自愿”，但也是主动放下架子，与四邻八居和宾客们建立起一种相对的“心理优势”，获得的却是更多的欢乐和更强的亲和力。

同时，“抬茶”的另一种功效是可以消除、化解矛盾。邻里之间，亲朋相处，难免存在一些磕磕碰碰的事情。这种“丑化”，使矛盾的对方在看到自己这副“尊容”时，通过笑声化解掉，此乃不愧为一种巧妙的好办法。

抬　阁

旧时出会时的一种表演名称。“抬阁”即抬着菩萨或神像的轿子在街上巡游，因轿子形似“亭阁”，故称“抬阁”，也称“台阁”，是旧时出会时最受民众欢迎和关注的表演形式。

“阁”分平阁和高阁两种，平阁只设一层架子，通常为安置神像；高阁也称“铁枝”，即在主架上再分上、中、下三个支架，每架上分别安置不同的表演者，多以戏曲人物为主。“抬阁”是队伍中最精彩最壮观的灵魂性主体项目，一是因为“阁”中抬的通常都是当地民众最为崇拜和敬仰的历史人物或“神像”，每当“抬阁”出现时，沿途的民众都会纷纷叩头跪拜；二是队伍庞大，除了神像，通常还有戏曲人物抬阁，多则十余台，少则几台，且往往伴有鼓乐，给人以庄严隆重、玄妙离奇、惊险优美之感。

“抬阁”造型有“四边形”“六边形”两种，每只角装有 4 根或 6 根二尺高的木柱作底座的腿，底座四周设有一尺多高的围栏，亭阁里置有神像，神像前供有“三牲”等祭品。抬阁底座两边绑有两根木制抬杠，抬杠两头再绑上木制横桄，然后再系上抬杠。由 8 名壮汉抬之，另配有 8 名壮汉随阁护送，以便随时替换。这 8 名壮汉既是抬阁的替换者，又是抬阁的护卫者和开路者，他们往往手执一根长叉，以便随时挑开沿途的杂物或路旁大树的枝杈，使“抬阁”不受阻碍或损坏。

除神像抬阁外，还有一些以戏曲装扮的抬阁形式。这种抬阁用木棍或钢筋做成支柱，固定于底座上。挑选 10 岁左右男女小孩，妆饰成各种戏曲人物，将他们固定在支柱上，不露扎绑痕迹，每台有 2 至 3 人。表演者临空摇曳，前后摆动，但不出声唱说，仅以扮装奇巧称著。这种戏曲抬阁通常都比“神像抬阁”高，主柱和底座不仅要坚固还要轻盈、巧妙，能承重又能满足不同造型的要求。同时高阁表演要利用道具和表演者的服饰将支架遮掩住，使观众看不到支架，如同真的站在空中一般。每台高阁两边都配有数名手执长叉的壮汉，这些长叉除了挑开沿途的杂物和树杈之外，还为表演者递送道具或茶水，在休息时还可以给上面的孩子借力作支点，以减轻他们的疲劳。

“抬阁”是一种集神话传奇、历史故事于一体，融绘画、戏曲、彩扎、纸塑、杂技等艺术为一身的民间大型造型表演形式，可谓美观大方，雅俗共赏，堪称一绝。每当抬阁表演时，沿途的民众都会争相观看，赞语掌声此起彼伏，场面甚为壮观。

滩　晒

舟山渔区对传统制盐方式的一种俗称。“滩晒”即用盐滩代替盐板的一种新型制盐方式。“滩晒”从1958年流枝滩的试制，至1962年平滩的推广，直至1975年水利系统化、工艺科学化、生产机械化等“五化”措施的落实，60余年来，这一制盐方式日臻成熟和稳定，并相沿成俗。“滩晒”的最大特征是：一是在“制卤”过程中免除了“刮泥”“挑泥”“整溜”等烦琐的程序，极大地减轻了盐民的劳动强度；二是以滩代板，并采取步步推进的流水作业线方式，把“制卤”和“结晶”紧密地合成一体，使盐的质量、产量都有大幅度的提高。

“滩晒”由三个流程构成：一为“纳潮”，二为“制卤”，三为“结晶”。其中，“蒸发区”制卤分“步”，“结晶区”制盐分“格”。制盐过程为12步“走水”，1~9步为“制卤蒸发区”，10步为“卤水调节区”，11~12步为“结晶区”。还有，上下步滩之间均有落差，步差高度为4~6厘米。这里所谓的“步”和“格”，均为一块块盐田，因制盐程序前后有别，故分别编号为一步田、二步田、三步田，前后程序不可混淆。再有，海水进入蒸发区后，逐“步”向下流动，即所谓“走水”，经日照和风力蒸发，浓缩成“饱和卤”，然后灌入“结晶池”，经结晶后成晶盐。在整个滩晒的流程中，蒸发区经历的时间最长，步骤最多，最为盐民所重视。

“滩晒”的具体操作有以下几道工序：一为“纳潮”。所谓“纳潮”，即用抽水机把海水抽入蓄水池，或直接灌入第一步滩田。纳潮有讲究，俗谓“晴天纳潮头，雨后纳潮尾，平时纳潮中”，认为这样纳入的海水盐度高。二为“走水”。所谓“走水”，即水的走动。其习俗为：先将海水灌入第一步滩，经一昼夜蒸发后，放入第二步滩。这时，第一步滩继续灌满海水，如此每隔一天上步滩逐格向下步滩放水，轮番吐纳，依次至第九步。确保每格步滩上始终有水在蒸发，保持流水作业线“步步相连”“格格相通”，循环不断。蒸发的出卤周期通常为旺季7天，淡季10天。三是“保卤”。保卤是“走水”过程中的一个重要环节。每个步滩都设有保卤池，一步一池，分级保卤，目的为雨天时可放卤入池，待雨过后，再提卤上滩进行日晒。四是“结晶”，结晶分为三段。第一段是将第九步蒸发池卤水放入第十步，蒸发至27度后，入第二段（十一步）结晶，蒸发至29度后，再放入第三段（十二步）。蒸发至

31度，即可收盐。五是收盐。收盐通常是旺季时两个晴天收盐一次，淡季适当延长，一般不超过四天。收盐的时间以早晚为宜。六是堆坨。堆坨是收盐时在露天堆放晶盐的一个工序。“坨”为龟背形，用缸砖、沥青板等铺底。“坨”的四周有沟可沥卤。收盐时，将盐入“坨”暂存，上面用塑料膜布覆盖，以防雨淋。七是仓储。仓储的习俗古已有之。古人称储盐处为仓，定海有个“盐仓”，即著名的晓峰盐场，以“储盐为仓”而得名。其实，“坨”是仓储的一种方式，即为露天的堆盐处，俗谓“仓”。

舟山的制盐历史悠久，资源丰富，久负盛名。

汤　团

汤团是一种圆形用糯米粉制成的食品称名。每逢元宵节这天，民间俗信要吃“汤团”，意在祝福全家团团圆圆，在新的一年中和睦、康乐、幸福。元宵节吃汤团和过年吃年糕、端午吃粽子、中秋吃月饼、重阳吃团子一样，都是节日食品，赋予特定的文化内涵，寄托着人们对过去的记忆和未来生活的美好憧憬。

汤团也叫“元宵”“汤圆”。关于元宵的来历，民间还有个传说。相传汉武帝有个宠臣名叫东方朔，他生性善良又风趣。一天他到御花园去给武帝折梅花，刚进园门，发现有个宫女正要投井。他慌忙上前搭救，并问明缘由。原来这个宫女名叫元宵，家有双亲及一个妹妹，自进宫后再没和家人见面，每到腊尽春来时节，就更加思念家人。她想，既然不能为双亲尽孝，倒不如投御井一死了之。东方朔非常同情她的遭遇和苦处，承诺她：于正月十五让元宵与她的父母见上一面。过了几天，东方朔通过占卦人传出谣言：玉皇大帝令火神于正月十五火烧长安城，届时，玉皇大帝还要在南天门看热闹。一时间，长安街头传遍这样的偈语：“长安在劫，火焚帝阙，十五天火，焰红宵夜。”汉武帝听了大惊，忙请来东方朔以求良策。东方朔假装为难地说：“听说火神君最爱吃汤圆，宫中有个叫元宵的宫女不是经常给你做汤圆吗？十五晚上可让元宵做汤圆，万岁焚香上供，传令京城家家都做汤圆，一齐敬奉火神君。再传谕臣民一起于十五晚上挂灯，全城放爆竹，假造满城大火景象，这样便可瞒过玉帝了。此外，通告城内外百姓，十五之夜上街观灯，以免消灾解难。”武帝听后十分高兴，传旨按东方朔的办法去做。到了正月十五日，长安城里张灯结彩，爆竹震天，人群熙来攘往，热闹非凡。元宵的父母也带着妹妹前来观灯。当他们看到写有“元宵”字样的大宫灯时，惊喜地高喊：“元宵！元宵！”宫女元宵此时一直在寻找父母，听到喊声忙上前相迎，一家人终于相聚。如此热闹了一夜，长安城果然平安无事。汉武帝大喜，便下令以后每到正月十五都要做汤圆供奉火神君，全城挂灯放爆竹。后来，元宵做汤圆救长安的事广为传颂，世人感激之余，遂将正月十五吃的汤圆称为元宵，并把这一天叫作“元宵节”，一直沿袭至今。

舟山人为何不叫“元宵”和“汤圆”，而叫“汤团”呢？传说这与袁世凯有关。1912 年，袁世凯篡夺革命果实，当上了民国总统。因为“元”（圆）和“袁”，“宵”和“消”同音，“袁消”与“汤圆”有“袁世凯被消灭”“袁世凯被烫死”之嫌，所以显得很不吉利。在 1913 年元宵节前夕，袁世凯下令把元宵改为汤团。袁世凯垮台后，部分地区又恢复了元宵的名称，但南方大部分地区仍叫“汤团”。

挑　捕

舟山渔区对海上捕捞作业的一种俗称，也是近海一种特殊的一船两网的涨网作业方式，也称“船涨网”。

“挑捕”作业的网具呈三角锥体形，网口由竹框架支撑。作业时，渔船需抛锚停泊，由一根毛竹将两顶网分别架在船的左右两舷，候着潮流捕涨鱼虾。这种涨网捕捞方式，由于网具架在船的两舷，酷似渔船挑着两顶网，故称为“挑捕”。

“挑捕”作业古已有之，《舟山市志》载：“宋时，业海人竞以舟载竹，出海捕之”，可见宋朝时就有此类作业方式。

跳马灯

舟山民间一种艺术表演俗称。“跳马灯”，也叫“马灯舞”“跑马灯”，是流行于舟山民间的一种传统舞蹈表演形式。每逢各种迎神赛会或庆典活动，人们都以跳马灯前来助兴。

跳马灯，原由“走马灯”演变而来，是古时灯会中的一种会旋转的彩灯，俗称“走马灯”。后成为由人直接表演的“跳马灯”。原始的走马灯，最常见的是用篾竹扎成方形架子，形似小舞台，中央有竖柱，柱下安装一把伞，即风轮，伞下轴身竖柱用细铁丝悬插戏剧人物、纸人纸马，然后点燃蜡烛，靠火苗热气直嘘风轮伞，伞转则人物也跟着转。舞台前为空白，讲究的还做成垂檐和栏杆的戏台状，从正面可看人马舞动，其他三面糊白纸，透过白纸可以观影，各种兵将人物旋转不定，遂像奔驰、追击之状，反复登场退场，来去匆匆，根据此情景，民间有句俗语叫“像走马灯似的”，以示各类人物众多，变幻莫测，也被用来比喻历史上人物的兴衰成败、朝代更替、人生苦悲。

历史上还有一则以“走马灯”为题的灯联，被民间传颂。相传北宋时王安石赴京赶考，元宵节路过某地，边走边赏灯，见一大户人家高悬走马灯，灯下悬一上联，征对招亲。联曰：“走马灯，灯走马，灯熄马停步。”王安石见了，一时对答不出，便默记心中。到了京城，殿试时，主考官以殿门外随风飘动的飞虎旗出对：“飞虎旗，旗飞虎，旗卷虎藏身。”王安石即以招亲联应对出，被取为进士。归乡路过那户人家，闻知招亲联仍无人对出，便以主考官的殿试联回对，被招为快婿。一幅巧合对联，竟成了王安石两大喜事。王安石喜上加喜，洞房花烛夜不禁在红纸上写了个斗大的红双喜，贴在门上，又吟诗一首道：“巧对联成红双喜，无媒地证结丝罗。金榜题名洞房夜，小登科遇大登科。”从此，结婚贴红双喜就流传开来，成为结婚的独特标志。

关于跳马灯的起源还有几种说法。有的以陈十四娘收妖的民间故事为背景，有的以唐三藏的白马祈雨为背景，有的以春秋战国时期驱瘟防疫为背景，据说那时瘟疫较多，无良药可治，百姓为驱邪避灾、送走瘟神，便扎起纸人纸马，扮成各种神灵，嘴里念念有词，跳出各种障法，以祈福消灾。也有说与宋朝的康王赵构在舟山遇难被“泥马”搭救有关。传说当时康王被金兵追杀，一直逃到了舟山。上岸后人生地不熟，眼前是一片滩涂，后面是追兵，无处可投奔，这时，他看见滩海有一位驾着“泥马”的渔民，便急忙搭上“泥马”，一口气滑溜出数里，终于脱险。康王被搭救后重整旗鼓，率军大败金兵，收复了失地，做了南宋的皇帝。他不忘这位渔民和“泥马”的救驾之恩，请来几位能工巧匠，用竹篾扎编成数匹马的形状，外面用纸糊上，在马身上披上各种颜色，分前后两段绑在舞者的身上，进行踩街巡游。这竹马编得活灵活现，人站在中间手持缰绳跑跳，简直和真马一样，路人见了个个欢喜。从此，舟山民间就将竹马当作神马来供奉，每逢年节和集会庆典都有跳马灯表演，以求风调雨顺、五谷丰登、消灾祈福、国泰民安。

旧时，跳马灯的重头戏是“穿阵”，随着震撼人心的锣鼓声，马灯队伍在令旗的率领下全部登场，头尾相接，绕场一圈，然后再在令旗的指挥下忽左忽右、忽东忽西，表演各种阵法，有剪刀阵、梅花阵、龙门阵、荷花阵等十余种套路。跳马灯的演员均为戏剧装扮，在跑动中变换阵势，衔接自如，配合默契，时而游龙翻舞，时而群马奔跃。此时，锣鼓喧天，满场灯火，阵阵喝彩，表演达到高潮。

直到今天，舟山民间仍有人把人多势广、应接不暇、眼花缭乱的现象，喻称为“穿阵介”，此话就是从“跳马灯”中引申而来。

跳蚤舞

舟山民间一种艺术表演俗称。“跳蚤舞”，古称“跳灶舞”“跳灶会”，是流行于舟山民间的一种传统舞蹈表演形式。每逢迎神赛会或庆典活动，人们都会用跳蚤舞前来助兴。

跳蚤舞最早由福建传入，是旧时迎神赛会必备的节目。清乾隆年间在舟山流传，尤以定海、普陀为盛。跳蚤舞原是腊月廿三祭灶仪式或六月廿三火神菩萨生日时跳的一种民间舞蹈，先由丐人扮鬼戏跳舞，谓之跳灶神，以示送旧迎新，祈求消灾免祸、逐瘟除邪，故叫“跳灶舞”，也叫“跳灶会”。因该舞蹈以男舞大八字步半蹲跳走为其基本步伐，配以深厚有力的“嘣嘣”鼓声，舞步轻盈，表情诙谐，动作灵活，富有弹性，舞姿酷似跳蚤，故又叫“跳蚤舞”。

跳蚤舞是一种男女对跳的双人舞，最早由两位男子对跳，其中一人男扮女装。男的如戏曲中的小丑打扮，头戴草圈，鼻抹白粉，腰系草绳，手执竹板（也有打连响的），边跳边打节奏；女的穿红袄如新娘打扮，浓妆艳抹，头戴珠冠，脚穿花鞋，一手撑顶小花伞，一手拿块花手帕（也有提香篮的）。舞蹈原无人物情节，只是两人逗趣对跳，边跳边走，以跳为进。至于为何要两男对舞？一为该舞幅度很大，男子都跳得汗流浃背，女子不适宜；二为动作过于轻佻、风骚，女子怕有伤风雅。跳该舞时，为不使路人从中相夹，往往周围有四人拉着绳子围成圈，使中间有充足的表演空间。

1922年，白泉有位叫章孝善的教书先生，将民间传说“济公斗火神”的故事情节融入其中，从此跳蚤舞有了人物形象和情节，动作更具目的性。济公身穿僧衣僧帽，腰系草绳，颈套佛珠，手持破扇，跳着蹬步，左一挡右一拦以示阻拦“火神”行进；火神身穿红绿花袄，一手持花伞，一手提香篮，左一躲右一闪以示躲避济公，构成“驱赶火神，祈求太平”的意境。表演时二人的舞位始终形成对角。济公的动作有一套较为固定的表演套路，有原地月板、斜角月板、拱头敲板、跳脚月板、折腰月板、跳脚双手拜、敲木鱼、甩佛珠等动作，每套动作均有一定的技巧性。火神的动作相对简单、自由，但要不停地旋转花伞、转手绢、扭腰翻身等。

推　揖

舟山渔区对海上捕捞作业的一种俗称，也是近海滩涂一种古老而传统的捕捞作业方式。“推揖”，又叫“推网”，因其是利用手推“网兜”的方式来捕揖鱼虾，故称“推揖”。

“推揖”作业常在盛夏或初秋天热时的海边滩涂上进行。在涨潮时，用一根毛竹竿、几根横档小竹竿和网片制作成一种三角形的网具，捕捞时人蹚在水里，手持“推网”，沿滩涂缓缓推行。一旦发现有鱼群，即把网具从海中提起，鱼虾措手不及，便纷纷落入网兜中。在夜间推揖时，推揖者往往在头上系一盏灯，利用灯光来引诱鱼群，鱼虾一旦看见亮光便会纷纷向“推网”靠拢集结。推揖作业为单人操作，方法简单，但劳动强度大，且要求体格强健，又须识水性，危险性较大。

拖　网

舟山渔区对海上捕捞作业的一种俗称，也是一种传统的捕捞作业方式。

所谓“拖网”，就是用渔船拖曳网具捕捞鱼虾的一种作业方式。拖网有单船、对船作业两种。根据捕捞对象区分，有乌贼拖、虾拖、大拖风和机轮拖四种。乌贼拖由鄞县姜山人传入，最为原始和古老。清康熙二十三年（1684）

海禁开放后，鄞县大批渔民定居中街山列岛从事乌贼拖作业，拖网作业由此在舟山各地推广流行。据民国二十二年（1933）《鄞县通志》载："鄞县有墨鱼拖船 3000 号，年产 5000 吨，产值 50 万元。"又云："姜山有渔民 2000 人，升九专捕墨鱼"。

虾拖和大拖风作业发展较晚，由光绪三十一年（1905）江浙渔业公司购买了"福海"号机动渔船进行单拖作业为先端，直到 1954 年才有第一对拖网渔轮。20 世纪 50 年代末，机帆船拖网作业逐渐发展，70 年代中期出现了虾拖和蟹拖，1991 年单拖作业试验成功，开始专捕外海底层鱼类，从此，拖网各种作业方式才构成了完整的系列。

拖　虾

舟山渔区对海上捕捞作业的一种俗称，也是一种传统的捕捞作业方式。

所谓"拖虾"，即用拖网来捕捉海虾的一种作业方式。拖虾作业分"内港虾""外港虾""小机拖""大机拖"四种类型。原始的拖虾作业大多在近海内港和航道口进行，一只小木船（舢板），2~3 人作业，1 人摇橹，1~2 人操作网具。网具用的是小型桁杆拖网，即运用拖曳时网触动虾后往上跳跃而入网的原理来捕捉海虾，因只能在内港里作业，故称"内港拖"。20 世纪 50 年代后，舢板改为了小对船作业，操作人员增加到了 3~4 人，作业区域由内港扩展到外港，故称"外港拖"。1979 年后，木帆小对船改为小机帆船作业，故称"小机拖"。1982 年后，60 吨位的大机帆船作业方式试验成功，俗称"大机拖"。

"拖虾"作业有以下共同特点：一是单船作业；二是专捕各种海虾；三是网具由盖网和桁网组成，小机拖的网无袋筒，大机拖的网有 3 只袋筒；四是渔法均是先放网，再顺水拖曳 2 个小时左右，然后起网，一般一昼夜起网 5~6 次，可全年生产。

拖油瓶

舟山民间对改嫁女子前夫所生子女的一种俗称。人们常将妇女改嫁时把前夫所生的子女带到后夫家去的，称为"拖油瓶"。

为何称前夫所生子女叫“拖油瓶”？其实，“拖油瓶”是以讹转讹的说法，正确的说法是“拖有病”，而不是“拖油瓶”。

这一称呼自有缘故。旧时，娶寡妇的一般都为家境不好或死了前妻的男子，而再嫁的寡妇通常都带有前夫所生的子女，由于天灾人祸和疾病等原因，一旦寡妇带来的子女有什么疾病或三长两短，往往会引起前夫或家人的责难。后夫为避免这类纠葛，在娶寡妇做妻子时，就要请人写一字据，言明寡妇所带来的子女原先就有病，今后如有不测与后夫无关。因而人们就把再嫁寡妇的子女称之为“拖有病”，意为寡妇所拖带来的子女原先就有病。由于“拖有病”与“拖油瓶”字音相近，就被人说成了“拖油瓶”。

围 网

舟山渔区对海上捕捞作业的一种俗称，也是一种传统的捕捞作业方式。

所谓“围网”，即用网围捕集群鱼类的一种作业方式。“围网”作业历史悠久。清嘉庆《浙江通志》载：“大黄鱼（又名石首鱼）春月生子，声如群娃，渔人听声下网，听法以竹筒测之，知其头向上，则用网如布，两头收合，无不就擒。”这里描述的就是围网作业方式。

20 世纪 70 年代初，围网作业有了很大的改进，主要是以光诱围网为主，即以灯光来诱捕鱼类，俗称“灯围”。它的作业特点是：以“组”为单位，即由一艘网船、一艘灯船和两艘灯艇组成。网船和灯船即机帆船的对网作业渔船，灯艇即木质小船。这些船只分工明确，网船负责侦察鱼群，以及放网和起网；灯船负责背带灯艇、诱鱼和带煨；灯艇负责诱鱼、送鱼和集鱼。作业渔民一般为 28~34 人，其中每只灯艇 2 人，俗称“灯手”。

灯围作业的程序大致是：一为诱鱼，即在黄昏天黑和拂晓时，采用“三角形布位，梯形布灯，漂流光诱”的方法诱捕。二为送鱼，俗称“并火”，即诱鱼。一小时后，网船通过测鱼仪探测鱼群，在统一指挥下，灯艇和灯船缓缓靠拢至灯艇，并灯送鱼。三为集鱼，即主灯艇收拢水下灯，逐一关熄，留 1~2 人在水下，水上一盏，使鱼群向灯光集结。四为放网、起网。即网船先抛网头浮标，随之顺时针方向放网，然后撩起浮标收缩网纲，使围网缩小。此时，主灯艇提水下灯出围网，灯船带煨起网取鱼。取鱼时，水上和水下灯均开亮，直至取鱼完毕。

滃洲走书

舟山民间用方言演唱的一种曲艺种类名称，原称“莲花文书”“宁波走书”，也称“舟山走书”，俗称“文武走书”，统称“走书”。“滃洲走书”由“宁波走书”发展演变而来，于清光绪年间流入舟山。1949 年后，为区别于内陆的“宁波走书”，改名为“舟山走书”，又因舟山古有滃洲之称，故又叫“滃洲走书”。

“唱走书”这种形式，最早源于清光绪年间的宁波余姚农村。当时，余姚农村曾有佃工在农作中你唱我和，自我娱乐，借以消除疲劳。后由唱小曲发展到唱有故事情节的片段，并在夏夜乘凉或冬日闲暇之时，几个人凑拢到晒场、堂前演唱。也有一些人，逢年过节出外演唱，赚一些“外快”。当时并没有什么乐器，只有一副竹板和一只毛竹根头敲打节拍，曲调也十分简单。光绪年间，这种演唱形式已流行于余姚农村，农闲时从事曲艺演唱的农民、小贩和手工业者成立“杭余社”，交流演唱经验。其中有位叫许生传的人，吸收绍兴莲花落的曲调，率先采用月琴伴奏，自弹自唱，取名“莲花文书”，很受群众欢迎。在其影响下，许多艺人也都采用各种乐器伴奏，并从四明南词、宁波滩簧、地方小调中引进不少曲调，加以改造应用。书目也有发展，演唱范围逐渐扩大，并传入宁波城区、台州、杭州、舟山等地。各地又在此基础上加以发展和改变，形成了各自的特色，取名为“宁波走书”“舟山走书”“六横走书”“蛟川走书”等。

“走书”起始为一人自拉自唱的“坐唱”，演员坐于桌后，乐队坐桌子两旁；演员因于桌后表演，动作幅度较小，故称“里走书”；再后，演员与乐队相对各坐一旁，演员在台上有较大空间作表演圈，称为“外走书”。由于“莲花文书”从坐唱发展到站立走着表演，分口饰角色，这样演员在台上动作幅度较大，走书之名也由此得来。因许多艺人在表演时还会来点武功，故又称“文武走书”。

新中国成立后，走书这一形式吸取了戏曲中的唱、念、做、表等表演手法，将单档坐唱改为二人或多人演唱。常规演出为 1 人主唱，辅 1~2 人伴奏，帮腔为其特性音调。基本曲调有“四平调”“马头调”“赋调”三种，俗称“老三门”。有时也用“还魂调”“词调”“二簧”“三顿”“流水”“乱弹”“三五七”“紫竹调”等。“四平调”一般作为一部书的开头，末句常由乐队和唱。“赋调”随内容情节、人物性格，有紧、中、慢之分。如慢赋调节奏缓慢，曲调下行为主，多用于哀诉之类的叙述或回忆。“马头调”系从蒙古民间曲调中转化而成。“三顿”节奏较快，旋律高昂，大都用于人物心情激动或情节急迫之处。走书都以方言演唱，有说有唱，说唱并重，辅以形体动作，表演富有生活气息。四弦胡琴是其主奏乐器，也是走书风格独特之处。其他乐器有二胡、月琴、扬琴、琵琶和三弦等。表演者多着长衫服饰，道具通常有扇子、手帕、静木等。

舟山唱走书源于定海马岙。约在光绪年间，安阿小从萧山卖唱至定海马岙定居，他所带来的是绍兴莲花落经过改革的曲调，原是一人演唱，连鼓带板自己伴奏，演唱内容一般是传奇故事和戏曲故事。后安阿小卖唱至普陀六横岛，并在那里招收带徒，因而在该岛产生过六代说唱该曲种的民间艺人。20 世纪初，有位叫沃阿来的人迁居六横里岙。因沃阿来识文化，将走书改革发展成唱大书，并传艺给侄子沃阿定，改为二人演唱。一人主唱，另一人伴唱，没有乐器，只有鼓板，当时在六横、镇海、郭巨一带演唱流传。沃阿定共收了 5 个徒弟：大徒弟宝相，二徒弟虞方舟，三徒弟虞振飞，四徒弟汪康章，五徒弟刘章成，也是沃阿定的关门徒弟。当时六横文化站干部赵学敏教他拉二胡，同时把走书翻成曲谱，并开始定点在“六横书场”演唱，取名“六横走书”。70 年代初，地区文教局军代表陈鹤华组织一批创作人员，准备参加省会演。当时娄瑞怀写了《围海造田》曲艺节目，由赵学敏提供六横走书曲谱，陈鹤华认为六横地方小，名气不大，要定个有舟山含义的名称，经当时创作人员共同讨论，查到《舟山诗抄》里有张苍水、金堤、程世楷等历史人物为舟山写过《滃洲行》《过滃洲》等诗篇，特别是明朝定海人陶恭的《滃洲书院》查得注解为弦歌之地，于是就定名为“滃洲走书”。

“滃洲走书”是流行于舟山群岛的地方曲艺之一，活跃于民间，通常一唱就是几天几夜，深受民众的欢迎。新中国成立初期各地都建有专门的书场和曲艺队，仅定海城区就有群英、中大街、城隍庙、衜头、竺家弄五大书场。知名艺人有黄素芬、王如玉、王文彪等。

窝　网

舟山渔区对海上捕捞作业的一种俗称，也是近海一种古老而传统的捕捞作业方式。“窝网”，又称“拉网”“拉涂头”。因其是利用网片窝捕鱼虾的方式，故称“窝网”。

“窝网”的作业方式通常有两种：一是“船布”，二是“抛撒”。“船布”，即借助渔船来布撒网片，人到岸边后再收网捕鱼。这种作业方式，通常需六人，驶小船一只。小船驶到作业区后，两人上岸，两人摇橹，两人放网。其中一头网纲给岸上人员，小船作半圆形放网，网放出一半时，岸上人员开始收拢网纲并向中间靠拢。网放毕，船上的人上岸收拉另一头网纲，两头网纲靠拢后，即起网取鱼。“抛撒”，也叫“牵游丝”，即在滩涂抛撒网片，需有两到四人操作，即两头拉着网片沿着滩涂边走边放网，在岸边或行走时起网。

乌贼拖

舟山渔区对海上捕捞作业的一种俗称，也是专捕乌贼的一种传统海上作业方式。

“乌贼拖”有“网捕”“笼捕”“光诱扳罾”三种。乌贼拖是网捕作业中的一种特殊形式，起源最早。在唐代，乌贼鲞已成为贡品，俗称“螟蜅”。

乌贼拖有以下特点：一是单船作业。小型木帆船3~4人操作，捕捞过程全靠摇橹。有时一网下去，要过好几个小时才能起网。一边头顶烈日，一边要摇橹，十分辛苦。俗谚云：“敲煞龙灯鼓，摇煞拖船橹”“大黄鱼听来，乌贼鱼摇来”。二是网具特殊。网具是单船底层桁杆拖网。“桁杆”是两根竹竿，在网的上端，竿下系着网底，底盘有根沉子纲，装有滑轮，滑轮是用4000余枚铜币组成。这是因为捕捞环境所致。因为乌贼怀孕以后都要进港到礁岩上来产卵，网具均需爬礁而行，故而有此特殊的装置。三是操作技术要求高。因海底礁岩崎岖交错，地形复杂，稍有不慎，就会网破鱼逃。故在拖曳时，须熟知海礁的特性，手曳网绳，根据礁岩的形状，时高时低，时快时慢，稳重而行。四是生活艰苦。捕乌贼的船都很小，船上无灶、无床、无“水井”，更无遮拦。饭和水都是用木桶装着从家里带上船，吃光、喝完了就得干饿、干渴。

乌贼拖在下网时要尽量与风向和潮汐流向相一致。拖曳时，一至二人摇橹，一人扳头桨，老大牵引曳纲，依礁岸线缓行。赶网时，网具在礁岩边运动会惊动乌贼，使乌贼往外窜时钻入网袋，这时网袋就会感觉沉重，即可起网。乌贼的汛期以农历五至六月为旺汛。俗谓“立夏上山，小满下蛋”，“上山”即上礁，“下蛋”即产卵。到了立夏，捕乌贼的旺汛也就到了。

乌贼鲞

舟山民间对晒制乌贼的一种俗称，又称“墨鱼鲞”“螟蛸鲞”“明府鲞”，是一种用新鲜墨鱼经太阳晒制而成的墨鱼成品。

“乌贼鲞”的制作技艺颇为讲究，通常有以下工序：

一是剖。剖有单刀鲞和三刀鲞两种剖法。单刀鲞剖法，即将乌贼放在木板上，鲞刀从头部经腹部、尾部将乌贼肚对称剖开，但不能将鱼腹内的卵、蛋、囊损坏，同时防止墨囊内墨汁外流，保证鲞体完整和白净。并要防止乌贼骨脱落，不刺破乌贼眼睛。三刀鲞剖法除了上述剖鱼肚这一刀外，还要在乌贼左右两只眼睛上各划一刀，放出眼中水分，以便鱼鲞干燥得更快。

二是取。把剖开的乌贼腹内的卵、蛋、囊都取出来，俗称“乌贼膘肠”，装入专用的木桶或密眼竹篮，另行加工处理。

三是洗。将已取出内脏的乌贼装入疏眼蔀篮，浸入海水中，双手端着蔀篮来回用力旋转，并不断用手搅动蔀篮中乌贼，直至将乌贼淘洗干净。

四是晒。把洗净的乌贼晒在朝阳的礁石上或竹笠子上，将乌贼一爿爿平摊，让风吹、太阳晒。晒时要尾在上，头朝下，便于水渍从头须流下，干得快。一般两三天就可晒燥。晒的过程中要经常翻晒，即早晚晒鲞的背部，中午晒鲞的腹部，因腹部水分多、肉质厚，要拣阳光强的时候晒。晒至第二天时，趁鲞体还软，要把翘起的鱼体部分用力捻平，以保证鲞体平整。晒干后，用蔀篮盛着上盖草毡，放在干燥的墙壁四周围护稻草的库房内，使鲞体内保留的水分渗出体表，发出“白霜”，俗称“发花”。“发花”的疏密是鉴别鱼鲞优劣的重要依据。过一星期左右，鲞体变成半透明呈血红色，表面会布满白色结晶，这时择一猛烈日头天，复晒一次，使霜花似的结晶更加浓密，用草包包装入库。

五更调

“五更调”是舟山民间的一种曲调统称，因其歌词共五叠，自一更至五更递转咏歌，故名“五更调”，又称“五更曲”“叹五更”。

五更调起源较早，用调亦甚广。南北朝时被列为相和歌辞清调曲之一，有学者把这类曲子称为“定格联章”体曲子。“五更调”的结构形式，主要有以下五种：一为每叠四句，每句五言，均押平韵，如南朝的《从军五更转》；二为每叠四句，句式为三、七、七、十，其韵或平或仄，如敦煌曲子词中民间流传的《叹五更》；三为每叠由前后两首组成，每首四句，每句七言，各首独自押韵，如敦煌曲子词中之《闺思》；四为每叠由三首组成（第一首为主曲，押四平韵，二、三首为辅曲，押三平韵。此三首必在同一韵），每首四句，句式为五、五、七、三，如敦煌曲子词中之《太子入山修道赞》；五为每叠分前后两片，句式前片为三、七、七、七，后片为三、三、三、三、七、七，每叠十句，押六平韵，如敦煌曲子词中之《南宗赞》。另外还有在这五种形式基础上产生的一些变体。

“五更调”的内容在早期多反映军旅生活和征人相思之情。如伏知道《从军五更转》云：“一更刁斗鸣，校尉口连城，遥闻射雕骑，悬惮将军名。”“四更星汉低，落月与云齐，依稀北风里，胡笳杂马嘶。”隋唐五代时期，因佛教的传入和兴盛，民间“五更调”被教徒们填入佛教故事唱词，用来进行通俗的宗教宣传。《太子入山修道赞》及《南宗赞》即属此类。宋元以后，尤其是明清之际，由于商业的发达和城市寄生阶级的大量出现，“五更调”又被某些文人利用，成为青楼歌妓们习唱的小曲之一，除有些反映沦落女子痛苦生活的作品以外，不少是无病呻吟或色情之作。

辛亥革命前后，一些有进步思想的文人采用“五更调”编醒世歌谣，宣讲时事，起了良好的作用。有一首清光绪三十年（1904）所编的题为《爱国歌》的“叹五更调”唱道：“一更里，月初升，爱国的人儿心内明，锦绣江山须保稳，怕的是人家要瓜分。”土地革命和抗日战争时期，广大人民群众用“五更调”旧瓶装新酒，进行革命和抗日宣传，并被广泛用于民间生活中。

“五更调”传入舟山后，由于方言声调的变异，旋律相应变化，歌词也根据生活情景所需有所改动和发挥，版本众多，曲调不一。最常见的有《月牙五更》《盼郎五更》《劝郎五更》《会郎五更》《风流五更》《吃食五更》《花名五更》等，内容大多反映男女情爱，常用于茶余饭后逗乐趣兴、文娱演艺或男女结婚贺郎仪式等。

洗床、解床

这是一句礼仪性的生育俗称，也是一种习俗。在民间，婴儿出生后第三天，人们俗信要请接生婆为婴儿洗浴，并要更换清洗床单等，俗称“洗床”。“洗床”后，产妇可稍微下地走动，有所解脱，故谓“解床”。

旧俗中，“洗床”时有诸多礼俗，俗信在婴儿睡的那张眠床上举行供祭仪式，俗称“祭床公床婆”。人们认为，每张床都有其主管的神仙，因婴儿一天到晚都离不开这张床，故需要“床公床婆”的照顾和关怀。祭“床公床婆”仪式，不需要像祭神那样隆重，一般只用一张小桌子置于床上，供上一碗饭、三碗菜肴、三杯酒、一支清香即可。而通常敬神，倒酒要分三次，此时则一次倒满，意寓婴儿不会随便尿床，长大后不会随处撒尿，而有规矩之兆。供祭时，由当家人祈祷几句，再烧纸钱相送即告完毕。日后如遇孩子有病痛或其他需要神灵保佑之事，均须供祭“床公床婆”。

给婴儿洗浴时，俗信在桶中放入几块卵石和硬币，卵石取义“头骨坚”，硬币取义“财气”，以求吉祥。是日中午，主人要摆酒席，以请接生婆为主，兼邀吃开口奶的乳娘赴宴，都是女客，俗称“吃洗床酒”。

戏 文

舟山民间对舞台上各种表演艺术的一种泛称。在民间，人们习惯称观看各种演出叫“看戏文”，称演员表演各种剧（节）目叫“做戏文”，称剧团叫“戏文班子”，称演员叫“做戏文人”。

“戏文”是舟山民间对戏曲表演艺术的一种古称，是宋朝时流行于东南沿海地区的地方戏。最早出现在浙江温州（旧称永嘉），也称“温州杂剧”“永嘉戏曲”，简称“南戏”。直到今天，各大戏剧学院还有“戏文系”这一称名设置。

在现实生活中，除了观看舞台表演外，人们还将观望别人吵架或出洋相也称为“看戏文”。

虾　米

舟山民间对晒制海虾的一种俗称。“虾米”，即将新鲜活虾经烤煮晒干脱壳成净虾肉的一种加工方式。

虾米加工是舟山的传统习俗，是高档的干水产制品，最有名的“金钩虾米”，更是其中上品。虾米色泽金红，肉嫩味鲜，营养丰富，深受国内外顾客的欢迎。

“虾米”的制作技艺非常讲究，通常有以下工序：

一、清洗：挑选个头均匀的鲜虾，装进竹箩，用海水清洗干净。

二、烤煮：先在锅内倒水放盐，搅拌调匀，100斤虾放3斤盐，用猛火烤煮，烤到半熟时，用长柄网眼撩盆将锅内的虾搅拌几下，再进行烤煮，直至煮沸。然后将虾捞出来，放在竹箩里，沥干水分。

三、暴晒：将沥干的虾倒在石板或水泥地上在太阳下进行暴晒，中途须经常翻晒。约三天后可晒干。

四、脱壳：将晒干的虾装进麻袋里，扎好袋口，平放在地面，用木棍反复敲打，使虾米与壳分离，直至完全脱壳。然后将虾米放在木制风箱内吹净。再用手剥净虾壳，使每只虾没有一点虾壳，即成虾米。

下　饭

舟山民间对菜肴的一种俗称。常曰：“今末下饭较惯崭！”“倷屋里下饭好足呐！”“下饭呒告，饭吃饱。”

菜肴为何称“下饭”？可谓舟山人独创。“下饭”一词，乍一听既土又俗。但仔细品味琢磨，很有道理，既直接又实在，没有顶点虚头把戏作秀之嫌。

古时，先民们对于高雅的文化艺术和审美的需求，并不是很重视。穿衣吃饭，种田下海，日出而作，日落而息，“脚娘肚当米缸”，一日不做就要挨饿，不在乎美与不美，雅与不雅，而在于有与没有，暖与不暖，饱与不饱。舟山方言用“下饭”替代菜肴，即是从它的实用功能来考量。试想，菜肴的功能是什么？是为了“下饭”，没有菜，饭就咽不下去。鞋的功能是走路，衣的功能是御寒遮丑。世间万物都有其存在的功能与目的性。“下饭”一词确有其道理，比起菜肴更富功能与实在性，“菜肴”听似虽雅，但缺乏动感，只是为菜而菜，“下饭”则更具动感与功能性，仔细揣摩，可谓俗中见雅，很有品位。

享 先

这是一句婚嫁俗称，也是一种习俗。在民间，男方在结婚拜堂前要举行请神祭祖仪式，人们称这一仪式叫“享先”，也作“相喜”“享仙”。

“享先”即祭拜祖先的意思。在民间，“享先”习惯在结婚当日凌晨潮水初涨时进行，“涨”即“发”，意喻家景如潮水那样升涨。享先时，通常由两张八仙桌加一张华桌拼成长桌，正中堂悬挂福禄寿三星图，两边贴喜庆对联。华桌上放“五序香宝”（香炉一只、烛台两副、松柏一盆、万年青一盆）。五序香宝后摆七牲福礼，以下摆五荤五素、五干果、五水果、五色糕，后摆二十四杯酒、十二杯干茶，左右两旁各放酒壶一把，供桌旁各摆黄酒一坛（启封），酒坛上各放秤砣一只，上横头摆的大座椅上悬“喜神符”一张，八仙桌下放婴儿“坐车”一把，车内放婴儿“虎头鞋”一双，以讨早生贵子的彩头。

“享先”主要有两项内容：一是告敬天地与祖先，以示今日某人结婚成亲，家添新人，望神灵祖先保佑；二是父亲训示儿子，以示从今起儿已成家立业，日后家中之事由儿承担。仪程大致如下：享先前，新郎须沐浴更衣，穿上结婚礼服，在父亲的引领下，祭告祖先灵位，行四拜四叩礼，并由总管先生诵读“祝文”。父母站立儿子左右，面向祖先而跪，由父亲举起酒杯，向外作一揖，三度洒酒以祭天地，接着转身面向祖先，换一个杯斟满酒交给儿子。儿子接杯跪地，父亲对儿作训示，儿子作遵命承诺，然后把酒喝下，再四拜四叩后完毕。

小对船

舟山渔区对海上作业渔船的一种俗称，也是一种传统的捕捞作业方式。

“小对船”，也称“小对”，即小型渔船的对网作业方式，俗称“带角船”，又称“雄鸡对”“下山对”“活水对”等。“小对”作业历史悠久，由鄞县姜山人传入。据《鄞县渔业志》载：“对网作业中的小对始于元泰定二年（1325）的姜山地区，距今已有670多年历史。”小对船的特点是：船体较小，行动灵活，故有“呆大捕，死涨网，活络要算小对郎”之说。其义是，大捕要载碇、抛碇，行动呆板，又要定置涨网，打上死桩，不能随意改动渔场，而小对作业可随机应变，行动敏捷。但因船体小，条件差，如遇较大风浪，安全就不是很有保障，故只能在近海作业。

按照生产习惯，小对船只能在水深10~30米海域作业，渔期和捕捞对象是：1~5月主捕梅童鱼、鮸鱼、乌贼等；6~10月主捕黄鱼、梅童鱼；10~12月专捕带鱼。因小对船一年四季的鱼汛不断，故在民国年间，是舟山渔场的主要捕捞作业之一。仅舟山就有小对作业船1739对，数量远超过大对渔船。

小对渔船也有煨船、网船两艘，每对船上有8个渔民，与大对船相比少了一半。其操作方式采用“平行放网法”，放网、拖曳、带偎、起网、取鱼等方式与大对相同。因旧时均为木帆船作业，若风向或潮流不好，拖曳、带煨均须摇橹，十分辛苦，故有“摇煞小对，困煞大捕”“大捕顶流涨，小对顺潮捕”之说。

小戏文

舟山民间对木偶戏的一种俗称。“小戏文”即“木偶戏”，也称“傀儡戏”“下弄上”。

“小戏文”，即由木偶表演的戏文，是与舞台上真人表演相比较而言的一种俗称，因木偶小，表演的舞台也小，故谓“小戏文”。“下弄上”，即指木偶戏由下而上进行表演的一种特征。

旧时，民间有“木偶辟邪”的说法，木偶戏在民间又称“急戏”，有“急难之中解围”之意。它的特点可用一句话来概括：“十指能演百态情，一口道尽人间事”。旧时，舟山渔农村生活环境十分恶劣，海难事件时有发生，求神拜佛许愿是常事，而许愿为神演一台戏也是内容之一，故乡间当时的“小戏文”大多是以“请神”为借口。表演时，堂前的正席上摆上香案、三牲供品、神位，而观众反而只能站在边席看戏。久而久之，由于文化生活贫乏，木偶戏便形成一定的市场，不少人家逢年过节也会叫艺人演上一两天。小戏文是陪神敬神的组成部分。敬神享先不用乐队，但必须有小戏文，而且有一整套的程序仪式，演出的剧目也主要是祈福、敬神、送宝、团圆之类的内容。敬神之后，才开场正戏。

舟山历史上曾经流行过两种木偶戏：杖头木偶和布袋木偶。杖头木偶是用竹竿顶着木偶的手足操纵木偶表演，木偶头大如鹅蛋，画的都是京剧脸谱，身子长约半米。演出时以围布作场，演出人员在围布里面将木偶举到围布上面进行表演，观众在围布外观看，现在已失传。布袋木偶就是四周用布围住表演的小台，演员在里面手举木偶和各种刀枪道具，边唱边讲边表演，2~3个乐师作伴奏。它的最大特点是，一人能操纵和演出多个人物角色，不像其他木偶戏只能表演“一人一偶”。舟山木偶戏艺人全部的行当是：一根扁担，一头担着折叠起来的戏台，一头装着木偶和乐器的道具箱。由于没有繁复的道具和装备，艺人可以轻车简从地挑着一副担子走巷串户，在普通的人家堂前用两条凳子、一块门板架起台子，打开小戏台套在扁担上，竖直扁担固定好，就可以演出了。

木偶戏的戏台雕镂精美，体积狭小，这不但受制于表演者一个人双手伸展幅度的局限，而且也便于折叠后能够很轻松地挑在肩上行走。这种戏台的原理相当于现在的折叠椅，打开时宽度1米、深0.8米左右，折叠起来之后十几厘米，便于在海岛上下船时搬运，可在寻常渔民百姓家的堂屋内、晒网场、渔船舱板上演出。因为戏台小，所以木偶也不大，一人能双手操纵两个木偶，以食指顶着木偶的头部，中指和拇指分别套入木偶人物的左、右两个袖筒代表木偶的双手，这样，木偶的头、手都能活动起来。通过表演者的高超技巧，表现出人物丰富多彩的动作，如执物、开扇、换衣、舞剑、打斗、搏杀等高难度动作，加上整个手臂的运动做出踏步、行走、骑马神态，结合念白、唱腔和锣鼓点子，完成木偶整套演出动作。

木偶的脸谱基本上承袭了京剧的脸谱，有生、旦、净、丑之分，而唱腔却别具风格。它既不像越剧的唱腔那样婉约、清丽，也不似京剧那样悠长、拖沓，而是综合了绍兴大板、宁波走书、二簧、流水清板、乱弹、越剧等唱腔的特点，以绍兴大板为主调，以高音板胡伴奏，高亢激越，节奏紧凑，堪比秦腔而有过之而无不及。

木偶戏的演出分独人、双人和多人几种形式。过去“唱门头”式的演出多为一人，单是一些唱腔而无鼓乐和器乐伴奏，场面显得单调，于是加上锣和钹，由于腾不出双手只能用双脚替代。敲锣的方法有点像现在的“脚踏式翻盖废物桶”原理，踏一下就能敲一下；而钹子的击打方法是采用一条竹片弯成“U”字形，两片钹子绑在竹片两头，横放后利用竹片的弹性用脚踩，这样，一个人的双手、双脚和嘴都派上用场，演出便也热闹了，这也是木偶戏演出的一个奇观。后来的双人演出则主要是一人演奏板胡和打击乐，大大减轻了独人演出的压力。

舟山布袋木偶戏的第一代宗师朱潭山来自宁波奉化，他在舟山各地演出时，收了 4 个徒弟：朱家尖顺母的阿伟、长涂岛的张庆发、马岙三江的陈宝金、金塘姚家山的姚惠义。后来盐仓螺头的叶星昂和紫微侯家的侯长寿拜金塘姚惠义为师，成为第三代传人的代表。侯惠义于 1941 年投到叶星昂门下，成为第四代传人的代表。后来，侯惠义的女儿侯雅飞 8 岁时跟父亲学艺，成了舟山木偶戏的第五代传人。

蟹 糊

舟山民间对腌制海蟹的一种俗称。“蟹糊”，即将新鲜梭子蟹剁成糨糊状后用盐渍腌制而成的一种加工产品。

“蟹糊”的制作加工有特别的要求：一是蟹的质量要好，必须是深秋、冬季时节活的生膏的门蟹；二是咸度要适中，不宜太咸。其制作技艺通常有以下工序：先将活蟹洗净，去掉蟹肚脐及脚爪，剥开壳，挖掉蟹弥水，将壳内红膏取出，然后将蟹切成若干小块，放入一些盐、白糖、蒜米和姜末，用刀或木棒将蟹肉剁成糨糊状，放在容器内封盖。三五小时后即可食用。

旋　网

舟山渔区对海上捕捞作业的一种俗称，也是海边滩头一种古老而传统的捕捞鲻鱼的特殊作业方式。因其是利用网罩旋转撒网方式来捕捞鱼虾，故称“旋网”。

“旋网”作业常在海边滩头上进行。宋代吴江知县张达明曾云：“旋网，即撒网，掷而散也！”因为鲻鱼要跳跃，别的网具和方式难以捉住它，故用旋网罩之。它的特点是，用一顶伞状的网具，捕捞时将旋网凌空抛向海面罩下，鲻鱼一旦被网罩住就跳不起来而被捕获。旋网由一人操作，通常旋网者站在海边礁石上，当发现海上有水花现象时，突袭性地从空中把网撒向海面，撒开时网似伞形，收拢即为一束，鲻鱼就会被罩裹在网兜里。

养生媳妇

这是一句婚姻俗称。“养生媳妇”是舟山旧时一种特殊的婚姻方式。即有子嗣之家，从小抱养人家女儿为养女，待儿子和养女成长至婚育年龄时，再为他们成婚，人们称这种媳妇叫“养生媳妇”，也叫“童养媳”。

“养生媳妇”之习，主要有以下原因：一是家虽有儿，但考虑到成年婚费较高，故先幼时领养，大后做媳以省费用；二是家境贫困，又多子女，抚养不易，故幼时送养。婚礼形式有两种：一是在男家就地行礼圆房；二是待结婚时，送回女家，男方再前往迎娶。也有五六岁男孩娶十五六岁姑娘做媳妇的，俗称“等郎媳”。

“养生媳妇”习惯古已有之。《三国志》云：“沃沮国女，至十岁，婿家即迎之长养为媳。”《后汉书》后记：“建安八年，操进三宪节华为夫人，少时待年于国。”可知古时早有养生媳妇之俗，而曹操之妻，就是养生媳妇。徐珂《大受堂札记》云：“童养媳，幼至夫家，成年结婚。有之者，惟齐年编产。中人之家可蓄之。翁姑任有教养之责。及笄后，使习保姆，则他日教养子女，保育易，成材亦易。”

油炸烩

“油炸烩”即油条。现今，人们习将用两根条形面团绕捏在一起再进行油炸的食品叫“油条”，但过去老百姓不叫“油条”，叫“油炸烩”。现在有许多上年纪的老人还是这种叫法。

为何称“油炸烩”？这个称名还有个动人的来历。

“油炸烩”这一叫法起源于宋代。1142年，民族英雄岳飞被大奸臣秦桧和他的妻子王氏献计，陷害于风波亭。百姓们为此对秦桧夫妇恨之入骨，深恶痛绝。

当时，风波亭附近有一家专卖油炸食品的小店。店老板正在油锅旁炸食品，得知岳飞被秦桧夫妇害死的消息后，怒火冲天，从盆中抓起一块面团，捏成两根条形，象征秦桧夫妇一男一女两个小人，并将它们绕粘在一起，丢进油锅里炸，口里还恨恨地连声喊道：“哎，吃油炸秦桧啦！”他这么一喊，周围的百姓都明白他的意思了，便一齐拥上来，大家一边吃，一边恶狠狠地高喊：“吃油炸桧啦！吃油炸桧啦！”其他的店见状，也争相效仿。一时间，整个临安城都做起了“油炸桧”，并很快传遍全国，一直流传到今天。如今，“油炸桧”的“桧”已改写为“烩”，许多地区已改称为“油条”，但有些地方的老人仍然称它叫“油炸烩”。

鱼鲞

舟山民间对干制海产品的一种统称。“鱼鲞”，即经太阳暴晒后的一种鱼类制品，舟山人把晒干后的鱼类制品统称为“鲞”。

“鱼鲞”只是一种泛称，实有许多种类。一是根据鱼类的不同有不同的叫法，如“黄鱼鲞”“鳗鲞”“乌贼鲞”等；二是根据制作工艺的不同有不同的叫法，如“淡鲞”“咸鲞”；三是根据鱼类的生熟成干方式不同，又有晒干、风干、蒸干三类，其成品有鱼鲞、鱼鲓、鱼干等。对此，明代李时珍曾有诸多见解：“淡压为腊（干）者曰淡鱼，又曰鱼肃鱼。”（“鱼肃”即经太阳暴晒的干鱼）“以物穿风干者曰鱼脯。”（“鱼脯”即风干的鱼类）“以盐渍成而干者曰腌鱼。”（“腌鱼”即咸鲞）“乌贼鱼盐于者曰明鲞，淡干者曰腹鲞。”其称谓和习俗几乎与今完全一致。

用太阳暴晒海鲜食品是舟山最原始、最古老、最传统的一种制鱼方法与习俗。《周礼》曰："干制之法，最古。"而且这种用太阳暴晒成的鱼类味极美，这从"鲞"字的构造中便可悉知。"鲞"字由"美"和"鱼"字组成，意为这种晒干的"鱼"，味"美"也。

说起"鲞"字的由来，还有个动人的传说。相传春秋时，舟山是越国鄞邑之地，公元前494年春，吴王夫差为报杀父之仇，亲率十万大军灭了越国。在一次庆功宴上，御厨便用越地的海鲜慰劳吴王和大臣们。当吃到大黄鱼时，吴王和大臣们齐声称赞此鱼为"美鱼"！于是，吴王令鄞邑县令今后每天送一筐美鱼进宫。因鄞邑离吴王宫路途较远，又因大黄鱼肉质鲜嫩，不易保鲜，每当送到王宫后就已变质腐烂，吴王吃了这种霉烂臭味的鱼后大动肝火，把御厨也给杀了。为使黄鱼不变质不腐烂，县令想出了一个办法，即将新鲜黄鱼晒成干后再送至王宫。吴王吃后，滋味竟比原先的美鱼还要鲜美，便问县令此美鱼叫何名。聪明的县令灵机一动，答曰：此鱼就是由大王所说的"美鱼"两字组成，俗称"鲞"。从此，便将用太阳暴晒而成的鱼干称为"鲞"。

渔　船

"渔船"是人们对捕鱼船只的一种泛称。在渔区，渔民根据不同时期、作业方式、船型和特征，赋予渔船各种针对性的称谓。如：

木帆船——一种木质渔船的总称，特点是利用风力张帆行驶。

机帆船——一种用柴油机作动力的木质有帆渔船。按船体和动力大小分为大机帆、小机帆。

对船——一种由两条大小不同的渔船组成的子母对网渔船。

舢板——一种无帆用橹摇的小木船。常载于母船之上，随母船出海作辅助或两船交往、靠岸之用。

划子船——一种木制的小型渔船，捕捞时操作灵活，常用于墨鱼网拖作业。

顶榫头——一种木制的老式尖头捕捞小船，也用于运输鲜鱼。

带角船——一种木制的船头有角的捕捞墨鱼用的小船。

溜网船——一种用于溜网作业渔船的总称，按形体大小分为大溜网船、小溜网船。

涨网船——一种在近海固定打桩涨网捕鱼的小型木制渔船。

小白底——一种船底白色的小型钓鱼船。

小钓船——一种木质的单船作业的钓鱼船。

小机钓——一种装有发动机的小型钓捕船。

小捕槽——一种比对网船更小的渔船。

游捕船——一种到小岛上采集贻贝的小木船。

八桨船——一种船型首尾上翘，用八只桨划的木制小船。

抛碇船——一种小型涨网渔船。

鹰船——一种船型首尾上翘，形似山鹰的渔船。

红对头——一种船头红色的小型对网船。

活水对——一种灵活机动的小对网渔船。

拉钓船——一种绳上放钓钩的渔船。

鱿钓船——一种专钓鱿鱼的渔船。

打桩船——一种单桩涨网渔船。

网船——对网渔船的主船，因装有网具而得名，承担撒网、起网、捞鱼等主要作业任务。

偎船——对网渔船的辅助船。因其总是“依偎”于“网船”左右而行动，故称“偎船”。

大捕船——一种木制的抛碇涨网渔船。特点是大小鱼类均捕。

渔轮——一种机动大铁壳船。抗风能力强，多用作远洋捕捞。

鸡娘对——一种带两条小船的子母对网渔船。

拖船——一种专门拖拉渔船的拖轮，吃水较深。

六格档——一种大型抛碇涨网船。作业人员有老大、上头、中舱、三橹、二捕、多人、后舱等。

打洋船——一种铁壳渔轮，又名“花打洋”，因船身雕花红绿而得名。作业方式以“流钓”为主，多以子母船型出现。

冰鲜船——一种船上带冰，专门收购新鲜渔货的商船。

小挂机——一种有动力的舢板。

丈八河条——明嘉靖年间舟山水寨驻军用于战事的一种木帆船。因船长一丈八尺而得名。

单拦河——早期船体左舷只装单根“肉肋”的小木船。

双拦河——早期船体左右两舷装有双根“肉肋”的小木船。

绿眉毛——古木帆运输船，三桅五帆，船首形似鸟嘴，简称“鸟船”，因船眼上方有条绿色形似眉毛的装饰而得名，是我国鸟船系列中的优秀船型，并与沙船、福船、广船一起，形成中国古代“四大名船”，也是舟山的代表船型。主要用于运输鲜鱼。此船始于北宋，盛于明、清、民国期间，距今已有千年的历史，为中国古船文化和航海文化的重要组成部分。1405~1433 年，“绿眉毛”追随郑和率领的庞大船队扬帆出海，七下西洋，遍访亚非 30 多个国家和地区，开启了世界航海大发现的先河，树立了中华民族与邻为善、睦邻邦交、共同发展的和平典范，堪称中华民族乃至人类航海史的巅峰之作。

渔　民

“渔民”是人们对扪鱼人的一种泛称。在渔区，根据不同的船型、职务、职责渔民被赋以各种称谓，俗谓“船上人马”。这些人马的具体称谓和职责是：

“老大”——渔船上的第一把手，一船之长。主要负责放网、拖捕和兜偎（并网），起网时，亲自操纵网船和指挥。

“多人”——相当于“大副”。老大的主要助手。主要负责航行驾驶及相应设备的维护。起网时，在中舱面拉后节（渔网左半部分）网衣和袋筒网衣，并一起进行掏鱼（网袋取鱼）等工作。

“头多人”——相当于“二副”。捕捞之余参加航行驾驶。起网时，在头舱面拉前节（渔网右半部分）网衣，并一起进行掏鱼等工作。

“备多人”——相当于“三副”。主要负责捕捞工作，也叫“涨网多人”，捕捞之余参加航行驾驶。起网时，在头舱面拉前节网衣。

“偎船多人”——偎船上的老大副手，也叫“备老大”。

“老轨”——相当于轮机长。主要负责机舱及船上所有机械设备的操作与维护。起网时，在中舱面拉后节网衣，并负责起网机起吊鱼货。

“二轨”——相当于二管轮。协助老轨工作，起网时，在头舱面拉前节网衣。有的船上还配有“三轨”，以协助老轨和二轨工作。

“出网”——相当于捕捞长。全面负责甲板上的工作。主要负责网具的装配、管理和撒网、起网的操作工作。起网时，在中舱面拉后节下纲。

“备出网”——协助“出网”工作。起网时，在中舱面拉后节下纲。

“出袋”——主要负责网具袋筒管理、维护和操作，并负责鱼舱的清洁工作。起网时，在中舱面拉后节上纲。

“拖下纲”——相当于副捕捞长。主要负责渔网下纲绳的起、放操作以及头舱面前节网具的管理。并协助“出网”做好网具的装配工作。起网时，在头舱面拉前节下纲。

“拔头片”——主要负责锚具的起、放以及渔网上纲绳的起、放操作，也叫“抛头锚”。起网时，在头舱面拉前节上纲。

“拔头桨”——主要负责划头桨或摇橹，并协助伙将做好厨房菜肴的配置和清洗工作。起网时，在头舱面拉前节上纲。

“扳二桨”——主要负责划二桨或摇橹，并协助伙将做好厨房相关工作。起网时，在中舱面拉后节上纲。

“扳三桨”——主要协助头桨、二桨做好划桨或摇橹工作，并根据工作即时需要而定。起网时，在头舱面拉前节下纲。

“伙将”——渔船上的炊事员，主要负责柴米、菜肴烧制等厨房管理工作。

“带头老大”——在老大队伍中，设带头老大一名，以带领全队渔船作业生产。

“打网老大”——在带头船上设立此职。主要是负责捕捞工作。目的是使带头老大能有更多的精力统领、指挥全队渔船做好各项工作。

在渔区，人们还根据渔民的职责分工，编制了《船上人马歌》。

渔　网

“渔网”是人们对捕鱼网具的一种泛称。在渔区，渔民从来不称“渔网”，而是对不同的网具有针对性的叫法。如用于捕捞鮟康鱼的网具叫“鮟康网”，用草绳织成的网具叫“草绳网”，用棉纱线织成的网具叫“棉纱网”，用塑料线织成的网具叫“塑料网”，用苎麻线织成的网具叫“苎麻网”，用尼龙线织成的网具叫“尼龙网”，用于捕捞上层鱼的网具叫“轻网”，用于捕捞深层鱼的网具叫“重网”，用于捕捞带鱼的网具叫“大网”，用于大型溜网作业的网具叫“大溜网”，用于对船上捕捞以小黄鱼为主的网具叫“大对网”，用于大捕船作业的网具叫“大捕网”，用于拖风作业的网具叫“拖风网”，用于“背对”船作业的网具叫“背对网”，用于海涂上作业的网具叫“穿网”，用于捕涨小鱼小虾的网具叫“虾皮网”，用于捕捞海蜇的网具叫“海蜇网”，还有附设于渔网上的各种网具，如“网衣”“网袋”“翼网”“缘网”“三角网”“囊网”等。

鱼汛

舟山民间根据不同季节捕捞各种鱼类汛期的一种统称。按照传统惯例，鱼汛有春汛、夏汛、秋汛、冬汛四个汛期。

所谓“春汛”，即立春至立夏这段时间，俗称“拘春”。其中，春分前后因小黄鱼集群起叫，俗称“拘旺风”。又因捕捞的渔场有南北之分，又称“南洋旺风”和“北洋旺风”。

所谓“夏汛”，即立夏到立秋这段时间，主捕大黄鱼，是一年四季中最为忙碌的汛期，俗称“洋生”。“洋生”又有“三水洋生”“正水”和“花水”之称。所谓“三水洋生”，指的是大黄鱼从立夏到夏至这段时期，只有三水大潮期内可捕获，过了这个期限，大黄鱼产卵后又要“洄游”。“正水”即为黄鱼旺发期，是主捕大黄鱼的最佳时期。“花水”即为鱼发淡潮期。

所谓“秋汛”，即立秋至立冬这段时间。“秋汛”俗称“歇秋”“拘秋”。“歇秋”，因秋天时节多台风，渔民大多歇业修船，故而称之；“拘秋”，有部分渔民利用这一时间涨点海蜇拘些“秋白带”“秋黄鱼”等杂鱼。

所谓“冬汛”，即从立冬到立春这段时间。“冬汛”又有“拘早冬”“拘晚冬”之称。“拘早冬”即从霜降至小雪，主捕小黄鱼；“拘晚冬”即从小雪后至立春，主捕带鱼，亦称“带鱼汛”。冬汛时节，海上多“风暴”，俗称“打暴”。期间，渔民利用“暴前”“暴后”进行抢捕，风暴来之前捕捞叫“暴头鱼”，风暴过后叫“暴尾鱼”。这种抢捕方式风险很大。

糟 鱼

舟山民间对糟制鱼类的一种俗称。“糟鱼”，即用新鲜鱼类经酒糟发酵酿制的一种加工方式。

“糟鱼”是一种统称，根据所糟的鱼类不同各有叫法，如糟乌贼、糟鳓鱼、糟鲳鱼、糟带鱼、糟鳗等。其制作工序比较复杂，技术要求也比较高，通常有以下工序：

一是做“白药”。先从野地里采集辣料草，取其成熟的籽（一种白色的、米粒大的果实），晒干后磨成粉，掺上米粉做成球形丸子，晒干后备用，这种球形丸子俗称“白药”。

二是做“浆板”。先将“白药”碾成粉，再按糟鱼的多少煮一锅糯米饭。待米饭自然冷却至微热，把已碾成粉的“白药”放入米饭里搅拌，将拌匀的米饭装入容器内，压实，在米饭中间戳一个直径像酒杯大小的孔，盖上被子或其他保暖物件，让其发酵。经过一昼夜后，便会发出浓烈的酒香，米饭中间的小孔会有酒酿渗出。这种成酒酿的米饭俗称“浆板”，即制作糟鱼的主要材料。注意在做“浆板”时，尽可能“呛”一点，即多拌点“白药”，以防“浆板”变酸。

三是剖鱼。把要糟的鲜鱼剖杀，取净内脏，用盐渍腌制 2 天，用盐量一般为 1 分半盐头，即 10 斤鱼 1 斤半盐，然后放在竹席上晾燥沥干。

四是糟鱼。先把脱水后的鱼切成四五公分长的段状，取一只大盆，分批把鱼块和酿好的“浆板”拌和在一起，鱼和浆板的比例为 1：2。然后将拌有酒糟的鱼块放入甏内，甏内的鱼块放至七八成满即止，不要过满，否则酒酿发酵后会溢出来。为增加香味，可在酒糟中加入适量黄酒。放满后用手压实，最后在上面再铺一层糟，再用不透气的塑料布将甏口封住，用细绳用力扎紧使之密封。按照渔民惯例，糟鱼最好在平潮时进行，据说涨潮时糟的鱼，弄不好酒酿要涨溢出来，而落潮时则酒酿要退潮而涸，故选平潮最稳妥。一两天后，取黄泥拌草段再将甏口连同塑料布一同封牢，使之不出气。湿泥干后会出现裂缝，此时要补充湿泥再将裂缝封住，总之不能让它漏气。最后将糟甏放于阴凉处不要动它。两个月后即可食用。

每次食用取鱼时，须要用专用的竹棒取之，切忌用日常用餐的筷子，取后须盖紧甏口。

涨网

舟山渔区对海上捕捞作业的一种俗称，也是近海一种古老而传统的捕捞作业方式。因其是利用潮水涨落的原理来拦截鱼虾入网的方式，故称“涨网”。

“涨网”是一种被动性的定置作业方式，即用一根木桩或水泥桩打入海底，俗称“打海底桩”，将网具敷系在桩上。网具根据所捕的鱼类不同有紧网、稀网、绳网、板子网等。它是依靠潮流冲击原理，拦鱼蟹入网。但根据一年四季所捕的鱼类不同，所涨的海域、水性亦各不相同。

涨网作业的工具、类别有打桩涨网、抛碇涨网和船涨网三大类，其中又分单桩涨网、双桩涨网、单碇涨网和双碇涨网，统称为“涨网”，也叫“涨捕”“大捕”“抛碇”。

照乌贼

舟山渔区对海上捕捞作业的一种俗称，也是一种传统的捕捞作业方式。

所谓“照乌贼”，就是利用乌贼喜好光亮的特性，运用光亮来诱捕乌贼的一种作业方式。

“照乌贼”的作业特点是，在海礁边乌贼产卵时，摇一只小舢板，抵达作业地后，将船上首尾两个锚投入海中，以定置船身流动。船上备有一顶扳罾网，将扳罾网投于海中，扳罾网上有一根长竹竿支撑于船上，撑竿下缚有一只用铁丝扎成的铁丝篮，篮里装有熊熊燃烧的木炭火。乌贼看见木炭火发出的光亮，就会朝光亮处集结。火篮下是一顶硕大的扳罾网，待乌贼聚集到一定数量后，迅速拉起扳罾网，这时乌贼措手不及地都落入到扳罾网中。由于炭火使用管理不便，后又改为电灯和电石灯为光源。

“照乌贼”实是一种“光诱”原理作业方式，其他鱼类同样适用。如“捕海蜓”，几乎采用同类方式。

舟山锣鼓

舟山民间一种独特的艺术表演名称。“舟山锣鼓”，俗称“码头锣鼓”“海上锣鼓”“三番锣鼓”“行会锣鼓”，是流行于舟山也是中国独有的民间吹打乐。每逢各种迎神赛会或庆典活动，人们都以舟山锣鼓前来助兴。

“舟山锣鼓”源于航海，故谓“码头锣鼓”“海上锣鼓”，是旧时航船靠码头时用来提醒、招徕客人的锣鼓敲打形式，或在航行时用它来助兴、解寂、避邪，遇雾时用它来传递信息，以免两船相撞。因旧时都是木帆船，船上人手少，船靠码头既要打缆又要撑篙，航行时既要把舵、摇橹又要使帆，人手不够，人们便用木头制成架子将几只鼓固定起来，将几面锣悬挂在船壁上，一人可以敲几只鼓几面锣，这样既减少了人手，又丰富了锣鼓的气氛。这种表演形式后被民间艺人采用，常在民间红白喜事、出会、祝寿做生、新船下海、开张营业等仪式上表演，故俗称“三番锣鼓”“行会锣鼓”。新中国成立后被搬上舞台，并在各种奖赛中获奖，名扬海内外。

“舟山锣鼓”有以下特点：一是表演形式独特，主打乐器为“排鼓”“套锣”。排鼓由 5 只音调高低不同的大小堂鼓组成，按鼓的音调由低至高排列而成；套锣由 10~13 面不同音色的铜锣组成，按音调的高低，从上而下竖式排列而成。并配以大钹、小钹、武锣、狗叫锣等打击乐器。演奏时，以排鼓演奏者为乐队指挥，唢呐、笛子为主奏乐器，各种吹、拉、弹、打击乐器配合，有“粗打”“细奏”，音量对比鲜明、丰富、细腻，音响色彩粗犷、奔放、激烈，气势恢宏。

二是演奏风格独到，技巧精湛，赋予叙事性。乐曲采用“三番锣鼓”章式，“番”为舟山方言，意为音乐的“乐章”，表达乐曲的情感与意境。第一番为“开渔出海”，反映渔民出海欢送的场景；第二番为“战风斗浪”，反映渔民在海上捕鱼劳作的场景；第三番为“丰收拢洋”，反映渔民满载而归、喜庆丰收的喜悦场景。全曲第三番为高潮，也是表演难度最大、最精湛、最精华的部分。

三是鼓点丰富，音色、音量对比鲜明，有单击、滚击、跳击、双击、排击、独打、独敲、定桩跳击式、滑竿奔泻式等技巧，具有浓郁的舟山海洋文化特色。

煮 海

舟山渔区对古老制盐方式的一种俗称。“煮海”又称“煎煮”，也称“熬波”。制作工艺与程序有“制卤”和“烧煮”。所谓“制卤”，第一步为刮泥，即在滩涂中刮取咸土挑集于增内。第二步是淋卤，即把咸土装入增内后，舀海水进行浇灌，使卤水从增底渗出流入卤井（缸）内。第三步为验卤。验卤的方法是用 10 枚石莲测试之。石莲放入卤水中，全浮者为浓，半浮者为浓淡兼半，下浮者为淡。后来改为用黄蜡丸裹锡代莲，或用鸡蛋测卤。

所谓“烧煮”，即在制卤滩场的高墩处，建筑一个木梁土壁的灶厂。灶厂内有盐灶数座，灶前开火门，旁有风洞，不设烟囱，屋内也无窗。煎煮时，把卤水注入盘内，灶膛中投薪燃之，卤因煮煎渐结成晶粒，则为盐。烧煮时，自起火至熄火谓一“造”。每“造”4~10 日。如下次开煎，则重新砌盘。

煎煮的锅具，唐宋时用铁盘。由 3~8 块铸铁板拼合而成，板厚寸许，接合处用贝壳制成灰后涂塞。元时用篾盘。篾盘用竹片编成，四方形，平底，内外也用贝壳灰涂塞，触火面加涂柴灰。因这是一种特殊的锅具，所以开煎时先要文火燃烧，逐渐加旺，使盐中的贝壳灰坚固后，方可加卤煎煮。煮沸后，还须撒皂角和米糠，除净泡沫和污物。到了清朝，煎煮的锅具多用铁锅。其锅具有煎锅、温锅之分。因清代煮盐运用一灶多锅法，置于近灶口处的火力较旺，称之煎锅；置于灶后的火力较弱，称之为温锅。据记载，铁盘煮盐，一盘煎 1~2 小时，产盐 200~300 斤。篾盘煮盐，一盘煎 2~3 小时，产盐 200 斤。铁锅煮盐，产量更少，煎 4~6 小时，产盐仅 30 斤。但它靠锅多而增产。古时对煮盐还有个称呼：煎毕一盘，称之一干。一干乃煎煮的时间，因天气、设备以及卤度而异，所谓“干干续煎，昼夜不息”。可见其辛苦之程度。正如柳永在诗中所言：“船载户擎未遑歇，投入后灶炎炎热；晨烧暮烁堆积高，才得波涛变成雪。”

古式的“煮海”炼盐法至今已不复存在，但它毕竟在海岛流传并袭用了一千余年，已成为历史的记忆和文化遗产，今人应予以记录、研究或利用开发。

走高跷

舟山民间一种艺术表演俗称。“走高跷”，也叫“踩高跷”，是流行于舟山民间的一种舞蹈表演形式。因舞蹈时多双脚踩踏木跷而得名。每逢各种迎神赛会或庆典活动，人们都以踩高跷前来助兴。

高跷历史久远，源于古代百戏中的一种技术表演，北魏时即有踩高跷的石刻画像。关于高跷的起源，学者们多认为与原始氏族的图腾崇拜、沿海渔民的捕鱼生活有关。据历史学家的考证，尧舜时代以鹤为图腾的丹朱氏族，他们在祭礼中要踩着高跷拟鹤跳舞。古文献《山海经》中有关于“长股国”的记述，根据古人的注释，可知“长股国”与踩跷有关。另外，从“长脚人常负长臂人入海中捕鱼也”这一注释中，我们不难想象出脚上绑扎着长木跷，手持长木制成的原始捕鱼工具的渔民在浅海中捕鱼的形象。而更令人惊奇的是，旧时舟山各岛渔民，也有踩着长木跷在海滩上撒网捕鱼的风习。

高跷用优质木椽刨成两根木腿，有高有低，根据踩者技能而定。通常高约两米左右，在木腿上端约70厘米处，安装一块踏脚台。踩高跷者将两腿绑缚于高跷台上，行走起来，步伐较大。高跷一般以舞队的形式表演，舞队人数少则几人多则数十人；表演踩高跷者多扮装成戏剧人物，服饰多模仿戏曲行头；常用道具有扇子、手绢、木棍、刀枪等；中间夹杂有大头娃娃、疯婆婆、倒骑驴者等丑角，挑逗看客捧腹大笑。也有在高翘上表演杂耍的，动作熟练，技法精湛，在锣鼓和鞭炮声中，同时缓行，煞是热闹。表演形式有“踩街”和“撂场”两种。撂场有集体边舞边走各种队形图案的“大场”和两三人表演的“小场”，角色间多男女对舞，有时边舞边唱。从表演风格上又分为“文跷”和“武跷”，文跷重扭踩和情节表演，武跷重炫技功夫。

做催生衣

这是一句礼仪性的生育俗称，也是一种习俗。旧时，民间习惯女子怀孕后，娘家要为婴儿做鞋帽、衣服、尿布、肚兜等穿戴物品送与女儿，人们习称这种物品叫“做催生衣”。

“催生衣”，即通过催生之衣，寄望女儿早日生养，是外婆家送给外甥的专用礼物。旧俗中，“催生衣”中的新做衣服都要用黄布制成，俗谓“外甥黄帝"，寓意孩子穿上此衣后，像皇帝一般荣华富贵。同时，衣服款式习惯仿制和尚穿的斜对襟交叉衫，没有领子，没有纽扣，俗称"和尚衫"。穿此衣服，主要是为了辟邪、讨彩、图吉利，相当于孩子出了家，俗世凡尘中除了名，鬼神邪魔不会来侵犯，所以"和尚衫"是婴儿的"护身衣"，借佛气保佑孩子顺利成长。鞋子和帽子要绣花制成"虎头鞋""狗头帽"，寓意孩子像虎一般勇猛威武，像狗一样乖巧聪明。

催生衣做成后俗信扎在一个大包袱里，于分娩前送到女儿家中，俗称"送催生衣"。到女儿家后，习惯将包袱扔到孕妇床上，以作预测。如包袱角朝里，意为生男，包袱角朝外，意为生女，故民间称女孩叫"朝外货"。婆家接到催生衣时，俗信将包袱立即打开，意祈"生产顺利、母子平安"。

做羹饭

这是一句礼俗性的称谓。在民间，每逢过年、清明、立夏、七月半、重阳节、冬至，或长辈生辰、死忌、头七、五七、周年等，总要焚香烧经，摆上酒水饭菜，供祭祖先，人们称这种仪式叫"做羹饭"。

在民间，羹饭有"全堂羹饭"和"普通羹饭"之分，凡认为重要的大羹饭，必须以全堂羹饭供祭，如"过年羹饭"，结婚"享先羹饭"，死人"五七羹饭""百日羹饭""周年羹饭"等，其摆法、程序、菜肴供品都要比清明、立夏、七月半、重阳、冬至羹饭复杂隆重。

旧俗中，做羹饭是件极其庄重和严肃的事，通常情况下，做羹饭的供桌俗信用八仙桌，菜肴必须为双数，有 12 碗、14 碗或 16 碗，有鱼肉和时鲜蔬菜，上横头点香烛，左右两边和下横头摆酒杯和筷子，酒分三次斟满。点燃香烛后，主人祷告请祖宗用餐，然后家人一一磕头跪拜，但有例假的女人不允跪拜，说那是秽物，会冲撞祖宗。供祭过程中不能大声说话，厅堂里不能摆放铁器农具，人的手脚不能碰到供奉的桌椅。酒过三巡后，上饭，待香烛燃完时，烧经箔，边烧边祷告，意示恭送祖宗。

做生、做寿

这是一句寿诞俗称，也是一种习俗。在民间，人们习称上了一定年纪的人过生日叫“做生”，或谓“做寿”。

“做生”“做寿”，即过生日，是每当生日时举行的人生礼仪，终生要重复多次。不过，这种人生礼仪因年龄的不同而有所差别。小时候一般不叫“做生”“做寿”，而叫“过生日”。认为小时候“做寿”不妥，要折寿。只有到了一定的年龄，才能举行“做生”或“做寿”仪式。在民间，通常五十岁以内叫“做生”，五十岁以后叫“做寿”，俗谓“五十大寿”“六十大寿”“七十大寿”……

“做生”“做寿”的排场大小视家境贫富而定，对穷人来说，不一定非做不可，即使做也比较简单，俗谓“穷好日（结婚），富做生”。意谓结婚再穷也要办酒席，因结婚涉及亲友四邻，不办酒席要被人指责，而做生可做可不做，通常都为自家人，不会有人指责。旧时，家境富裕的一般从三十岁开始“做生”，俗有“三十不做，四十不发”之说。民间还有个规俗叫“四十不做生，做九不做十”，如六十岁在五十九岁做，习惯“做九不做十”。因“4”与“死”谐音，意为“死实”“死日”，认为不吉利，故不做；又因提前一年做，以示提前过正岁大关，是为避“十全为满，满则招损”之讳。

旧俗中，无论是“做生”还是“做寿”，普通人家一般不惊动亲友四邻，只在家中接受直系亲人拜贺，稍事改善生活，最常见的是吃长寿面。当然，已出嫁的女儿和丈人丈母都会携礼相贺，所送礼品很有讲究，其中必有面条、花生等。面条，谓之“长寿面”；花生，谓之“长生果”，其余礼品不拘。届时，一家人欢聚一堂，热热闹闹，享受天伦之乐，这是一般人家的庆寿方式和规模。富裕人家则比较讲究，且岁数越高排场越大。特别是整旬（如六十、七十、八十）寿辰，必大摆宴席，社会绅士、名流、亲友来宾要送寿帐、寿联。寿帐、寿联常用“福如东海，寿比南山”之类吉语。也有送寿画的，多画老寿星、松柏、仙鹤、寿桃等。祝寿之日，主家招待客人“早面晚席”，即早饭吃长寿面，晚饭喝长寿酒。还要唱大戏，以示富有和威严。

已出嫁的女儿特别关注重视为父母亲庆寿，都要挑幢篮担送寿礼，以示祝贺，俗称“送寿礼”。寿礼厚薄视家境贫富而定，有“四色”“八色”“十二色”之分。所谓“四色”，即糕（糕点）、桃（寿桃）、烛（大红寿烛）、寿（长寿面），“八色”即外加“玉”（猪肉）、堂（红糖）、富（烤麸）、贵（桂圆），“十二色”即加“寿联、寿画、寿衣、寿裤”。寿衣、寿裤俗信用丝绸制成，寓意老人像抽不尽的丝绸那样长寿绵绵。

做周岁

这是一句礼仪性的生育俗称，也是一种习俗。在民间，婴儿到一周岁时，俗信要祭祖，请客设宴，外婆家和众亲戚都要送衣饰、鞋帽和钱币，以示庆贺，俗称“做周岁”。

旧时，小孩“做周岁”时，其中有一项重要的礼俗是“抓周”试儿。人们认为，周岁是寄予梦想、表达梦想、确认梦想的最佳时机。孩子越小，灵性愈真、愈纯，因而愈准，他的所有举动始于天性，大人们懂得其中的道理。所以人们要在周岁时给宝宝举行抓周礼。据说，钱锺书先生在1911年周岁抓周时，抓了一本书，其父便为他取名叫“锺书”，后来成为中国的著名学者兼作家。

“抓周”的普遍做法是：用10种物品放在竹席上，然后让婴儿坐在中间，任其自由挑选，大人不予任何诱导，视其先抓何物，以此来测卜其志趣、爱好、前途和将来所从事的职业。这10种物品通常是：书、印、笔、算盘、钱币、尺、葱、蒜、芹菜、稻草。其意为：书主学士，印主仕官，笔主书画，算盘主商贾，钱币主财富，尺主工，葱主聪明，蒜主善算，芹菜主勤劳，稻草主农。

“抓周”后，还要用糖浆抹婴儿嘴唇，俗谓“臭嘴去，甜嘴来”，寓意日后嘴巴很“甜”，口才很好，讨人欢心。

做　七

这是一句丧葬俗称，也是一种习俗。在民间，人们习惯从死者寿终之日起，每隔七天要设祭“做羹饭”一次，俗称“做七”，到“七七”为“满七”。第五次“做七”，一般由婿家设祭，系由出嫁的女儿女婿备办丰富祭品至岳父家致祭，仪式极为隆重。民间认为死者直到此日开始死亡，其亡灵将归宅，回来看到儿女们在守夜会更得安慰。为此，丧家要于亡灵归宅以前，即于当日午夜以后，开始号哭。而至中午，请道士（念佛）在灵前诵经“开魂路”，俗称“做功德”。到七七四十九天时，要做“满七”羹饭，也称“做尾日”，做“七七”时除“做功德”奠祭，入夜有“烧灵厝”之俗。灵厝为纸竹所扎，并焚烧，以供死者在冥界居住使用。此日，亲人要将所穿的苴经一同烧毁，脱去白鞋。到一百天时，要做“百日”羹饭。到了一年还要做“周年羹饭”。按旧俗三年后才算“满孝”，以后每逢死者生辰、死期分别做“忌日羹饭”。

后　记

舟山群岛周环皆海，是我国第一大群岛。舟山先民以岛为家，以海为业，以海为生，既传承了吴越的语言和渔猎耕樵文化，也因海洋的阻隔、海岛的闭塞和生产方式的差异而形成相对独立的海岛海洋文化群落。同时，又因舟山渔场、港口、海上贸易、作业方式等便利，打破了海岛封闭的格局，带来了全国各地和世界各国的先进文化与文明，促进了舟山群岛包容、开放、多元的“海派”现象和文化融合。《舟山话语文化》作为一个海岛典型地理和人文环境的反映与体现，记述了历史的记忆、文化的信息和社会发展的轨迹，是舟山极为重要的非物质文化遗产。

话语是舟山千百年来形成的长流水，也是舟山千百年来积淀的活化石，它与舟山的一草一木、一山一水血脉相连，与舟山人的生存、思维、生活、劳作、风俗、习惯声息互通，它是舟山的信息密码与历史年表，是一面反映海洋文化的镜子，更是舟山海洋文化的根。

舟山话语扎根海岛，源于大陆，属吴语体系。由于历史的变迁、地域的原因、人口的迁徙，舟山话语与内陆交相混合，产生了种种变异，许多话语字同音异，易地异质，逐成吴方言中一个独立的分支。舟山话语与宁波方言同气连枝，基本词汇与语调十分相近，又与上海话有裙带意蕴，但舟山话语又有其自身的禀赋个性，犹如同父异母或异母同父所生的兄弟姐妹。在舟山人群中，绝大部分祖先都是由内陆迁移而来，而且与上海人、宁波人有亲戚关系，这种具有包容性、多元性、开放性与流变的形态，是舟山话语最具特色和价值的精华所在。

一方水土养一方人，一方水土也养一方话语。舟山话语离不开生它养它的历史和土壤，世界上所有语言都不例外。了解、掌握舟山话语，知其然，知其所以然，并在实践中发挥其应有的功能与作用，当为一个舟山人的应尽义务与责任。

编著此书纯属偶然。笔者虽是土生土长的舟山人，长期从事文化工作，但对舟山的话语，尤其是方言，起先也是只知其意，不知其然。2012年夏，浙江海洋学院外语学院蔡慧萍院长邀我提供一些有关舟山话语的素材，以作研究课题。于此感到话语有很多学问，很有意义，值得探究与学习。从那时起，我便对舟山话语产生了浓厚的兴趣，就潜心收集整理这些话语。七年来，查阅参考了大量的资料，如徐波著的《浙江海洋渔俗文化称名考察》《舟山方言与东海文化》，方牧著的《舟山闲话》，方松熹著的《舟山方言研究》，姜彬主编的《东海岛屿文化与民俗》，以及岱山方言馆和各类地方文献、古籍等。在搜集整理中，特别是涉及方言的文字书写、文化内涵、典故由来以及其背后的真实与用意等，时常会遇到困难。许多方言的产生富有渊源，不仅要有一定的学识和生活阅历，而且涉及诸多习俗和生产生活方式，为此得到了诸多社会宿儒长老、渔民老大、专家学者的热心指教和传授。在编著过程中，还得到舟山市文化和广电旅游体育局陆深海书记、曹泓局长、王国文副局长和文化遗产处、市非遗中心的大力支持与帮助，得到了舟山市洛迦山酒业有限公司的通力合作与资金上的资助，特别是得到了原舟山市人民政府副市长王世和先生的深切关怀和悉心指导，王副市长还为本书撰写了序言，在此一并表示衷心的感谢！

相关的话语还有很多，本书只是其中一部分，权当抛砖引玉，有待方家进一步发掘、剖析、探究。

编　者

2019年5月4日